Harald Miesem

Ich bin doch eigentlich ganz anders!

Traumatische Erlebnisse in der Kindheit und Jugend erschwerten mir ein normales Leben. Erst der Glaube hat die ersehnte Heilung gebracht.

2020 Harald Miesem
1. Auflage Juni 2020

Autor: Harald Miesem
Umschlaggestaltung, Illustration: Harald Miesem
Verlag & Druck: tredition GmbH, Halenreie 40-44, 22359 Hamburg

ISBN:
978-3-347-06819-3 (Paperback)
978-3-347-06820-9 (Hardcover)
978-3-347-06821-6 (e-Book)

Bibliografische Information der Deutschen Nationalbibliothek:
Die Deutsche Nationalbibliothek verzeichnet diese Publikation in der Deutschen Nationalbibliografie; detaillierte bibliografische Daten sind im Internet über http://dnb.d-nb.de abrufbar.

Inhaltsverzeichnis

Vorwort

Als ich den Buchentwurf das erste mal las, kämpfte ich oft mit den Tränen, so sehr fühlte ich mit dem kleinen Jungen, der so viel Schlimmes erlebte. Mit viel Mut und großer Offenheit stellt sich Harald Miesem seiner Kindheit und Jugend.

In einer zerrütteten Familie und diversen Heimen durchlebte er viele schmerzliche, aber auch einzelne glückliche Momente und Begegnungen.

Dass aus diesem schwer Traumatisierten Kind der zugewandte, warmherzige Mensch werden konnte, als den ich Harald kennenlernen durfte, ist für mich ein Wunder, das nur durch Gottes eingreifen möglich wurde. Ein sehr erschütterndes, aber auch Mut machendes Buch!

Stefani Arnold-Röhm

Einleitung

Dass ich eines Tages einmal ein Buch veröffentlichen würde, habe ich mir in meinen kühnsten Träumen nicht vorstellen können. Und doch lag ein Samenkorn dazu schon lange in meinem Herzen. Mit meinem Erstlingswerk „Auf die Sichtweise kommt es an - Memoiren eines Hundes" wurde aus dem Samenkorn eine sichtbare Pflanze. Nun habe ich ein zweites Buch geschrieben: Keine fiktive Geschichte wie im Hundebuch, sondern mein reales Leben.

Eigentlich habe ich immer gezögert, über mein Leben zu schreiben. Nicht, dass mein Leben nicht spannend wäre, ganz im Gegenteil. Mein Problem war, dass ich mich bei meiner Biografie mit den tiefen Verletzungen, die ich als Kind im Elternhaus und später in Heimen erlebt habe, noch einmal auseinandersetzen musste. Das wollte ich nicht. Die seelischen Schmerzen waren sehr schlimm, und ich hatte keine Lust, diese Schmerzen noch einmal zu durchleben.

Gott sei Dank hatte ich schon in jungen Jahren verstanden, dass es nicht gut ist, Groll im Herzen zu kultivieren. Die Gefühle, die mit den Schmerzen verbunden sind, bleiben jedoch ein Leben lang Bestandteil unserer Persönlichkeit.

Bei einem Vortrag in einer Klinik erzählte ein Dozent, dass unsere schlimmen Erlebnisse in der Kindheit wie in einem Eisberg eingeschlossen sind. Man sieht nur die Spitze, der größte Teil befindet sich unter der Oberfläche, im Verborgenen, und tut weh. Kinder, die Schlimmes erlebt haben, verdrängen und vergraben die Erlebnisse und die damit verbundenen Gefühle. Vergraben heißt zugedeckt oder verdeckt sein, und doch sind sie da. Diese Gefühle führen oft ein Eigenleben und veranlassen Menschen, Dinge zu tun, die sie selbst nicht verstehen und einordnen können. Der Zusammenhang von schmerzhaften kindlichen Erfahrungen und heutigem Erleben und Verhalten kann oft nicht hergestellt werden. Manche Menschen können ein scheinbar ganz normales Leben führen. Doch dann brechen die Gefühle und vielleicht auch die dazugehörigen Erinnerungen mit Macht durch und können

Chaos verursachen. Wer denkt schon daran, dass es vielleicht verdrängte Gefühle aus Kindertagen sind?

Gefühlschaos, das kannte ich. Meine Gefühle machten mir immer wieder das Leben schwer. Lief mein Leben gerade einmal rund, brachen Gefühle durch und brachten alles durcheinander. Beziehungen scheiterten, und ich musste immer wieder die Ärmel hochkrempeln und neu anfangen. Auf die Dauer ist dies anstrengend und zermürbend.

Auf meinem Lebensweg geschah dann etwas, was ich nicht vorhersehen konnte: Ich begegnete Gott, von dem ich schon oft gehört hatte, an den ich aber nicht glauben konnte und wollte. Er schien mir hartherzig, unnahbar und gleichgültig uns Menschen gegenüber zu sein. Sonst hätte er sicher nicht so viel Leid auf der Welt zugelassen, war meine Überzeugung. Aber dennoch ging er mir nie aus dem Kopf. Muss ich mich einmal vor ihm verantworten, wie ich in manchen Predigten in der Kirche hörte? Gibt es ihn, oder gibt es ihn nicht?

Er selbst machte sich dann auf, mir zu begegnen. Eine Liebe, die ich in Worten kaum beschreiben kann, erfüllte mein Herz. Er zeigte mir in der Folgezeit durch einen Traum, wie es in meinem Herzen aussah: Es war umgeben von Schutzmauern. Ich sah Engel, die diese Mauern abtrugen. Ich selbst hätte es nicht tun können, das weiß ich heute. Ich war ein bitterer Mann geworden, hartherzig und gleichgültig gegenüber anderen Menschen. Gott kennenzulernen hat mein Leben, mehr noch, hat mich verändert. Seine Gnade gegenüber meinem harten und ungnädigen Herzen hat es erweicht. Am kostbarsten ist der Schatz, den ich gefunden habe: Eine Beziehung zu Gott Vater, der mich bedingungslos annimmt und liebt.

Hesekiel 36,26

Und ich will euch ein neues Herz und einen
neuen Geist geben, und ich will das
steinerne Herz aus eurem Fleisch wegnehmen
und euch ein weiches Herz geben.

Kapitel 1

Verlorene Jahre

Ich liege im Bett. Doch einschlafen kann ich nicht. Immer wieder überlege ich, wie ich dem schlimmen Elternhaus entfliehen kann. Vier erfolglose Versuche habe ich bereits hinter mir. Leider hat der Stiefvater mich immer wieder gefunden.

Kaum bin ich endlich eingeschlafen, da erwache ich schon wieder. Der Stiefvater kommt sturzbetrunken nach Hause. Erschrocken fahre ich hoch. Kommt er wieder zu mir, um mich zu verprügeln? Schnell verkrieche ich mich tief unter meiner Bettdecke. Ängstlich lausche ich den Geräuschen, die vom Flur her ertönen. Ich höre, wie er den Schlüsselbund auf den Flurschrank wirft. Dann stürmt er in das Schlafzimmer, in dem Mama liegt. Er brüllt Mama an, dass sie eine Hure sei. Die Geräusche der Prügel, die auf Mama herunterprasseln, sind noch unter meiner Bettdecke zu hören. Panisch verkrieche ich mich noch tiefer unter der Decke.
Ich hasse ihn! Ich werde ihn umbringen! Aber wie? Ich bin doch ein kleiner Junge 10 Jahren, was kann ich schon gegen einen Erwachsenen ausrichten? Irgendwann falle ich erschöpft in einen unruhigen Schlaf.

Doch die Angst bleibt aktiv. Immer wieder erwache ich und frage mich, ob er erneut zu mir kommen wird. Der Rest der Nacht bleibt ruhig.

Am frühen Morgen verlässt der Stiefvater unsere Wohnung. Er ist Schlosser von Beruf. Während er auf der Hütte seiner Arbeit als Schlosser nachgeht, haben wir einige Stunden Ruhe. Endlich kann ich sicher einschlafen.

Als meine Geschwister lärmend durch die Wohnung rennen, erwache ich. Gemeinsam mit meiner ältesten Schwester – sie ist sieben Jahre alt – helfe ich den Kleinen beim Anziehen. Mama ist wieder einmal nicht zu Hause. Ich weiß nicht, warum.

Einige Zeit nach dem Vorfall torkelt der Stiefvater wieder einmal in die Wohnung, wirft den Hausschlüssel auf den Flurschrank und ruft mich zu sich: „Komm mit!" Ich folge ihm ins Schlafzimmer, ahnend, was jetzt geschieht. Am liebsten würde ich weglaufen oder mich in ein Schneckenhaus verkriechen. Doch der Gedanke an meine Geschwister hilft mir, das auszuhalten, was jetzt folgt. Dieser große, starke und sehr schwere Stiefvater wirft mich auf das Ehebett und wirft sich auf mich. Ich habe Angst zu sterben, denn ich bekomme kaum noch Luft. Irgendwie schaffe ich es, mich frei zu strampeln. Doch unverzüglich liegt er wieder auf mir. Ich versuche mich zu wehren, kämpfe um mein Leben. Dann verliere ich das Bewusstsein.

Als ich wieder zu mir komme, ist der Stiefvater weg. Mein ganzer Körper schmerzt. In der Wohnung ist es seltsam ruhig. Ich brauche einige Minuten, um mich wieder zu sammeln, dann schaue ich nach den Geschwistern. Sie liegen in ihren Betten und schlafen. Ich krieche in mein Bett, finde jedoch keinen Schlaf.

Wir Kinder werden immer häufiger uns selbst überlassen. Der Stiefvater lässt sich nur ab und zu blicken. Mama taucht nicht mehr auf. Als der Stiefvater wieder einmal zu Hause ist, frage ich zaghaft, wo Mama ist. Zur Antwort erhalte ich eine Ohrfeige.

Der Schwur

„Bastard, komm zu mir!", brüllt es aus dem Schlafzimmer. Ich zögere. Wutentbrannt stürmt der Stiefvater um die Ecke und verprügelt mich. Dieses Mal ist es besonders schlimm. Immer und immer wieder schlägt er zu. Er trifft mich am Mund. Zwei meiner oberen Schneidezähne brechen ab. Ich schreie entsetzlich. Gleichzeitig überkommt mich eine große Wut. Ich will mich irgendwie wehren, aber wie? Ganz unvermittelt kommt mir eine Idee: Ich werde jetzt keinen Ton mehr von mir geben, und wenn er mich totschlägt! Während er auf mir herumtrommelt, bleibe ich still. Kein Laut kommt mehr aus mir heraus. Verwundert unterbricht der Stiefvater seine Prügelattacke. „Du willst wohl den Helden spielen?", knurrt er mich an. „Warte ab, das treibe ich dir aus!" Erneut prasseln Schläge auf mich ein. Ich bin still. Während der Stiefvater fluchend und schimpfend auf mich einschlägt, spüre ich plötzlich gar nichts mehr. Es ist, als ob ich meinen Körper verlassen habe. Aus sicherer Distanz sehe ich dem Schauspiel zu. Der Körper steckt einen Schlag nach dem anderen ein. Schmerzen habe ich in diesem Zustand nicht mehr. Dann wird es auf einmal dunkel. Ab diesem Moment habe ich einen Filmriss.

Eines Tages füttere ich ein Baby. Wie es zu uns gekommen ist und was alles in der Zwischenzeit geschehen ist, weiß ich bis heute nicht. Meine Geschwister und ich sind alleine. Seltsamerweise weiß ich, wie ich das Baby füttern muss und wie man die Windeln wechselt. Die Eltern tauchen nicht auf. Sie haben uns scheinbar allein gelassen.

Fremde Menschen

Trübsinnig grübelnd sitze ich am Wohnzimmerfenster und starre nach draußen. Tausend Gedanken gehen mir durch den Kopf. Ich suche nach einer Lösung, was wir essen könnten. Ich habe bereits jeden Winkel in der Wohnung abgesucht. Es ist zum Verzweifeln! Das Baby ist kaum noch zu beruhigen. Es hat offensichtlich Hunger. Wir haben keine Milch mehr.

Auch jetzt liegt es jammernd im Bettchen. Ich kann ihm nicht helfen. Ich hole es aus seinem Bettchen und setze mich mit ihm vor das Wohnzimmerfenster. Meine Nähe beruhigt es. Ich lege es zurück und setze mich wieder an das Fenster. Während ich stumpfsinnig aus dem Fenster starre, höre ich ein lautes Knurren: Es ist mein Magen.

Am nächsten Morgen versorge ich wieder die Geschwister. Sie weinen und klagen immer wieder. Wir alle haben Hunger. Mir bricht es das Herz. Wie gerne würde ich ihnen etwas zu essen geben! Gedankenverloren setze ich mich wieder an das Fenster und sehe nach draußen.

Laute Geräusche holen mich aus der Lethargie heraus. Auf einmal gibt es einen fürchterlichen Knall. Ich zucke erschrocken zusammen. Krachend fliegt die Wohnungstür auf, und fremde Menschen stürmen herein. Erschrocken vor Panik versuche ich, meine Geschwister zu schützen. Aber ich bin zu klein und habe keine Chance gegen diese Menschen. Sie packen mich und meine Geschwister und verfrachten uns in einen Kleinbus. Unsicher und verängstigt frage ich, was sie mit uns vorhaben. „Ihr kommt in ein Kinderheim!", ist die schroffe Antwort eines Mannes. Als wir losfahren, stelle ich entsetzt fest, dass das Baby nicht da ist! „Wo ist das Baby?", schluchze ich auf. Der Bus setzt sich in Bewegung. Einer der Männer schnauzt mich an: „Das musst du nicht wissen!" Entsetzt und verschreckt sitzen wir auf der Rückbank eines fremden Busses und fahren ins Ungewisse. Der Mann zückt einen Block aus der Tasche und schreibt laut nachdenkend in den Block: „Heute haben wir", er hält kurz inne, „den 20. Juli 1962." Dann steckt er den Block wieder in die Tasche.

Im Verlauf der Fahrt erfahren wir, dass die Menschen, die uns aus der Wohnung geholt haben, vom Jugendamt sind. Ich verstehe das nicht. Was ist ein Jugendamt? Man erklärt uns, dass sie darüber benachrichtigt worden seien, dass wir Kinder alleine in der Wohnung sind und das Baby ständig schreit. „Wir bringen euch nach Bottrop", erklärt der Begleiter unwirsch. Plötzlich laufen mir die Tränen, und ich weine bitterlich. „Hör endlich auf, du Balg!", schnauzt mich einer der Männer an. „Sei froh, dass wir euch aus dem Schlamassel herausgeholt haben! Im Kinderheim wird es euch sicher besser gehen." Tapfer versuche ich, meine Tränen zurückzuhalten und still zu sein.

Im Kinderheim

Nach einer Weile hält der Bus vor einem großen Haus. Eine Frau in Schwesterntracht nimmt uns in Empfang. Ich fühle mich unwohl: Was werden die mit uns machen? Sie betrachtet uns lange, dann spricht sie kurz mit den Leuten, die uns hergebracht haben. Die steigen schließlich in den Bus zurück und fahren wieder weg. Die Schwester wendet sich zu uns: „Kinder, ihr seht so aus, als könntet ihr etwas zu essen vertragen. Kommt mit!" Schon schiebt sie uns in Richtung des Hauses.

Wir gehen in einen großen Raum, in dem viele Tische und Stühle stehen. „Nehmt schon mal Platz! Ich schaue mal in der Küche nach, was ich für euch besorgen kann." Die Frau wirkt sehr nett, aber ich traue dem Braten nicht. Nach kurzer Zeit kommt sie mit einem Tablett voller Butterbrote wieder. Lächelnd fordert sie uns auf, zuzugreifen und uns satt zu essen. Da schmilzt das Eis in mir. Gierig stürze ich mich auf die Brote. Meine Geschwister tun es ebenso. Ausgehungert, wie wir sind, ist der Teller in Windeseile geleert. Die Schwester beobachtet uns beim Verschlingen der Brote: „Ihr armen Kinder! Ihr habt scheinbar lange nichts mehr gegessen! Was habt ihr bloß mitgemacht?"

Endlich wieder etwas zu essen löst ein wahres Glücksgefühl in mir aus. Mein Bauch fühlt sich warm und wohlig an. Ich glaube, hier bin ich sicher und hier werde ich nie wieder Hunger leiden. Die Schwester ist sehr nett und wartet freundlich lächelnd, bis wir den Teller geleert haben.

Als Nächstes bringt sie uns zu einer Kleiderkammer. Nun kommt Leben in uns: Wir stürzen uns auf die Kleidung, sind kaum dabei zu bremsen. Die Wäsche an unserem Körper ist seit vielen Tagen nicht gewaschen worden. Endlich saubere Sachen! Überglücklich sucht sich jeder etwas Neues aus. Mit der Kleiderbeute auf dem Arm bringt uns die Schwester in den Speisesaal zurück: „So, Kinder, nun zeige ich euch, wo ihr künftig leben werdet."

Sie geht mit uns nach draußen. Wir laufen über einen Weg zu einem anderen Haus. Dort werden wir von einer Frau empfangen, die scheinbar schon auf uns gewartet hat. Uns wird erklärt, dass wir in verschiedenen Häusern untergebracht werden. Meine Schwestern werden der Frau übergeben.

Am nächsten Haus wird mein Bruder einer Frau übergeben. „Ich will aber bei meinem Bruder bleiben!", bettle ich, als wir weitergehen. Die Schwester legt mir die Hand auf die Schulter: „Das geht leider nicht. Du bist deutlich älter als dein kleiner Bruder. Wir können die Gruppen nicht einfach verändern. Ihr könnt euch ja jeden Tag besuchen!", ermutigt sie mich. Schweren Herzens ergebe ich mich in die neue Situation.

Als Letzter werde ich zu meiner neuen Gruppe gebracht. Fröhlich begrüßt mich ein Fräulein Martin: „Ich freue mich, dass du zu uns kommst! Dieses Kinderheim ist etwas Besonderes. Es wird dir bestimmt gefallen!" Ich senke meinen Kopf. „Schlechter als zu Hause kann es nicht sein!", murmele ich vor mich hin. „Was hast du gesagt?" Ich schaue noch tiefer zu Boden. „Ach, nichts!", erröte ich.

Fräulein Martin führt mich zu meinem neuen Zimmer. Brav trotte ich hinterher. Sie zeigt mir den Schrank und fordert mich auf, die Wäsche, die immer noch über meinem Arm hängt, einzuräumen. Dann mustert sie mich: „Ich denke, wir gehen dich erst einmal baden. Nimm dir frische Wäsche mit, die du danach anziehen möchtest." Brav trotte ich hinter ihr her zum Badezimmer. Fräulein Martin lässt Wasser in die Wanne laufen. „Ab mit dir in die Wanne!", lacht sie. Hoffentlich geht sie gleich wieder! Im Zeitlupentempo beginne ich mich auszuziehen. Fräulein Martin macht keinerlei Anstalten, das Bad zu verlassen. Ich schäme mich, mich vor einer fremden Frau auszuziehen. Aber darauf nimmt sie keine Rücksicht. Auf einmal ruft sie erschrocken aus: „Was ist denn mit dir passiert? Du bist ja voller blauer Flecken!" Noch mehr beschämt klettere ich splitternackt über den Wannenrand und setze mich ins Wasser.

Ohne eine Antwort abzuwarten schnappt sich Fräulein Martin einen Waschlappen, seift ihn ein und wäscht mich von oben bis unten. Frisch gewaschen und mit der neuen sauberen Kleidung am Körper verlasse ich kurze Zeit später das Bad. Ich fühle mich wie neugeboren.
Fräulein Martin schaut auf ihre Uhr: „Bis zum Essen hast du genug Zeit, dich im Heim umzusehen. Du kannst gerne auf Erkundungstour gehen." Mit dieser Botschaft lässt sie mich stehen und geht ihrer Arbeit nach.

Unsicher laufe ich los. Alles wirkt so sauber. Die Schwestern und Erzieherinnen, denen ich begegne, sind sehr freundlich. Immer wieder sprechen sie mich an: „Hallo, du musst der Harald sein!" Verwundert frage ich mich, woher sie denn meinen Namen kennen.

„Harald, komm, es ist Zeit zum Mittagessen!", werde ich gerufen. Erwartungsvoll laufe ich mit vielen anderen Kindern zum Speisesaal. Vor dem Essen müssen wir alle still sein. Die Erzieherin betet mit uns. Sie dankt Gott für das Essen und die Gemeinschaft. Während sie betet, erinnere ich mich daran, dass wir zu Hause auch manchmal gebetet haben. Für mich war das ganz komisch, denn was muss das für ein schlimmer Gott sein, der dabei zuschaut, wie kleine Kinder geschlagen werden, hungern und fast sterben? Und er hat nicht eingegriffen, als die Kleinste von uns weggebracht wurde. Was ist mit ihr passiert? Was haben sie mit ihr gemacht? Und was ist das für ein Gott, der nicht hilft?

Widerwillig lausche ich der Erzieherin, die diesem Gott dankt. Aber vielleicht gibt es ja auch noch andere Götter. Tief in meinen Gedanken versunken bemerke ich nicht, dass ich von der Erzieherin angesprochen werde. Erst das laute Lachen der anderen Kinder holt mich aus meinen Gedanken. Ich muss irgendetwas verpasst haben. „Na, Harald, in welchem Traum warst du denn gerade?" Beschämt schaue ich nach unten und kann nicht antworten. Das Essen bringt mich schließlich auf andere Gedanken.

Am Nachmittag schaue ich mich weiter um. Es gefällt mir hier sehr gut. Besonders die Weide hinter dem Haus, auf der friedlich grasende Pferde stehen, begeistert mich. Fasziniert sehe ich den Tieren zu. „Kann man auf den Pferden auch reiten?", frage ich andere Kinder, die gerade vorbeikommen. Begeistert erzählen sie mir, dass die Pferde vor die Kutsche gespannt werden und alle Kinder in der Kutsche manchmal auch durch die Felder fahren dürfen. Oh, wie schön, das wird bestimmt wunderschön sein! Ich freue mich schon auf die erste Fahrt mit der Kutsche. Das muss doch ein Abenteuer sein!

Am Abend liege ich in meinem Bett. Es gefällt mir hier. Ich brauche keine Angst zu haben, dass der Stiefvater wiederkommt. Hier bin ich wirklich sicher. Ich freue mich schon auf den nächsten Tag und die Abenteuer, die ich hier erleben werde. Ich möchte einschlafen, doch mir schießen viel zu viele Gedanken durch den Kopf. Ich sehe mich und meine Geschwister wieder alleine zu Hause. Wir waren so einsam und hilflos. Und so schrecklich hungrig. Ich erlebe nochmals die Situation, wie die Menschen uns in den Bus setzen. Nun bin ich hier. Es ging alles so schnell. Irgendwann schlafe ich endlich ein.

Doch mich plagen schlimme Träume. Immer wieder werde ich von dunklen Gestalten gejagt und kann ihnen einfach nicht entkommen. Morgens beim Erwachen stelle ich entsetzt fest, dass mein Bett nass ist. Voller Scham überlege ich, was ich jetzt machen soll. Schnell ziehe ich die nasse Bettwäsche ab und laufe zum Bad, um sie dort auszuwaschen. Leider ertappt mich eine Erzieherin dabei. „So geht das aber nicht!", mault sie mich an. „Hier wird nicht ins Bett gemacht! Heute lasse ich das noch mal durchgehen. Doch wenn das nochmal vorkommt, bekommst du den Kleiderbügel zu spüren!" Zwei Tage später ist es wieder passiert. Ich werde angebrüllt und beziehe die angekündigte Strafe. Die Erzieherin begreift überhaupt nicht, dass es mir doch selbst peinlich ist. Ich bin doch ein großer Junge, dem das noch nie passiert ist! Zum Glück bessert es sich nach einigen Wochen.

Nach und nach gewöhne ich mich an den Alltag im Kinderheim. Die Schwestern sind sehr liebevoll und unternehmen viel mit uns Kindern. Es ist das erste Mal nach vielen Jahren, dass ich mich wohlfühle und neugierig die kleine Welt im Kinderheim erkunde.

Der Ausflug

Heute steht Schwester Julia freudestrahlend vor uns Kindern. Alle, die Lust haben, eine Wanderung zu unternehmen, sollen ihre Hand heben. Kein Finger bleibt unten. Wir alle wollen mit. Jeder bekommt ein Lunchpaket, und dann geht es los. Wir wandern Richtung Dorsten. Ein langer Bandwurm von Kindern zieht sich durch den Wald. Alle müssen in der Reihe laufen, was auf Dauer keinen Spaß macht. Die ersten abenteuerlustigen Kinder, und auch ich, versuchen, sich in den Wald zu schlagen. Schnell werden wir alle wieder eingereiht und nochmals ermahnt, hintereinander herzugehen.

Wie so oft hänge ich meinen Gedanken nach. Trödelnd und unaufmerksam folge ich der Schar. Erst der Schmerz an meinen Füßen holt mich aus der Grübelei heraus. Zum Glück machen wir jetzt eine Pause. Ich kann meine Füße entlasten. Oh je, was tun die weh! Auf den herumliegenden Baumstämmen reihen sich die kleinen und großen Wanderer, holen die Lunchpakete hervor, und jeder beißt heißhungrig ins Brot. Der Rückweg unserer Wanderung ist begleitet von einem vielstimmigen Gestöhne. Ich bin nicht der Einzige, der unter schmerzenden Füßen leidet!

Zurück im Heim falle ich glücklich und zufrieden ins Bett und schlafe sofort ein. Der schlimme Traum reißt mich diesmal nicht aus dem Schlaf, sondern die vertraute Stimme von Fräulein Martin: „Abendbrot, Kinder!", erschallt es vom

Flur her. Mit beiden Beinen gleichzeitig springen wohl alle Kinder aus ihren Betten und rennen johlend in den Speisesaal. Ich liebe das Leben in meinem neuen Zuhause!

Wo sind meine Schwestern?

Einige Zeit nach unserer Ankunft im Kinderheim werde ich zur Oberin, der Leiterin des Heimes, gebracht. Sie teilt mir mit, dass meine beiden Schwestern in ein anderes Kinderheim gebracht wurden. Ich weiß gar nicht, was ich sagen soll. Das Leben ist so ungerecht! Warum raubt man mir meine Geschwister? Ich fühle mich plötzlich so allein gelassen. Mir ist das alles zu viel, was da auf mich einströmt. Ich verlasse das Zimmer der Oberin und renne in den nahen Wald. Betrübt und traurig setze ich mich an meinen Lieblingsplatz, den ich mir vor einigen Wochen ausgesucht habe. Hier, wo mich niemand sieht, lasse ich meinen Tränen freien Lauf. Was ist das doch für eine ungerechte Welt, in der ich lebe! Es ist das erste Mal, dass ich mir ernsthafte Gedanken mache, meinem Leben ein Ende zu setzen, um endlich Ruhe zu haben.

Über meinem Grübeln muss ich wohl eingeschlafen sein, denn es wird schon dunkel, als ich erwache. Schnell mache ich mich auf den Weg zurück ins Heim, um noch rechtzeitig zum Abendbrot zurück zu sein. Mit bangem Herzen und der Erwartung, dass ich wieder mal richtig Ärger bekommen werde, schleiche ich zu meiner Gruppe zurück. Ich soll mich nicht getäuscht haben: „Für dich gibt es heute kein Abendbrot!", schimpft die Erzieherin. Zu meiner Erleichterung werde ich hier nicht zusammengeschlagen. Die Strafe ist, in der Ecke zu stehen und zusehen zu müssen, wie alle anderen Kinder sich den Bauch vollschlagen. Aber das ist für mich immer noch besser auszuhalten als geschlagen zu werden. „Das wird dir eine Lehre sein!", schnauzt die Erzieherin mich an. Eine Schwester, die zufällig die Szene mitbekommt, unterbricht sie. Die beiden verschwinden im Nebenzimmer und kommen kurz danach wieder heraus: „Harald, du darfst doch am Abendbrot teilnehmen. Aber noch mal lasse ich das nicht durchgehen!"

Wo ist mein Bruder?

Ein Tag nach dem anderen vergeht. Das Heim ist mein Zuhause geworden. Hier erlebe ich eine Freiheit, die ich vorher nicht kannte. Eine Freiheit ist für mich das Rollschuhfahren. Es wird meine Lieblingsbeschäftigung. Stundenlang bin ich oft unterwegs. Beim Rollschuhfahren komme ich innerlich zur Ruhe und kann meinen zahlreichen Gedanken nachhängen, ohne gestört zu werden.

Die Schwestern haben nichts dagegen, dass ich so lange Ausflüge mache, denn ich komme immer pünktlich zum Essen zurück, das wissen sie.

Auch heute kehre ich wieder einmal gedankenverloren von meinem Ausflug zurück. Da ich noch genügend Zeit bis zum Essen habe, beschließe ich, noch schnell meinen Bruder in seiner Gruppe zu besuchen. Doch ich finde ihn nicht! Erschreckt laufe ich zu den Schwestern und Erzieherinnen. Niemand weiß, wo er steckt. Aufgeregt tänzle ich vor einer Erzieherin von einem Fuß auf den anderen. Tränen füllen meine Augen: Was ist mit meinem Bruder passiert? Die Erzieherin schickt mich zur Oberin. Misstrauisch sehe ich sie an: Das kommt mir komisch vor! Wieso soll ich die Oberin fragen? Da ich nichts weiter erfahre, mache ich mich weinend auf die Suche nach ihr. Die Oberin läuft mir vor ihrem Büro über den Weg. Als sie mich sieht, wird ihr Gesicht ernster: „Harald, du suchst bestimmt deinen Bruder." Eine unheimliche Ahnung steigt in mir hoch: Sie hat sicherlich keine guten Nachrichten für mich. Die Oberin sieht mich mit traurigem Blick an: „Ich hatte noch keine Gelegenheit, mit dir zu sprechen. Dein Bruder ist gestern in ein anderes Kinderheim verlegt worden. Wir haben alles versucht, um diesen Wechsel zu verhindern. Doch das Jugendamt in Duisburg hat anders entschieden." Wie vom Donner gerührt stehe ich vor der Oberin. Die Tränen versiegen augenblicklich. Ich sehe sie an, dann bricht eine unbändige Wut aus mir heraus. Ich renne aus dem Haus nach draußen, schnalle mir meine Rollschuhe wieder an und rase davon. Niemand kann mich aufhalten.

Nachdem ich eine große Runde gefahren bin, suche ich meinen Lieblingsplatz im Wald auf. Die Traurigkeit über mein Schicksal und die Ungerechtigkeiten von Erwachsenen übermannt mich. Ich weine bitterlich, einsam und alleine im Wald sitzend. Ich fühle mich so schrecklich verlassen! Nun ist niemand mehr von meiner Familie bei mir. Ich bin ganz alleine. Ich will nicht mehr leben!

Viele Stunden später erreicht mich eine Stimme, die meinen Namen ruft. Erschrocken schaue ich auf: Eine Erzieherin steht vor mir. Ich habe sie gar nicht kommen hören. Sie ist sensibel genug, mir keine Vorwürfe zu machen. Es ist bereits später Abend, und ich habe es nicht bemerkt. Schuldbewusst gehe ich mit ihr zum Haus zurück. Sie bringt mich in die Küche, schmiert einige Brote für mich, kocht mir einen Tee und setzt sich mit mir gemeinsam an den Tisch. Ich stecke wie in einem Nebel fest. Die Brote verschwinden in mir, aber eigentlich will ich gar nichts essen. Alles erscheint mir so unwirklich. Ich breche immer wieder in Tränen aus. In den nächsten Nächten mache ich wieder ins Bett und habe schlimme Träume.

Kapitel 2

Das Leben geht weiter

„Harald, zieh deine Sonntagshose und dein bestes Hemd an! Du wirst gleich abgeholt." Erstaunt sehe ich Schwester Annette an, die mir die Botschaft überbringt. „Von wem?" Mich hat noch nie jemand abgeholt! „Das Jugendamt hat uns mitgeteilt, dass deine Eltern der Neuapostolischen Kirche angehören. Die Mitglieder der hiesigen Gemeinde sind bereit, dich sonntags zum Gottesdienst abzuholen." Verwundert und verwirrt schüttele ich den Kopf: Ich kann mich nicht erinnern, dass wir jemals in einer Kirche gewesen sind! Brav ziehe ich mich an und folge kurz darauf schweigend Schwester Annette.

Vor dem Haus steht ein Auto, auf das sie schnurstracks zusteuert. Schwester Annette spricht kurz mit den Leuten, die im Auto auf uns warten. Ich werde aufgefordert einzusteigen. Schüchtern klettere ich auf die Rückbank des Wagens. Die Leute begrüßen mich herzlich, reichen mir die Hand und stellen sich als Ehepaar Grimma vor: „Du bist also der Harald!"

Schon wieder kennen Fremde meinen Namen! Die Frau lächelt mich an: „Wir freuen uns, dass du mit zum Gottesdienst kommst. Es wird dir bei uns gefallen!" Freundlich sehe ich sie an, doch innerlich sieht es ganz anders in mir aus: Ich will nicht zur Kirche! Am liebsten würde ich aus dem Auto springen und zurücklaufen. Ich will nicht zu einem fremden Ort mit fremden Menschen fahren. Warum können die mich nicht einfach in Ruhe lassen? Innerlich zusammengekauert ergebe ich mich mein Schicksal. Die Fahrt verläuft schweigend. Wie so oft hänge ich meinen zahlreichen Gedanken nach.

Nach einer Weile wird das Auto auf einen Parkplatz gelenkt, auf dem bereits viele Autos abgestellt sind. Wir steigen aus, denn hier, so erklärt man mir, ist die Gemeinde. Überall stehen Menschen. Die Menge beängstigt mich. Ich fühle mich wie erschlagen. Herr und Frau Grimma wühlen sich mit mir im Schlepptau durch die Menschenmenge. Mir ist sehr unbehaglich in meiner Haut. In einem großen mit Stühlen zugestellten Raum angekommen gehen wir auf einen Mann zu. Das Paar unterhält sich kurz mit ihm, dann nimmt mich der Fremde an seine Hand. Ohne mich zu fragen oder sich vorzustellen, führt er mich zu einem Stuhl in der ersten Reihe. Dort soll ich Platz nehmen, während er sich neben mich setzt. Angespannt lasse ich mich auf den Stuhl fallen. Die Menschenmenge, die vor der Gemeinde stand, strömt nun auch in den großen Saal.

Der Gottesdienst beginnt mit einigen Liedern, die von allen mitgesungen werden. Ich fühle mich so fremd hier! Mir ist langweilig. Ich will hier raus! Nach dem Gesang erhebt sich der Fremde neben mir und schreitet nach vorne. Er dreht sich zu den Menschen, begrüßt die Gemeinschaft und deutet plötzlich auf mich: „Harald, komm mal nach vorne!" Wie peinlich! Mein innerer Impuls sagt: „Lauf weg, Harald! Hier sind fremde Menschen, die jetzt auch noch von dir verlangen, dass du dich allen zeigen sollst. Tu das nicht!"

Doch ich bleibe wie angewurzelt auf meinem Platz sitzen. Ich fühle mich wie ein tonnenschwerer Stein. Der Mann muss mich dreimal auffordern, bis ich mich schließlich zögernd erhebe und mit schlotternden Knien nach vorne gehe. Mit gesenktem Blick schleiche ich zu ihm. Innerlich schreit es laut: „Lauf weg, Harald!" Bei ihm angekommen, dreht er mich zur Menschenmenge, stellt mich der Versammlung vor und erwähnt dabei, dass ich aus dem Kinderheim bin. Ein allgemeines „Aha" ertönt.

Nun leuchte ich wie die untergehende Sonne. Kann ich im Erdboden versinken oder einfach nur rennen, rennen, rennen? „Tu es doch, Harald!", ertönt wieder die innere Stimme. Tapfer bleibe ich stehen und hoffe, dass es bald vorbei ist. Als ich mich endlich setzen darf, habe ich es sehr eilig, zu meinem Stuhl zurückzukommen.
Nun folgt eine lange Ansprache des Mannes. Nach einem weiteren Lied schiebt man mich zum Ausgang. Dort soll ich stehen und all den fremden Menschen die Hand schütteln. Brav tue ich, was man von mir verlangt, während die Menge aus dem Raum an mir vorbeiströmt.

Eine Frau bleibt vor mir stehen. Sie sieht mich an und drückt mir etwas in die Hand. Da ich keine Zeit habe, um nachzuschauen, was es ist, stecke ich den Gegenstand schnell in meine Hosentasche und schüttele artig weiter Hände. Nach kurzer Zeit drückt mir noch jemand etwas in die Hand. Auch das verschwindet in meiner Hosentasche. Als alle Menschen verabschiedet sind, bringt mich das Paar wieder ins Heim zurück.

Während der Fahrt bin ich in mich gekehrt. Wie im Nebel nehme ich wahr, dass mich das Ehepaar Grimma anspricht. Ich fühle mich überfahren: Wieder einmal wurde über mich bestimmt, egal, ob ich das will oder nicht. Ein

Schauer nach dem anderen geht durch meinen Körper. Wie schrecklich war das, vorne stotternd auf der Bühne zu stehen! Ganz entsetzlich!

Im Kinderheim angekommen kehre ich in mein Zimmer zurück und lasse mich auf mein Bett fallen. Alle Erlebnisse des Morgens ziehen nochmals an meinem inneren Auge vorbei. Ach ja, ich habe etwas in die Hand gedrückt bekommen. Moment mal, das ist ja noch in meiner Hosentasche! Neugierig greife ich hinein und ziehe zwei Münzen heraus: Sie haben mir Geld zugesteckt. Ich bin ein reicher Junge! In diesem Moment betritt Schwester Luise mein Zimmer.

Sofort entdeckt sie meinen Schatz: „Harald, das muss ich an mich nehmen. Du darfst das Geld nicht behalten." Das kann doch nicht wahr sein! Gerade noch reich, jetzt beraubt man mich meines Reichtums! Entsetzt sehe ich sie an: „Warum nicht?" Lang und breit erklärt sie mir, dass es den anderen Kindern gegenüber nicht gerecht wäre, wenn ich Geld hätte und sie nicht. Innerlich halte ich mir die Ohren zu. Ich will nicht hören, was sie sagt. Sie will das Geld zur Oberin bringen, dreht sich um und verschwindet. Und schon ist mein Reichtum wieder weg! Ich bin innerlich geladen und würde am liebsten aufspringen und das Geld wieder an mich reißen. Das ist so ungerecht!

Einige Tage später ruft mich die Oberin zu sich: „Wie hat dir der Gottesdienst am Sonntag gefallen?" Würde ich ehrlich antworten, dann würde ich ihr sagen, dass es schrecklich war und ich am liebsten abgehauen wäre. Brummig sage ich nur: „Es ging so." Meine Antwort scheint sie gar nicht zu interessieren: „Wir haben mit den Leuten gesprochen. Sie wollen dich jetzt jeden Sonntag abholen", lächelt sie. Ich stöhne leise. „Ach ja, noch etwas:", fährt sie fort. „Du hast Geld von den Gottesdienstbesuchern bekommen. Zukünftig gibst du die Münzen sofort bei uns ab!" Dann entlässt sie mich.

Leider kommt der nächste Sonntag viel zu schnell. Ich soll mich wieder entsprechend anziehen. In der Hoffnung, dass ich nicht rechtzeitig fertig bin und die Leute einfach ohne mich fahren, trödle ich herum. Mein Plan geht leider nicht auf. Widerwillig steige ich erneut in Ehepaar Grimmas Auto ein, ertrage den Gottesdienst und schüttele Hände. Diesmal landen drei Mark in meiner Hand. Wie kann ich bloß mein Geld in Sicherheit bringen? Leider finde ich keine Lösung für mein Problem. Das ist unfair! Es ist mein Geld! Im Heim angekommen gebe ich es zähneknirschend ab.

Tina

Seit meinen ersten Tagen im Heim treffe ich mich mit einem Mädchen. Sie heißt Tina, ist zwei Monate jünger als ich und lebt schon viel länger hier im Heim. Ich verbringe viel Zeit mit ihr. Sie liebt das Heim. Es ist ihr Zuhause, sagt sie immer wieder. Tina kommt aus Essen. Auch sie wurde in ihrer Familie geschlagen und missbraucht. Wir sitzen oft gemeinsam an meinem Lieblingsplatz im Wald, reden und weinen miteinander. Mir tut die Freundschaft zu ihr sehr gut. Sie scheint zudem einen sechsten Sinn zu haben. Irgendwie taucht sie immer auf, wenn es mir nicht so gut geht. Dann fordert sie mich auf, gemeinsam mit ihr Rollschuh zu fahren oder zu den Pferden zu gehen. Tina liebt Pferde und verbringt viel Zeit mit ihnen.

Auch diesmal taucht sie im rechten Moment wieder auf. Ich laufe ziellos auf dem Heimgelände herum. Es ärgert mich, dass ich das Geld nicht behalten darf. Es ist ungerecht, mir mein Geld, das freundliche Menschen mir geschenkt haben, abzunehmen. Es gehört mir: Ich habe es doch bekommen! Grübelnd, in Gedanken versunken, bemerke ich gar nicht, dass Tina auf mich zugelaufen kommt. Sie bleibt vor mir stehen.

Als ich meinen Namen höre, tauche ich aus meiner Gedankenwelt auf: „Tina, du bist es!" Sie sieht mir in die Augen: „Hey, Harald, was ist los mit dir?" Nun purzeln alle aufgestauten Worte aus mir heraus, während wir gemeinsam Richtung Stall schlendern. Wir gehen in den Schuppen und machen es uns auf den herumliegenden Strohballen gemütlich. Tina weiß gar nicht, was sie mir antworten soll. Schweigend sitzen wir nebeneinander und hängen unseren Gedanken nach.

Auf einmal nimmt Tina meine Hand. Sie zieht mich an sich. Eng umschlungen sitzen wir im Stroh. Das ist ein echt tolles Gefühl! Bis zum Abendbrot bleiben wir eng aneinander gekuschelt. Wie schön es doch mit Tina ist! Es tröstet mich, dass sie da ist. Am Abend müssen wir uns trennen, da ich ja in einem anderen Haus als Tina lebe. Doch ab diesem Moment treffen wir uns, so oft es geht, im Schuppen. Es ist kein gemütlicher Ort. Doch hier stört uns niemand, und wir können unsere Zweisamkeit genießen.

Mobbing

Als ich heute zum Schuppen komme, ist Tina bereits dort. Ihr Gesicht ist nass von Tränen. Sie sieht mich verzweifelt an. Schnell setze ich mich neben sie, lege meinen Arm um sie und versuche, sie zu trösten. Tina schluchzt durch die

Tränen hindurch, dass sie wieder einmal von einigen Klassenkameradinnen gehänselt worden ist, weil sie im Heim lebt. Wir alle hier im Heim haben in der Schule den Stempel Heimkind. Auch ich werde in der Schule immer wieder deswegen aufgezogen. Es tut weh, so abgestempelt zu werden.

Etwas hilflos versuche ich, Tina mit einigen Witzen zum Lachen zu bringen, was mir nach einer Weile auch gelingt. Eng umschlungen sitzen wir auf einem Strohballen. „Weißt du was, Harald?" Tina schaut mir tief in die Augen: „Ich würde gerne deine Haut spüren." Verwundert sehe ich sie an. „Du willst was?", entfährt es mir. „Im Ernst, ich würde gerne deine Haut und deinen Körper spüren!" Nun mache ich mir aber Gedanken! Es braucht eine Weile, bis ich wieder Worte finde:

„Weißt du, ich würde mir das auch wünschen. Aber was ist, wenn sie uns hier entdecken?" Tina wischt meine Bedenken weg: „Wir sind jetzt so oft hier gewesen, und nie ist jemand gekommen!" Schon beginnt sie sich zu entkleiden. Als sie so nackt vor mir steht, fallen meine Bedenken von mir ab. Schnell ziehe ich mich aus. Einen Moment lang betrachten wir uns gegenseitig. Dann umschlingen wir einander. Diese warme Haut zu spüren ist herrlich! Zärtlich reiben wir unsere Körper aneinander und genießen diesen Moment. Tina sieht mich strahlend an.

Eng umschlungen, die nackte Haut spürend, versinke ich in meinen Gedanken an früher. Tinas Stimme holt mich wieder heraus. Sie fordert mich auf, sie zu streicheln. Unsicher und neugierig gehe ich auf Entdeckungsreise. Leider haben wir keine Zeit für eine längere Reise. Der Gong ertönt, und wir müssen zum Abendbrot. Schnell ziehen wir uns wieder an und schaffen es gerade noch rechtzeitig zum Abendbrottisch.

Zwei Tage später treffen wir uns wieder. Gemeinsam machen wir einen Ausflug auf unseren Rollschuhen. Unterwegs ergreife ich Tinas Hand. Ich will mich eigentlich nie wieder von ihr trennen! Hand in Hand fahrend kommen wir auf dem Hof vor dem Kinderheim an. In voller Fahrt düsen wir an Schwester Ursula vorbei. Ein lautes Lachen folgt uns. „Ihr seht aus wie ein frisch verliebtes Paar!", ruft sie hinter uns her. Tina und ich schauen uns an und kichern: „Wenn die wüsste!" Wir drehen noch einige Runden auf dem Hof. Dann halten wir an. Ich nähere mich Tinas Ohr. „Ich würde dich gerne noch mal nackt spüren!", hauche ich ihr ins Ohr. Ihr Blick ist Antwort genug: Hand in Hand verschwinden wir Richtung Schuppen. Hoffentlich ahnt Schwester Ursula nichts!

In Windeseile sind wir ausgezogen. Sehnsüchtig berühren sich unsere nackten Körper. Oh, diese Wärme und Zartheit! „Harald, ich möchte auf dir liegen. Ich möchte dich noch mehr spüren." Ich umschlinge meine Tina. Als ich ihren Körper auf mir spüre, bekomme ich Panik. Unwirsch schüttele ich sie von mir ab. Tina sieht mich entsetzt an: Alles an mir zittert! „Was ist los, Harald?"

Nur stammelnd kann ich ihr antworten: „Ich hatte das Gefühl zu ersticken, als du auf mir lagst!" Tina schweigt. Wir ziehen uns wieder an. Gemeinsam setzen wir uns auf einen Strohballen. „Was ist bloß los? Woher kommt das?" Eine Antwort finden wir an diesem Tag nicht.

Einige Tage später gehe ich nach der Schule zu unserem Schuppen. Tina und ich haben uns hier wieder verabredet. Doch sie kommt nicht. Besorgt laufe ich nach einiger Zeit des Wartens zu ihrer Gruppe. Tina ist doch sonst immer zuverlässig gekommen. Hoffentlich ist ihr nichts passiert!

Vielleicht liegt sie ja krank im Bett. Angst um Tina macht sich in mir breit. In der Gruppe kann mir niemand erklären, wo sie steckt. Krank ist sie jedenfalls nicht. Ich suche das ganze Heim ab, kann sie aber nicht finden. Verzweifelt überlege ich, was ich tun kann. Mit den Rollschuhen unter den Füßen suche ich in der Umgebung nach ihr. Doch meine Tina bleibt verschwunden.

Ich kehre heim und laufe nochmals zu Tinas Gruppe. Schwester Ursula begrüßt mich freundlich. Ich frage sie: „Wo ist Tina? Ich habe sie überall gesucht." Mitleidig sieht Schwester Ursula mich an: „Weißt du es denn nicht?" Entgeistert sehe ich sie an: „Was soll ich wissen?" Schwester Ursula legt ihre Hand auf meine Schulter: „Ach, mein Junge, es tut mir so leid für dich! Deine Tina ist heute von ihrer Mutter nach Hause geholt worden."

Wie von Blitz und Donner gleichzeitig getroffen, schlägt diese Nachricht bei mir ein. Ich will schreien, weinen, wegrennen, mich losreißen und stehe doch wie angewurzelt vor Schwester Ursula. „Es kam auch für uns völlig überraschend!" Die Schwester schüttelt den Kopf: „Sonst bekommen wir immer rechtzeitig Bescheid. Aber dieses Mal ging alles sehr schnell." Langsam finde ich aus der Erstarrung zurück. Ich drehe mich abrupt um und beginne zu rennen: Raus aus dem Heim, rüber in den Wald, an unserem Lieblingsplatz vorbei. Ich renne und renne.

Wie lange ich renne, weiß ich nicht. Doch es wird schon dunkel, als ich begreife, dass es besser ist, wenn ich wieder zum Heim zurückkehre. Ich kenne doch nichts anderes! Weit nach dem Abendbrot kehre ich zurück. „Um Gottes willen, Harald!", werde ich von einigen aufgeregten Schwestern empfangen: „Wir haben uns solche Sorgen um dich gemacht! Wo warst du bloß die ganze Zeit? Wir hätten jetzt nicht mehr lange gewartet. Dann hätten wir die Polizei verständigt und dich suchen lassen." Patzig schmeiße ich ihnen ein „Mir doch egal!" hin und gehe in mein Zimmer. Tief unter der Bettdecke vergraben weine ich die ganze Nacht hindurch um meine Tina.

Wochenlang trauere ich um sie. Mal mache ich mir Sorgen, wie es ihr jetzt wohl geht, mal stelle ich mir vor, wie es ist, wenn sie zurückkehrt. Anfangs laufe ich noch in der Hoffnung, dass die Mutter sie doch schnell wieder loswerden will, zu Tinas Gruppe. Manchmal sitze ich in unserem Schuppen oder auf unserem Lieblingsplatz im Wald und weine. Ich gehe zur Schule, aber eigentlich bin ich gar nicht anwesend. Selbst in der Schule passiert es mir, dass ich weine. Der Schmerz über den Verlust tut einfach nur weh. Nachmittags drehe ich alleine mit den Rollschuhen weite Runden. Das Rollschuhfahren hilft mir, abzuschalten.

Einige Wochen später soll am Abend ein Lagerfeuer hinter dem Heim abgebrannt werden. Wir Kinder werden aufgefordert, trockenes Holz aus dem Wald zu holen. Ach, wie schön war es doch immer, mit Tina in den Wald zu stürmen und Holz zu sammeln! Lagerfeuer ist so romantisch! Wie oft haben wir zusammen gesessen und es genossen, mit all den anderen Kindern gemeinsam Lieder zu singen. Das war immer eine ganz besondere Atmosphäre. Doch diesmal, ohne meine Tina, ist es schrecklich für mich. Ich fühle mich so verlassen! Traurig sitze ich am Lagerfeuer und denke nur an sie. Eine Mitarbeiterin nimmt ihre Gitarre zur Hand. Es werden Lieder angestimmt. Das holt mich aus meiner Lethargie. Voller Inbrunst singt die ganze Kinderschar die Lieder mit. Beim Klang der Lieder läuft mir ein Schauer nach dem anderen über den Rücken. Für einen kurzen Moment empfinde ich das Leben als schön.

Die Oberin erlaubt mir einige Tage später, dass ich mir eine Hütte im Wald bauen darf. Ich werkele und zimmere drauflos. Die Arbeit macht mir Spaß und lenkt mich ab. Als ich mit meinem Werk fertig bin, betrachte ich das Ergebnis: Meine Hütte sieht etwas schief aus. Doch ich bin richtig stolz auf mich, den Handwerker Harald!

Meine Versetzung ist gefährdet

Zur Schule gehen macht mir keinen Spaß. Ich mühe mich in den meisten Fächern sehr ab. Die Noten bestätigen das Abmühen. Es ist die Zeit der blauen Briefe, und mir schwant, dass ich nicht versetzt werde. Die Aufforderung, zur Oberin zu gehen, lässt mich nichts Gutes ahnen.

Sie sitzt an ihrem Schreibtisch. Vor ihr liegt ein Schreiben: „Harald, ich muss ein ernstes Wort mit dir reden. Deine Versetzung ist gefährdet. Du musst dir mehr Mühe geben!" Beschämt stehe ich vor ihr. Mit gesenktem Blick erwidere ich: „Ich versuche es ja, aber die Noten werden nicht besser." Die Oberin sieht mich nachdenklich an: „Wir werden gemeinsam zum Rektor gehen." Sie ruft in der Schule an und macht einen Termin bei Herrn Hussmann.

Am nächsten Tag nach Schulschluss wartet sie vor der Klassentür auf mich. Gemeinsam gehen wir zum Rektor, der uns freundlich empfängt. Hinter einem großen Schreibtisch sitzend sieht er uns an. Ich mag ihn sehr. Er macht sich nicht über mich, das Heimkind, lustig, wie andere Lehrer und Lehrerinnen es manchmal tun.

Die Oberin und er unterhalten sich einige Zeit über mich und meine schulischen Probleme. Dann richtet er sich auf und sieht mich an: „Harald, du wirst mein Nachhilfeschüler. Ab Montag kommst du um vier Uhr zu mir. Ich werde dir helfen, damit sich deine Noten verbessern und du keine Ehrenrunde drehen musst."

Pünktlich stehe ich am Montag vor seinem Haus und schelle an. Ein freundlich blickender Herr Hussmann bittet mich, einzutreten. Zu meiner Überraschung sitzen drei weitere Kinder aus der Schule in dem Raum, in den er mich führt. Unser Nachhilfelehrer beantwortet jede Frage, die wir haben. Ich bin begeistert: So macht das Lernen Spaß! Eifrig erfülle ich jede Aufgabe, die er mir stellt. Am Ende der Stunde sieht er mich an: „Harald, ich verstehe gar nicht, wieso du in der Schule nicht mitkommst! Du bist ein sehr guter Schüler. Du hast es doch drauf! Wenn du so weitermachst, dann schaffst du die Klasse auf jeden Fall."

Wieder im Kinderheim zurück laufe ich beschwingt und fröhlich der Oberin über den Weg. „Na, Harald", spricht sie mich an, „wie war dein Nachhilfeunterricht?" Strahlend berichte ich ihr, dass Herr Hussmann sehr zufrieden mit mir war. „Es hat mir richtig Spaß gemacht! Herr Hussmann hat gesagt, dass ich ein guter Schüler bin. Er ist sich sicher, dass ich die Klasse schaffen werde." Die Oberin lächelt mich zufrieden an: „Das würde mich sehr für dich freuen!" Schon ist sie wieder unterwegs. Doch plötzlich dreht sie sich nochmals zu mir um: „Wo habe ich bloß meinen Kopf? Ich muss dir ja noch etwas sagen: Morgen wirst du die Gruppe wechseln!" Diese Nachricht freut mich sehr, denn in meiner Gruppe ist eine Erzieherin, die ich nicht mag. Von ihr wegzukommen ist eine gute Perspektive. Heute ist wohl mein Glückstag!

Am nächsten Morgen ziehe ich um. Schwester Anne hilft mir beim Packen. Eilig raffe ich alles zusammen, was ich meinen Besitz nenne. Schwester Anne sieht schmunzelnd zu: „Du hast es scheinbar ziemlich eilig." Oh ja!

In der neuen Gruppe werde ich mit großem Hallo begrüßt. „Wir heißen dich bei uns herzlich willkommen!", lacht Fräulein Hermann, die diese Wohngruppe leitet, mich an. Was bin ich doch für ein Glückspilz! Ich mag sie. Fräulein Hermann gehört zu den netten, freundlichen und geduldigen Erzieherinnen im Kinderheim.

Kapitel 3

Warum immer ich?

Meine Noten in der Schule werden immer besser. Zum ersten Mal bekomme ich eine Zwei für eine Arbeit. Mein Klassenlehrer wundert sich über meine Leistungssteigerung. Heute ist der Unterricht besonders entspannt für mich. Mit der guten Note im Rücken fällt es viel leichter, in der Schule zu sitzen. Die Note scheint mir auch Flügel zu verleihen: Fast fliege ich nach der Schule zum Heim zurück. Mir geht es gut!

Ich fege um die Ecke des Heims und stoße mit Schwester Anne zusammen. „Welches freudige Erlebnis hattest du denn? Du siehst aus, als würdest du auf einer Wolke schweben." Strahlend prahle ich: „Ich habe eine Zwei geschrieben!" Jubelnd umarmt Schwester Anne mich: „Herzlichen Glückwunsch, Harald! Das ist wirklich ein gutes Ergebnis." Begeistert, lachend und beschwingt geht sie Richtung Küche weiter, und ich stolziere zu meinem Zimmer.

In die Schule gehen ist ja so wunderbar! Gut gelaunt betrete ich am nächsten Morgen den Klassenraum. Heute werden wir eine weitere Klassenarbeit zurückbekommen. Ich bin so gespannt, welche Note ich habe! Gemeinsam mit den anderen Kindern warte ich auf Herrn Mattes. Die Tür öffnet sich, und eine Frau betritt den Raum. Sie stellt sich ans Pult, sieht uns alle an und begrüßt uns: „Guten Morgen, Kinder. Ich bin Fräulein Lukas", stellt sie sich vor. „Euer Lehrer, Herr Mattes, ist sehr krank geworden. Ich werde ihn so lange vertreten, bis er euch wieder unterrichten kann." Sie greift in ihre Tasche und holt unsere Hefte hervor: „Ihr scheint ja keine guten Schüler zu sein. Ich habe eure Arbeiten kontrolliert. Sie sind alle so schlecht, dass ich jedem eine Sechs geben musste!", brummelt sie. Jeder bekommt sein Heft. Entsetzt schaue ich mir meine Arbeit an und beschließe, mich gegen die Sechs zu wehren. Mutig melde ich mich. „Ja, was willst du?", fordert Fräulein Lukas mich auf. „Herr Mattes hatte uns die Aufgaben nicht so gestellt, wie sie im Buch stehen. Wir alle haben uns bemüht, zu verstehen, was Herr Mattes von uns will", antworte ich kühn. Sie stellt sich vor mich und schaut mich ernst an: „Das ist mir egal! Die Arbeiten sind geschrieben und die Noten verteilt. Ich werde nichts daran ändern." Erwachsene sind so ungerecht! Enttäuscht verkrieche ich mich innerlich.

In den darauf folgenden Wochen zieht Fräulein Lukas immer wieder über mich her. Sie lästert darüber, dass Heimkinder scheinbar nicht viel können. Sie mag mich nicht. Meine Leistungen und die Beteiligung im Unterricht gehen rapide bergab.

Die Uhrzeit

Eines Morgens fordert Fräulein Lukas mich auf, ihr die Uhrzeit zu sagen. Ob sie weiß, dass ich die Uhr nicht lesen kann und immer andere Leute nach der Uhrzeit gefragt habe? Entsetzt schaue ich auf das Ziffernblatt. Ich habe keine Ahnung, was dort zu lesen ist! Angst vor der Peinlichkeit kriecht in mir hoch. Ich weiß genau, dass gleich alle über mich lachen werden. Schnell überlege ich, wie lange wir bereits im Unterricht sitzen. Die Schule hat um acht Uhr begonnen. Es müsste jetzt elf Uhr sein. „Na, Harald, wie spät ist es?", fragt sie mich herausfordernd. Stotternd antworte ich: „Es ist elf Uhr, Fräulein Lukas." An ihrem Grinsen und dem unterdrückten Glucksen aller Kinder erkenne ich sofort, dass meine Überschlagsrechnung nicht zum richtigen Ergebnis geführt hat. Nun prustet sie lauthals los und alle anderen Kinder mit ihr. Ich würde mich am liebsten in einem Mauseloch verkriechen, was natürlich nicht geht. Mein Gesicht läuft purpurrot an. Es ist mir so peinlich!

Nach der Schule schleiche ich enttäuscht nach Hause. Den Rest des Tages verbringe ich auf meinem Zimmer. Nichts und niemand kann mich motivieren, etwas zu unternehmen. Selbst Rollschuh fahren will ich nicht. Ich bin in Frustration eingehüllt, verkrieche mich in meinem Bett und will niemanden sehen. In der folgenden Nacht schrecke ich immer wieder durch schreckliche Träume auf.

Ich bin krank

„Aufstehen!", ertönt es laut neben meinem Ohr. Schlaftrunken öffne ich am nächsten Morgen meine Augen. Wieder ruft die Erzieherin: „Aufstehen!" Angestrengt überlege ich, was ich anstellen kann, damit ich nicht zur Schule gehen muss. Wehleidig ziehe ich meine Bettdecke bis zu den Ohren hoch. „Mir geht es nicht gut!", hauche ich. Die Erzieherin zupft an meiner Decke: „Harald, aufstehen!" Ich schaue sie leidend an. „Mir ist so schlecht!", kommt es jammernd aus mir heraus. „Ich kann heute nicht in die Schule gehen." Besorgt sieht sie mich an und fühlt meine Stirn: „Du siehst nicht so richtig krank aus, aber vielleicht brütest du ja etwas aus. Heute bleibst du mal im Bett." Erleichtert und zufrieden kuschele ich mich in meine Decke. Was bin ich froh, dass ich heute niemanden aus meiner Klasse sehen muss. Mittags steckt die Erzieherin erneut ihren Kopf zur Tür herein: „Na, wie geht es dir?" Ich hauche aus meiner Deckenumhüllung heraus, dass es mir immer noch nicht gut geht: Es funktioniert! Ich darf den Rest des Tages weiter in meinem Bett verbringen.

Am nächsten Morgen steht sie wieder vor mir. „Wie sieht es heute aus?", lacht sie. „Du brauchst mir gar nicht zu erzählen, dass du dich immer noch krank fühlst. Ich glaube, da will sich jemand vor der Schule drücken. Los jetzt, aufstehen!" Mit einem Ruck reißt sie mir die Bettdecke weg. Ich muss meine sichere Burg verlassen.

Lustlos ziehe ich mich an. Schlurfend und mit schwerem Gemüt erreiche ich den Speisesaal. Normalerweise lasse ich mir keine Mahlzeit entgehen. Doch heute, in meinen Gedanken versunken, würge ich mir das Frühstück rein. Was kann ich tun, damit ich nicht zur Schule gehen muss? Schließlich verlasse ich das Heim und mache mich auf den Weg zur Schule. Am Waldrand angekommen ändere ich abrupt meinen Weg, schnurstracks in den Wald hinein, verfolgt von einem schlechten Gewissen. Ich weiß, dass ich die Schule nicht schwänzen darf. Das wird mächtig Ärger geben! Doch den werde ich schon überleben, die Gemeinheiten der Lehrerin und das Ausgelacht werden von den Mitschülern jedoch nicht! Ich suche mir eine Stelle im Wald, von der aus ich den Eingang der Schule sehen kann. Aus Zweigen und Ästen baue ich mir einen Unterschlupf und warte dort, bis die Schule zu Ende ist.
Die ersten beiden Tage vergehen, ohne dass ich Ärger bekomme. Doch am dritten Tag steht plötzlich Fräulein Martin vor meinem Versteck. Sie muss mir heimlich gefolgt sein. Entrüstet packt sie mich am Arm und schleppt mich laut

schimpfend zur Schule: „Du wirst die Schule nicht schwänzen!" Aller Widerstand hilft nicht. Sie zerrt mich zu meinem Klassenraum, übergibt mich meiner Lehrerin und verschwindet. Hämisch grinsend begrüßt Fräulein Lukas mich: „Da ist ja unser Musterschüler!", spottet sie und wendet sich der Klasse zu: „Kinder, begrüßt unseren Musterschüler!" Lautes, vielstimmiges Lachen ertönt. Ich laufe rot an und platze wütend heraus: „Am liebsten würde ich euch alle umbringen!" Erneut ertönt eine Lachsalve. Fräulein Lukas beordert mich zu meinem Platz. Dann fährt sie mit dem Unterricht fort. Wütend und frustriert sitze ich auf meinem Stuhl. Schule ist mir so was von egal! Ihr könnt mich alle mal...!

Mein Lernboykott betrifft auch die Nachhilfe. Herr Hussmann ist nicht mehr der freundliche Lehrer, der an mich glaubt. Er wurde von Fräulein Lukas informiert. Es folgt ein Gespräch mit mir, bei dem er mir erklärt, dass ich ein aufsässiger Schüler sei. Dies hätte Fräulein Lukas ihm mitgeteilt. Er versucht nochmals, mir ins Gewissen zu reden. Alle Erklärungen, die ich vorbringe, helfen nicht. Er glaubt mir nicht, dass die Lehrerin die Ursache ist. Aber ich finde inzwischen sowieso, dass Schule der größte Mist ist.

Zeugnisse

Bei der Zeugnisausgabe am Ende des Schuljahres steht Fräulein Lukas triumphierend vor mir: „Nicht versetzt!" Wortlos nehme ich mein Zeugnis entgegen und verlasse die Schule. Ich bin wütend und fühle mich total ungerecht behandelt. Im Heim angekommen muss ich zur Oberin. Wortlos überreiche ich ihr mein Zeugnis. Sie erschrickt beim Anblick der Noten. „Ich dachte, deine Versetzung sei nicht gefährdet. Und nun das!" Mit hängenden Schultern stehe ich vor ihr und erzähle ihr von all dem, was ich in den letzten Monaten in der Schule erlebt habe. „Das habe ich nicht gewusst, Harald. Ich hatte mich schon gewundert, dass du nicht mehr zur Nachhilfe gehst. Ich dachte, dass du sie nicht mehr brauchst. Deshalb bin ich dem auch nicht weiter nachgegangen. Aber jetzt sind erst einmal Ferien. Um die Schule kümmern wir uns danach. Im neuen Schuljahr werde ich mich regelmäßig bei der Schule erkundigen und auch dich fragen, wie es dir in der Schule geht. So was soll nicht noch einmal passieren, dass eines meiner Kinder sitzen bleibt, und ich weiß nichts davon!"

Eine neue Lehrerin

Die Ferien sind wunderbar. Wir Kinder machen viele Ausflüge, Lagerfeuer und Abenteuerspiele. Ich vergesse die Schule bis zu dem Tag, an dem wir Kinder wieder den Weg zur Schule gehen müssen. Mit bangem Erwarten trotte ich Richtung Schule und stelle mich innerlich auf das Schlimmste ein. Doch dann die gute, die allerbeste Nachricht: Fräulein Lukas hat die Schule verlassen. Hurra!

Eine neue Klassenlehrerin wird uns Kindern vorgestellt. Sie ist ganz erträglich. Ich bin froh, dass sie mich nicht vor meiner neuen Klasse bloßgestellt. Dennoch ist meine Motivation zu lernen nicht besonders hoch. Nach einigen Monaten fordert sie mich auf, ihr ins Lehrerzimmer zu folgen. Nachdenklich und sehr ernst sieht sie mich an: „Ich muss ein ernstes Wort mit dir reden, Harald! Deine Noten lassen sehr zu wünschen übrig. Wenn du so weitermachst, wirst du wieder sitzen bleiben. Das möchte ich dir ersparen. Gib dir mehr Mühe, dann schaffst du es!" Ja, das will ich, denn eigentlich bin ich ein Musterschüler.

Die Lehrerin weckt in mir wieder die Lust zum Lernen. Erste kleine Erfolge stellen sich ein. Doch dann werde ich krank. Im Kinderheim ist die Gelbsucht ausgebrochen. Auch mich erwischt es. Das Heim wird unter Quarantäne gestellt. Ich werde ins Krankenhaus gebracht.

Die Krankenschwestern sind sehr freundlich, aber auch sehr beschäftigt. Ich fühle mich ganz schrecklich einsam in meinem viel zu großen Krankenhausbett. Die meiste Zeit bin ich alleine. Nur einmal besucht mich Schwester Anne aus dem Kinderheim. Ich fühle mich verloren und sehne mich nach meinem Heim zurück.

Anfangs kommen die Krankenschwestern mehrmals täglich zum Fiebermessen. Als es mir etwas besser geht, kommen sie nicht mehr so oft. Mir wird immer langweiliger. Das muss ich ändern! Was kann ich tun, damit sie häufiger nach mir sehen? Ah, ich weiß! Wenn ich an der silbernen Spitze des Fieberthermometers reibe, steigt die Temperaturanzeige an. Sie werden denken, dass ich wieder Fieber habe, und öfter nach mir schauen und sich intensiver um mich kümmern. Na ja, eigentlich ist es nicht meine Idee. Ich habe mir das von den anderen Kindern abgeschaut.

Mein Entschluss steht fest: Als wieder einmal Fieber gemessen wird, hole ich das Thermometer vorsichtig hervor und reibe, so fest ich kann, an der Spitze. Die Temperatur steigt. Ich reibe weiter. Huch, das Thermometer zeigt über vierzig Grad an! Ups, ich glaube, das ist zu viel. Wie kann ich es schnell wieder herunter bekommen? Vom Flur her erschallen Schritte. Eilig stecke ich das Thermometer in meine Achselhöhle zurück. Da öffnet sich auch schon die Tür. Brav und mit engelsgleichem Gesicht übergebe ich der Schwester das Thermometer. Ein Blick, ein Aufschrei und dann eine Hand auf meiner Stirn. Kopfschüttelnd steht sie vor mir, entrüstet über meine Frechheit. Eine Schimpftirade prasselt auf mich ein: „Du verflixter Lümmel! Du hast überhaupt kein Fieber! Das melde ich dem Doktor!" Schimpfend verlässt sie den Raum, um postwendend mit dem Doktor im Schlepptau zurückzukehren. Eine lange Moralpredigt folgt. Innerlich halte ich mir die Ohren zu und schalte ab.

Nach diesem Vorfall erreicht mein Ansehen auf der Station den Nullpunkt. Man beachtet mich in den folgenden Tagen kaum noch. Mir ist so schrecklich langweilig! Hoffentlich kann ich bald nach Hause! Als der Doktor mir endlich die erlösende Botschaft überbringt, habe ich es außerordentlich eilig, meine Sachen zu packen. Ich kann es gar nicht abwarten, wieder im Heim zu sein. Da ist es zumindest nicht so schrecklich langweilig wie hier.

Das Frühstück am nächsten Morgen schmeckt ausnahmsweise sehr gut. Es ist bestimmt die Vorfreude, die meine Geschmacksnerven verändert. Danach renne ich zwischen Fenster und Tür zum Flur hin und her. Sehnsüchtig warte ich auf den Wagen, der mich nach Hause bringen wird. Ungeduldig sehe ich nach draußen, ob der Fahrer endlich kommt. Da, er schlendert gemütlich über den Krankenhausflur. Freudig schnappe ich meine Tasche und stürme ihm entgegen. „Da scheint es ja einer sehr eilig zu haben!", erklingt seine tiefe, mit herzhaftem Lachen vermischte Stimme. Eilig verlassen wir das Krankenhaus und fahren nach Hause.

Zurück im Heim werde ich von der Oberin in Empfang genommen. Sie begrüßt mich und freut sich sehr, dass ich nach den vielen Wochen im Krankenhaus wieder zurück bin. Dann darf ich in meine Gruppe gehen. Was bin ich froh, wieder zu Hause zu sein!

Am nächsten Morgen setzt sich die Oberin zu mir an den Frühstückstisch. Das ist ungewöhnlich und erweckt umgehend meinen Argwohn. Das Frühstück endet, ohne dass sie etwas sagt oder tut. Wir Kinder dürfen den Speisesaal verlassen. Die Meute rennt los. Auch ich springe auf, doch da bremst die Oberin mich: „Harald, ich muss mit dir sprechen." Neugierig sehe ich ihr ins Gesicht. „Wenn ein Kind Gelbsucht hatte", fährt sie fort, „muss es nach der Zeit im Krankenhaus noch eine Kur machen. Du wirst nächste Woche nach Bad Orb gebracht. Es ist für dich zum Guten. Du sollst dich noch einige Wochen von der schweren Erkrankung erholen." Erschrocken schaue ich sie an. Nur zu gut erinnere ich mich an die Langeweile im Krankenhaus. Soll ich das jetzt noch einmal mitmachen? Ein flaues Gefühl im Magen breitet sich in mir aus. Die folgenden Tage liege ich häufig in meiner Bettburg. Ich will nicht schon wieder weg von meinem Zuhause!

Der Montag kommt schneller als erhofft. „Harald, es ist jetzt so weit!", ertönt Schwester Julias Stimme. „Heute fährst du nach Bad Orb." Blitzschnell überlege ich, wo ich mich verstecken kann. Doch Schwester Julia lässt mich nicht aus den Augen. Sie folgt mir in mein Zimmer und hilft beim Einpacken meiner Sachen. Ich bin traurig. Warum darf ich nicht hierbleiben? Ich kann doch zu Hause gesund werden! Warum immer ich? Als wir vor das Haus treten, wartet bereits der Fahrer, der mich zur Kur bringen wird. Ich ergebe mich in mein Schicksal.

Schweigsam hänge ich meinen Gedanken nach, während wir durch die Landschaft fahren. Was wird mich in der Kur erwarten? Was machen die da mit mir? Wann darf ich wieder nach Hause?

Der Fahrer parkt das Auto vor einem großen Haus: Wir sind angekommen. Schweigend, mit zitternden Knien, steige ich aus und folge brav dem Fahrer. Eine freundliche Frau kommt auf mich zu: „Du bist bestimmt der Harald!", lacht sie mich an und reicht mir die Hand. Schon wieder ein fremder Mensch, der mich scheinbar kennt! Dennoch bin ich etwas erleichtert, dass sie mich so freundlich empfängt. Die Frau nimmt mich an die Hand. Brav gehe ich mit ihr in das große Haus. „Wie soll ich mich denn hier bloß zurechtfinden?", stöhne ich auf. Sie spricht mir Mut zu, aber ich fühle mich nicht ermutigt. Das Haus ist so riesig! Es hat viele Türen und mehrere Etagen. Ich bin verwirrt und kann mir gar nicht merken, wo wir überall langgehen.

Wir steigen eine Etage höher. Vor einer Tür bleibt sie stehen und lässt meine Hand endlich los. „Dieses Zimmer wird für die nächsten Wochen dein Zuhause sein!", erklärt sie mir aufmunternd. Dann zieht sie einen Schlüssel hervor, schließt auf und ermutigt mich, einzutreten. Neugierig sehe ich mir mein Zimmer an: Es ist recht gemütlich eingerichtet. Mal sehen, wie die Aussicht aus meinem Fenster ist. Ich gehe flott zum Fenster und bin überwältigt: Von meinem Zimmer aus kann ich in einen großen Park schauen. Riesige Bäume stehen darin, und eine herrliche Blumenpracht ist zu sehen. Ich habe das Gefühl, den Duft der Blumen bis hier oben im Zimmer riechen zu können.

Frau Lehmann, so heißt die Dame, hilft mir beim Einrichten meiner neuen Bleibe. Anschließend führt sie mich durch das Haus. Dabei erklärt sie mir, wo was zu finden ist. Besonders die Bücherei erweckt meine Neugierde. Freude kommt auf. Ich glaube, ich werde hier eine gute Zeit zusammen mit Winnetou und Old Shatterhand erleben. Meine Begleiterin schmunzelt: „Du wirst sicherlich genügend Zeit zum Lesen haben!", zwinkert sie mir zu. „Doch jetzt stelle ich dich erst einmal dem Doktor vor." Wir laufen wieder durch Gänge und bleiben vor einer Tür stehen. Frau Lehmann klopft an. Eine Stimme ruft: „Herein!" Ich werde ins Arztzimmer geschoben. „Guten Morgen, Doktor Mira! Ich bringe Ihnen unseren jungen Patienten." Doktor Mira steht etwas ungelenk von seinem Stuhl auf. Der ist irgendwie witzig! Er schaukelt auf mich zu: „Herzlich willkommen in Bad Orb!", begrüßt er mich und streckt mir seine große Hand entgegen.

Unsicher reiche ich ihm meine kleine Hand. „Du bist Harald, stimmt's?" Ich nicke schüchtern. Seine schaukelnden Bewegungen sind lustig. Er tapst zur Liege, die an der Wand des Raumes steht. „Komm her zu mir! Ich werde dich untersuchen. Dann schaue ich nach, welche Medikamente du erst einmal weiter nehmen solltest. Du warst ja sehr krank. Jetzt sollst du dich hier bei uns erholen und neue Kräfte sammeln." Ich sehe mir den Doktor etwas genauer an: Er macht einen ganz vertrauenswürdigen Eindruck. Geduldig lasse ich mich untersuchen. Mit einem Zettel in der Hand, auf dem er die Medikamente notiert hat, darf ich den Raum wieder in Begleitung von Frau Lehmann verlassen. „Achten Sie bitte darauf, dass Harald regelmäßig die Medizin bekommt und auch einnimmt!", erschallt die Stimme des Doktors hinter uns her. Ich drehe mich zu ihm um. Ein schmunzelnder Doktor sieht mich an. Er scheint zu ahnen, dass ich nicht der bravste Medikamentenschlucker bin.

Frau Lehmann bringt mich wieder zu meinem Zimmer. Bis zum Essen habe ich frei. Den Weg zur Bücherei habe ich mir einigermaßen eingeprägt. Ich werde mir ein Buch holen. Schon so lange habe ich davon geträumt, endlich Karl May-Bücher lesen zu können. Jetzt ist eine große Sammlung an Büchern für mich verfügbar. Krank sein hat manchmal auch Vorteile. Mit Old Shatterhand, Winnetou und Kara Ben Nemsi tauche ich in die Welt von Karl May ein. Zum Abendbrot muss ich persönlich abgeholt werden, da ich in fernen Landen unterwegs bin. Doch Essen ist immer wichtig: Man weiß ja nie, wann es nichts mehr gibt. Dafür lasse ich das Buch los. Noch in Gedanken springe ich auf und renne fast die Pflegerin über den Haufen. Sie nimmt es mit Humor: „Du bist ja ein ungestümer Geselle!", lacht sie, nimmt mich an die Hand und bringt mich zum Speisesaal. Neugierig halte ich nach anderen Kindern Ausschau. Pustekuchen! Ich bin scheinbar das einzige Kind hier!

Mit mulmigem Gefühl in der Magengegend würge ich eine Kleinigkeit in mich hinein. Was soll ich bloß die ganze Zeit hier machen, stöhne ich innerlich. Gut, dass es genügend Bücher gibt!

Im Laufe der nächsten zwei Wochen verschlinge ich ein Buch nach dem anderen. Erst alle Karl May-Bücher, dann andere Romane und verschiedene Sachbücher. Ich lese Tag und Nacht. Nachts heimlich mit meiner Taschenlampe, die ich zum Glück mitgenommen habe. Leider sind die Batterien schnell leer, und ich habe keinen Nachschub. Wenn ich nicht lese, dann spiele ich Gesellschaftsspiele. Es ist zwar langweilig, alleine gegen sich selbst zu spielen, aber immer noch interessanter, als noch gelangweilter nichts zu tun.

Nach einer Woche darf ich das erste Mal an die frische Luft in den Park. Ich soll mich noch schonen, meint der Doktor. Doch wer mich kennt, weiß, dass ich solche Anweisungen geflissentlich überhöre. In Begleitung und an der Hand festgehalten darf ich den Park besichtigen. Jeglicher Trieb loszurennen wird unterbunden. Im Park riecht es herrlich! Die Blumen duften, und die frische Luft tut gut. Es ist fast wie neues Leben für mich! Jeden Tag darf ich nun für einige Minuten in den Park. Den restlichen Tag verbringe ich in meinem Zimmer und beschäftige mich mit mir selbst.

Die Erlösung kommt, als Doktor Mira mir eines Tages eröffnet, dass ich wieder ins Heim zurückgebracht werde. Die Zeit in Bad Orb ist um. Ich habe es überlebt! Langeweile, ade! Bücher, ade! Doch ihr werdet mir in guter Erinnerung bleiben.

Zurück im Heim nimmt mich die Oberin in Empfang: „Harald, wie schön, dass du wieder bei uns bist! Ich habe gute Nachrichten für dich: Gestern war ich in deiner Schule. Der Rektor, deine Klassenlehrerin und ich haben beschlossen, dass du in diesem Jahr versetzt wirst, obwohl du so lange nicht am Unterricht teilnehmen konntest. Doch du musst mir versprechen, dass du dir im neuen Schuljahr besondere Mühe in der Schule gibst!" Treuherzig sehe ich die Oberin an und schwöre ihr, mir alle Mühe zu geben. Zufrieden lachend dreht sie sich um und verschwindet in Richtung Küche.

Eine Perspektive

Im neuen Schuljahr strenge ich mich sehr an. Doch meine Schulleistungen sind ein Auf und Ab. Eines Tages werde ich wieder zur Oberin gerufen: „Harald, du bist nun fast vier Jahre bei uns. Im Dezember wirst du 14 Jahre alt. Es wird Zeit, sich über eine Lehre Gedanken zu machen." Verwirrt schaue ich sie an. Die Oberin schlägt mir vor, darüber nachzudenken, was ich gerne lernen möchte. Ich weiß doch gar nicht, was ich werden will! Während meiner Lehre, so verspricht sie mir, kann ich weiter im Heim leben. Das erleichtert mich sehr. Ich hatte schon Angst, dass sie mich jetzt wegschicken würde. Die Schwestern hier sind sehr nett, und ich habe gute Beziehungen zu ihnen. Hier fühle ich mich sicher und auch verstanden. Wenn ich weggehen müsste, wäre das schrecklich für mich. Die Art und Weise, wie die Erwachsenen hier miteinander umgehen, tut mir gut. So will ich auch werden! Und eine solche Ausstrahlung will ich auch mal haben. Hier habe ich die schrecklichen Zeiten in meiner Familie vergessen können. Wenn ich demnächst eine Lehre beginne, wird das sicherlich ein schönes Abenteuer für mich. Nur, was soll ich denn lernen?

Das kann doch nicht wahr sein!

Einige Wochen später werde ich wieder in das Büro der Oberin gerufen. Schon an ihrem Gesichtsausdruck sehe ich, dass etwas nicht in Ordnung ist. Sie ringt nach Worten und ist den Tränen nahe: „Harald, ich muss dir eine schlimme Nachricht überbringen. Das Jugendamt hat mir mitgeteilt, dass du in zwei

Tagen in ein anderes Heim verlegt wirst." Ich starre sie sprachlos an. Tausende Gedanken toben mir durch den Kopf. Wortlos verlasse ich das Büro. Das ist nicht wahr! Geschockt laufe ich zu meinen Rollschuhen, schnappe sie mir und renne los. Die Schwestern hatten wohl schon geahnt, dass ich so reagieren würde. Mit vereinten Kräften versuchen sie, mich aufzuhalten. Doch ich bin innerlich ein Riese mit Bärenkräften! Ich stoße sie alle zur Seite. Tränenüberströmt renne ich aus dem Haus, ziehe mir hastig meine Rollschuhe an und sause davon. Egal, wohin! Nur weit, weit weg! Etliche Stunden, ohne müde zu werden, fahre ich durch die Gegend. Ich will nur noch ganz weit weg von diesem ganzen Unrecht!

Am Abend werde ich von zwei Polizeibeamten aufgehalten. Sie wissen, dass ich ein Entflohener aus dem Heim bin. Die Beamten wollen mich wieder zurückbringen. Doch der Riese mit den Bärenkräften in mir ist stärker als sie. Sie können mich nicht festhalten. So schnell ich kann, laufe ich mit meinen Rollschuhen wieder los. Die Polizisten verfolgen mich mit ihrem Auto. Immer wieder kann ich ihnen entwischen, da ich Strecken wähle, auf denen sie mir mit ihrem Auto nicht folgen können. Inzwischen sind noch mehr Polizisten hinter mir her. Einige Male versuchen Beamte, zu Fuß hinter mir herzulaufen, um mich ergreifen zu können. Ich entwische ihnen immer wieder. Als geübter Rollschuhfahrer bin ich sehr wendig und schnell.

Doch meine Heimflucht hat ein jähes Ende. Die Polizisten bilden einen Kreis und ziehen ihn immer enger. Ich kann nicht mehr entwischen. Als sie mich ergreifen, tobe ich wie ein Wilder und versuche immer wieder, mich mit all meinen Bärenkräften loszureißen. „Was ist denn mit diesem Jungen los? So einen wilden Burschen habe ich ja noch nie erlebt!", ruft ein Polizist. Ich werde zurück ins Kinderheim gebracht, unter besondere Bewachung gestellt und am nächsten Tag in ein Heim nach Espelkamp gebracht.

In mir ist etwas zerbrochen!

Kapitel 4

Hin- und hergeschoben

Immer noch unter Schock betrachte ich die Häuser des neuen Heims. Hier ist alles viel größer als in Bottrop. Einladend sieht das nicht aus! Mich schüttelt es. In diesen hässlichen Gemäuern soll ich nun leben?

Meine Gedanken werden jäh unterbrochen. Mein Taxifahrer ergreift mich an meinem Arm und zieht mich in Richtung eines der Gebäude. Die Eingangstür öffnet sich knarrend. Weiter geht es durch einen Flur hindurch, bis wir das Büro der Heimleiterin erreichen. Nach kurzem Klopfen ertönt eine Stimme: „Herein!" Wir betreten einen kleinen Raum. Hinter ihrem Schreibtisch sitzend mustert mich eine Frau: „Ach, du bist der Neue aus Bottrop. Wie heißt du noch?" Verlegen, den Fußboden anstarrend, flüstere ich leise: „Harald."

Nun folgen viele Fragen, die sie mir in einem sehr herrischen Ton stellt, was meine Schüchternheit ansteigen lässt. Tapfer beantworte ich jede Frage, in der Hoffnung, es bald hinter mir zu haben. Zum Schluss befiehlt sie einer jungen Frau, die inzwischen das Büro betreten hat, mich zu meiner neuen Wohngruppe zu bringen.

Lustlos schlendere ich hinter der Frau her. Sie ist eine Praktikantin, erklärt sie mir fröhlich. Hilde Martin heißt sie. „Wenn du Fragen hast oder etwas brauchst, kannst du mich gerne ansprechen!", bietet sie mir an. Höflich bedanke ich mich bei ihr. Doch in mir schreit alles: „Weg hier! Egal, wohin! Nur weg hier!"

In der Gruppe angekommen stellt sie mich den anderen Kindern vor. Fräulein Martin scheint sehr beliebt zu sein, denn sie wird herzlich und sehr freudig von den Kindern begrüßt. Ich stehe beobachtend am Rand des Geschehens. Fräulein Martin wird von den Kindern bestürmt, und alle reden gleichzeitig auf sie ein. Freundlich und geduldig geht sie auf jedes Kind ein. Langsam lässt meine Angst vor dem neuen Heim nach. Vielleicht ist es ja doch nicht so schlecht, wie ich dachte. Fräulein Martins Art erinnert mich an die Schwestern aus dem Kinderheim.

Nach einigen Minuten löst sie sich von den Kindern: „Harald, nun zeige ich dir dein Zimmer." Wir betreten einen langen Flur, an dem viele Zimmertüren liegen. An einer bleiben wir stehen. Als sie die Tür öffnet und mich in den Raum schiebt, trifft mich der Schlag: Zwei Stockbetten in einem extrem kleinen Raum! Hier schlafen vier Jungen in einem Zimmer! Schockiert sehe ich zu Fräulein Martin, die fröhlich auf das Bett an der Tür zeigt. „Das obere ist noch frei. Das kannst du beziehen." Mit weit aufgerissenen Augen sehe ich sie an: „Das darf doch nicht wahr sein!" Innerlich fröstelt es mich. In Bottrop hatte ich mein eigenes Zimmer. Jetzt muss ich in einem Vierbettzimmer leben und dann auch noch im oberen Bett schlafen. Innerlich schreit es wieder laut: „Das halte ich nicht lange aus, bei der ersten Gelegenheit werde ich abhauen!"

Fräulein Martin scheint meine Entrüstung nicht zu bemerken. Sie bittet mich, meine Wäsche in den für mich vorgesehenen Schrank zu legen. Dann überlässt sie mich meinem Schicksal und geht fröhlich von dannen.

Unruhig erledige ich brav die Aufgabe. Wie kann ich hier raus? Das halte ich nicht aus! Ich muss weg hier! Sobald ich fertig bin, verlasse ich das Zimmer. Nur schnell weg hier! Eilig laufe ich aus dem Haus und erkunde das Umfeld des Heims, um einen Unterschlupf für mich zu suchen. Innerlich tobt eine Diskussion: Soll ich sofort abhauen oder auf eine bessere Gelegenheit warten?

Die innere Seite „Warten" siegt schließlich. Widerwillig kehre ich zum Haus zurück, öffne die Eingangstür und schleiche mich auf mein Zimmer. Hoffentlich spricht mich niemand an! Lasst mich bloß alle in Ruhe! Innerlich geladen erklimme ich mein neues Bett. Der Schock in mir sitzt tief. Warum? Warum haben die mich hierhin geschickt? Was habe ich bloß falsch gemacht, dass sie mich hierhin abgeschoben haben? Grübelnd krieche ich immer tiefer unter meine Bettdecke.

Eine schrille Glocke reißt mich aus meiner Grübelei, oder war es Schlaf? Egal, es ist Abendbrotzeit. Soll ich liegen bleiben? Aber man weiß ja nie, wann es wieder nichts zu essen gibt. Mies gelaunt klettere ich aus dem Bett und suche den Speisesaal.

Dort angekommen stellt mich eine Erzieherin den anderen Kindern vor. Dann weist sie mir einen Platz zu, an dem einige Jungs sitzen. Diese machen sich gierig über das Essen her, während ich appetitlos vor meinem vollen Teller sitze. Ich bringe keinen Bissen rein.

Nach dem Abendbrot dürfen wir uns frei bewegen. Die meisten Kinder laufen nach draußen. Ich schlurfe ins Zimmer zurück, um in dem Buch weiterzulesen, welches ich aus Bottrop mitgebracht habe. Während der ersten Zeilen ist es auch schon wieder vorbei mit meiner Ruhe. Meine Zimmergenossen stürzen laut lärmend herein. Wir machen uns kurz miteinander bekannt: Hans schläft unter mir, erfahre ich. Er kommt aus Krefeld. Ihm gegenüber schläft Johannes, der aus Mülheim hierhin gekommen ist. Mir gegenüber im oberen Bett schläft Markus aus Bielefeld.

Wir unterhalten uns eine Zeit lang. Dann ertönt das Kommando, dass wir uns bettfertig zu machen haben. Die Jungs zeigen mir den Waschraum. Die sind ja ganz nett, meint eine innere Stimme in mir. Na ja, warten wir mal ab, wie es sich entwickeln wird! Im Bett zurück schnappe ich mir erneut mein Buch. Doch meine drei Zimmergenossen sind ganz anders drauf als ich.

Eine halbe Stunde lang erzählen sie sich Witze und schütteln sich vor Lachen. Wie soll ich mich denn da auf mein Buch konzentrieren? Ein „Gute Nacht, Jungs!" unterbricht den ausgelassenen Lärm. Wir müssen das Licht ausschalten und schlafen. Schlafen in einem Hochbett! Es ist so schrecklich hoch.

Ängstlich drücke ich mich sicherheitshalber an die Wand. Bloß nicht zu nahe an die Kante kommen, sonst falle ich runter. Hans, Johannes und Markus schlafen bereits wie die Murmeltiere. Ich hingegen erwache immer wieder und bringe mich zur Wand rutschend in Sicherheit. Das Kommando „Aufstehen, Jungs!" am nächsten Morgen erlöst mich endlich.

Die neue Schule

Mit dem Heimwechsel ist auch ein Schulwechsel verbunden. Ein scheinbar dauerhaft gut gelauntes Fräulein Martin bringt mich zu meiner neuen Schule, stellt mich beim Rektor vor, begleitet mich gemeinsam mit ihm noch bis zur Klasse, dann ist sie weg und ich bin alleine mit vielen neuen Gesichtern. Der Rektor stellt mich der Klasse vor. Unsicher stehe ich neben ihm. Es ist schrecklich für mich, vorne stehen zu müssen und mich von allen angaffen zu lassen. Der Rektor erzählt, wer ich bin, wo ich herkomme und erwähnt, dass ich aus dem Heim komme. Einige Neu-Klassenkameraden lachen verstohlen und mustern mich von oben bis unten. Es ist genau wie in Bottrop! Das kann ja was werden!

Die Schulglocke ruft zur Pause. Meine neuen Klassenkameraden stürmen Richtung Pausenhof. „Du kannst dir gerne den Schulhof ansehen!", ermutigt mich der Lehrer und zeigt einladend auf den Hof. Unsicher schlendere ich zum Schulhof. Dort umringen mich sofort einige Jugendliche: „Du bist also aus dem Heim!", raunzt mich einer der Jungs an.

Mit verschränkten Armen baut er sich provozierend vor mir auf. Die anderen schließen sofort einen Kreis um mich. „Mein Vater sagt immer, dass ihr Heimkinder alle klaut. Erwischen wir dich dabei, machen wir dich fertig!" Seine bedrohlich erhobene Faust macht mir unmissverständlich deutlich, dass er es ernst meint.

Meine Versuche, ihm zu erklären, dass ich noch nie geklaut habe, helfen nicht. Er glaubt mir nicht. Alle Jungs um mich herum werden aggressiver und rücken mir immer mehr auf die Pelle. Die werden mich gleich verprügeln, so aufgebracht, wie die sind. Ängstlich und hilfesuchend sehe ich mich nach einem Lehrer um. Doch weit und breit entdecke ich keinen.

Deshalb beschließe ich, mich still zu verhalten und nichts mehr zu sagen. Ein heftiger Schubser des Jungen, der vor mir steht, beendet meine bedrohliche Lage. Er dreht sich um und geht. Die anderen folgen ihm. Erst jetzt kommt meine Angst so richtig raus. Schlotternd stehe ich auf dem Hof. Am besten wäre es, jetzt einfach abzuhauen. Doch wohin?

Aus der Schule zurück verkrieche ich mich sofort in meinem Bett. Ich brauche jetzt Zeit zum Nachdenken. Pustekuchen! Von wegen: In Ruhe nachdenken! Zwei meiner Zimmerkollegen stürmen in den Raum, während ich in meiner Bettburg hocke. Lachend setzen sie sich auf die Kanten ihrer Betten und erzählen sich wiederum einen Witz nach dem anderen.

Können die nicht draußen Witze erzählen? Warum denn hier? Verzweifelt und missmutig verlasse ich meine Burg. Ich will Ruhe haben! Ohne groß nachzudenken laufe ich aus dem Haus, zu einem Wald, der am Rande meines Schulweges liegt. Es muss doch einen ruhigen Rückzugsort für mich geben!

Suchend laufe ich tiefer in den Wald hinein. Dann sehe ich es: Ein Erdloch, gerade groß genug für mich. Das ist ein sehr gutes Versteck!

Ich spüre förmlich, wie sich Erleichterung in mir ausbreitet: Endlich habe ich etwas gefunden, das mein neuer Lieblingsplatz werden kann. Wie kann ich das Loch so verstecken, dass es niemand findet? Nachdenklich suche ich nach Material. Wenn ich Äste über das Loch lege und noch etwas Laub zur Tarnung auf die Äste verteile, dann ist es für niemanden mehr zu sehen: Sehr gut! Das ist eine hervorragende Unterkunft für Notfälle. Frohlockend mache ich mich unverzüglich an die Arbeit. Nach drei Stunden ist mein Notquartier fertig. Zufrieden betrachte ich mein Werk. Dieses Versteck wird niemand so leicht finden. Nun, wo ich endlich einen Rückzugsort für mich gefunden habe, kann ich hoffnungsvoll in meine Zukunft hier in Espelkamp gehen. Mit einem guten Gefühl und stolz auf mein Werk kehre ich ins Heim zurück.

Anfeindungen

Am nächsten Morgen gehe ich mit bangem Herzen zur Schule. Am liebsten würde ich am Waldrand abbiegen und mich in meiner Höhle verstecken. Was werden die Burschen heute machen? An der Schule angekommen verstecke ich mich hinter einigen Büschen und beobachte die anderen Kinder aus sicherer Entfernung. Die Schulglocke ertönt. Der Hof leert sich schnell. Jetzt kann auch ich das letzte Stück zur Schule gehen. Doch ich komme zu spät an: Die Klassentür ist bereits geschlossen. Oh je, was für eine Peinlichkeit! Zögernd klopfe ich an die Tür. Der Klassenlehrer öffnet und bittet mich in die Klasse: „Setz dich! Ab morgen erwarte ich von dir, dass du pünktlich erscheinst." Erleichtert, dass er mir keine Moralpredigt vor der ganzen Klasse hält, setze ich mich auf meinen Platz neben Thomas.

Als es zur Pause schellt, bin ich der Erste, der zur Tür hinaus stürmt. Bloß schnell weg, damit mich die anderen nicht wieder in die Finger bekommen! Aus sicherer Distanz, versteckt hinter einem Busch, beobachte ich das Treiben auf dem Schulhof. „Wo ist denn der Neue aus dem Heim?", höre ich. Es ist der Junge, der mich gestern schon so angemacht hat. Eine Gruppe von Jungs macht sich auf den Weg, um mich zu suchen. Zwei von ihnen kommen direkt auf mein Versteck zu: „Da steckt er ja!" Unverzüglich kommen alle zu mir und nehmen mich in ihre Mitte. Ein innerer Warnruf ertönt.

Doch bevor der Riese mit den Bärenkräften in mir erwacht, erklingt die Stimme eines Lehrers: „Auseinander mit euch!" Mit eiligen Schritten kommt er zu uns gelaufen: „Was ist hier los?" In großer Einigkeit deuten die Jungs auf mich: „Der aus dem Heim hat Streit angefangen!" Der Lehrer packt mich beim Arm. Sein Griff ist sehr schmerzhaft. „So, so! Gerade hier angekommen und schon Streit anzetteln! Das lassen wir hier nicht durchgehen. Den Rest der Pause bleibst du bei mir. Dann bin ich sicher, dass Ruhe auf dem Schulhof herrscht." „Aber ich habe doch gar nichts gemacht!", versuche ich mich zu verteidigen. Doch der Lehrer packt nur noch fester zu: „Du willst mir also weismachen, dass die anderen alle lügen?" Nun lacht er mich aus. Mit festem Griff schleift er mich mit.

Den Rest der Pause muss ich an seiner Seite bleiben. Erst die Glocke erlöst mich. Schnell renne ich zu meinem Sitzplatz im Klassenraum und versinke in meinen Gedanken. Der Unterricht erreicht mich nicht. Verzweifelt grüble ich darüber, wie es weitergehen soll. Ich habe große Angst vor meiner Zukunft hier an dieser Schule.

Nach der letzten Schulstunde jage ich wie ein Getriebener aus dem Klassenraum: Nur nicht der Meute in die Hände fallen! Schnurstracks renne ich zu meiner Höhle und verkrieche mich in dem Bau. Nach einiger Zeit kehrt endlich wieder Ruhe in mir ein.

Als ich zum Heim zurückkehre, läuft mir die Leiterin über den Weg: „Na, Harald, wie war dein Schultag?" Schüchtern sehe ich sie an: „Die anderen Jungs wollten mich verprügeln!" Sie mustert mich von oben bis unten: „Und, was hast du angestellt, dass sie dich verprügeln wollten?" Ich erzähle ihr von dem Jungen, der übrigens Matthias heißt: „Er ist in meiner Klasse. Matthias hat überall herumerzählt, dass alle Heimkinder Diebe sind. Die anderen glauben ihm." Ungläubig sieht sie mich an: „Harald, diese Geschichte hast du dir doch nur ausgedacht!", sagt sie und verschwindet in ihrem Büro. Frustriert setze ich meinen Weg zum Zimmer fort. Die Erwachsenen kotzen mich an! Ich erklimme meine Bettburg und grüble über die Ungerechtigkeiten dieser Welt.

Beim Abendbrot begegne ich Fräulein Martin. „Na, Harald", mustert sie mich, „dein Tag war wohl nicht so gut?" Brummig sehe ich sie an. Weil ich jetzt weiß, dass die Erwachsenen mir sowieso nicht glauben und ich ihnen egal bin, halte ich lieber den Mund. „Wenn du jemanden zum Reden brauchst", bietet sie mir an, „kannst du mich gerne auf meinem Zimmer besuchen." Um meine Ruhe zu haben, verspreche ich ihr, dass ich das machen werde. Doch mein Entschluss steht fest: Ich werde niemandem mehr vertrauen!

Zu meiner Erleichterung verlaufen die nächsten Wochen ruhiger. Die Jungs in der Schule lassen mich in Ruhe. Ich schaffe es, mich mit anderen Jugendlichen anzufreunden, was mir gut tut. Doch eines Tages verbreitet sich die Nachricht, dass einem Mädchen aus der fünften Klasse der Turnbeutel geklaut wurde. Sofort werde ich nach der Schule wieder von Matthias und seiner Clique in die Mangel genommen: „Hey, du Heimkind!", ertönt seine verächtliche Stimme. „Rück sofort den Turnbeutel raus!" Seine Fäuste erheben sich. Hilfesuchend versuche ich mich zu verteidigen: „Ich habe nichts mit dem Diebstahl zu tun!" Aufgebracht brüllt er zurück: „Nicht nur klauen, sondern auch noch lügen!" Seine Faust trifft mich im Gesicht. Von der Wucht des Schlages gehe ich zu Boden. Nun gerät die Clique in Rage. Alle treten auf mich ein. Krampfhaft versuche ich, mich so klein wie möglich zu machen, so dass sie mich nicht so heftig treffen können.

„Was seid ihr doch für Feiglinge!", schreit ein Mädchen, das eilig auf die wilde Meute zurennt. Sie reißt Matthias zurück, der gerade zu einem erneuten Tritt ausholt. „So viele gegen einen! Das ist nicht gerade mutig!", brüllt sie. Matthias, der deutlich größer ist als sie, baut sich provozierend vor ihr auf. Doch da erscheinen die Klassenkameraden des Mädchens. Sie sind deutlich in der Überzahl. Fluchtartig rennen meine Angreifer weg. Auch Matthias gibt kleinlaut auf und verzieht sich.

Meine Retter ziehen mich auf die Füße. Ich bedanke mich bei ihnen und renne, so schnell ich kann, zum Heim zurück. Mit mir rennt meine Angst. Ist die Meute noch hinter mir? Werden sie mir womöglich woanders auflauern? Panisch rennend suche ich ständig die Gegend ab, um vorbereitet zu sein.

Zum Glück erreiche ich unbehelligt das Heim. Schnurstracks gehe ich in mein Zimmer und klettere in meine Bettburg. Die Angst sitzt mir den ganzen Tag im Nacken. Ich lasse alle Mahlzeiten aus, bleibe grübelnd im Bett liegen, bis abends das Licht ausgeschaltet wird. Es scheint niemanden zu kümmern, dass ich nicht auftauche. In der Nacht träume ich schreckliche Szenen und werfe mich unruhig hin und her. Ein lauter Aufschlag weckt mich. Sofort spüre ich heftige Schmerzen im Mund.

Was ist passiert? Wo bin ich? Nach und nach begreife ich, dass ich aus dem Hochbett gestürzt bin. Der Schmerz im Mund ist schrecklich. Vorsichtig fühle ich an meinen Zähnen. Keiner meiner Zimmerkollegen ist erwacht. Ich rappele mich auf und laufe erschrocken auf den Flur. Ich brauche Hilfe!

Suchend laufe ich die Gänge entlang, bis Frau Burkhardt, die heute Nachtdienst im Heim hat, mich findet: „Ach du liebe Güte! Was hast du denn gemacht?" Eilig wischt sie mir das Blut ab. Dann sieht sie nach meinen Zähnen: „Oh weh, das sieht nicht gut aus! Wir müssen sofort zum Zahnarzt." Es läuft wie ein Film an mir vorbei. Die Schmerzen sind extrem. Ich bekomme mit, wie man mich in ein Auto legt. Mit einem Tuch soll ich das Blut wegwischen, während man mich zur Zahnarztpraxis fährt.

Dort angekommen erwartet mich ein unfreundlicher Arzt. Er befiehlt mir, den Mund zu öffnen, was mir irgendwie auch gelingt. Doch mein Mund muss noch weiter geöffnet werden. Das kann ich nicht: Es tut zu weh! Schon packen die Hände des Arztes zu und ziehen mir den Kiefer auseinander. Es tut so schrecklich weh! Ich höre, wie er sagt, dass die Schneidezähne gezogen werden müssen. Dann stutzt er. Nachdenklich sieht er mich an. Er wirkt plötzlich freundlicher: „Sag mal, Junge, was ist denn mit deinen Zähnen passiert? Hattest du mal einen Unfall?" Ich kann mich an keinen Unfall erinnern. „Nein", sage ich leise.

„Aber mein Stiefvater hat mir mit einem Kochlöffel meine Schneidezähne abgeschlagen." Der Doktor und meine Begleiterin sind entsetzt. „Wie grausam kann doch ein Mensch sein!" Schweigen erfüllt den Raum, während der Zahnarzt mit meinen Zähnen beschäftigt ist. Er wirkt traurig: „Ach, Junge, wäre man mit dir rechtzeitig zum Zahnarzt gegangen, hätten wir deine Zähne vermutlich jetzt nicht ziehen müssen. Doch sie sind so verdorben, dass ich keine andere Wahl habe."

Eine halbe Ewigkeit lang versucht er, meine Zähne zu ziehen. Immer wieder stöhnt er auf: „Puh...die sitzen aber ganz schön fest!" Die Schmerzen merke ich kaum. Ich bin anderweitig beschäftigt: Was werden die Klassenkameraden sagen, wenn ich mit einer riesigen Zahnlücke ankomme?

Als der Zahnarzt fertig ist, betrachte ich mich in einem Spiegel. Zu meinem Entsetzen ist die Lücke noch größer, als ich sie mir vorgestellt hatte. Mich schaudert es. Die Schmerzen, die plötzlich doch mit aller Wucht für mich wieder fühlbar werden, lenken mich von meinen Gedanken ab. Die Erzieherin wird noch mit Anweisungen ausgestattet. Dann geht es zurück zum Heim. Immer noch unter Schock stehend klettere ich widerspruchslos in mein Bett, aus dem ich vor einigen Stunden herausgefallen bin. Ich will jetzt niemanden sehen oder sprechen. Zusammengekrümmt vor Schmerzen ziehe ich die Bettdecke über meinen Kopf. Irgendwann übermannt mich der Schlaf.

Am Morgen, meine Zimmergenossen sind schon zur Schule gegangen, öffnet sich die Zimmertür. Fräulein Martin sieht nach mir: „Na, wie geht es dir, Harald?" Brummig gebe ich zur Antwort, dass es mir beschissen geht und ich meine Ruhe haben will. Fräulein Martin dreht sich um. An der Tür schaut sie nochmals zu mir: „Ich kann dich verstehen!", säuselt sie und lässt mich alleine. In die Bettdecke eingehüllt hänge ich meinen zahlreichen Gedanken nach. Was muss ich denn noch alles ertragen? Ich mag nicht mehr!

Lautes Rufen weckt mich. Ich muss wohl eingeschlafen sein. Die Jungs aus meinem Zimmer stehen vor mir. „Harald, zeig mal deine Zahnlücke!", werde ich aufgefordert. „Ihr könnt mich alle mal... ! Lasst mich einfach in Ruhe!", brumme ich. Demonstrativ drehe ich mich Richtung Wand. Einige Minuten hänseln sie mich weiter, dann gehen sie wieder. Mein Bett ist meine sichere Burg. Den ganzen Tag komme ich nicht hervor.

In Bedrängnis

Drei Tage darf ich im Heim bleiben. Doch dann beginnt für mich wieder der Alltag. Bei dem Gedanken an die Schule vergeht mir wieder einmal der Appetit. Innerlich gerate ich schon bei dem Gedanken an die Begegnung mit der Meute in Panik. Mir ist völlig klar, dass sie wieder über mich herfallen werden. Doch ich bin gezwungen, zur Schule zu gehen. Ich habe ja keine andere Wahl. Zögernd setze ich mich in Bewegung, verstecke mich wieder, bis die Glocke läutet, und schleiche als Letzter mit zusammengepressten Lippen in meine Klasse. „Harald! Da bist du ja wieder!", werde ich freundlich von Herrn Maier begrüßt. „Du hast ja einiges hinter dir, habe ich gehört. Setz dich einfach und komm erst mal an!" Erleichtert lasse ich mich auf meinen Stuhl fallen. Für diesen Moment bin ich gerettet.

Als die Glocke zur Pause ruft, stürmen alle nach draußen, nur ich nicht. Ich bleibe auf meinem Platz sitzen. Herr Maier schaut mich besorgt an und kommt

zu mir: „Na, Harald, warum gehst du nicht mit den anderen nach draußen?"
Leise kommt aus mir heraus: „Die verhauen mich doch sowieso nur." Er zieht
einen Stuhl heran und setzt sich zu mir. Schweigend sieht er mich an.

Es tut mir gut, dass er mich nicht einfach nach draußen schickt. Ich fasse
Vertrauen: „Ich soll gestohlen haben, behaupten Matthias und die anderen.
Dabei habe ich noch nie etwas gestohlen. Aber sie glauben mir nicht. Für sie
bin ich das Heimkind, das sowieso stiehlt." Das erste Mal, seitdem ich in
Espelkamp angekommen bin, schießen mir Tränen in die Augen. Das ist mir
peinlich. Verstohlen wische ich sie ab. Herr Maier versichert mir, dass er sich
der Sache annehmen wird, und ermutigt mich, doch noch in die Pause zu
gehen. Gemeinsam gehen wir nach unten.

Während ich den Pausenhof betrete, geht Herr Maier zum Aufsicht
führenden Lehrer und informiert ihn. Ängstlich stelle ich mich in eine Ecke des
Hofes. In dieser Pause passiert nichts.

Auch in den nächsten Pausen bleibt alles ruhig. Sobald ich bedrängt werde,
mischt sich ein Lehrer ein. Doch der Weg von der Schule zum Heim wird zum
Spießrutenlauf. Die Jungs haben mich abgefangen, hänseln und bedrängen
mich. Es geht alles blitzschnell: Auf einen inneren Gedankenimpuls hin werfe
ich meinen Tornister ab, den sie bereits gepackt haben.

Lauf, Harald, du bist schnell! Ohne weiter nachzudenken, renne ich los. Bis
die Meute begriffen hat, dass sie nur den Tornister in den Händen hält, habe
ich schon eine große Distanz zu ihnen gewonnen. Von wütenden Drohungen
begleitet renne ich um mein Leben und mache mich aus dem Staub.

Japsend rase ich zum Heim, wo ich der Heimleiterin in die Arme renne. Diese
bemerkt sofort, dass mein Tornister nicht auf meinen Schultern ist. Völlig
außer Atem erkläre ich, was passiert ist. Verwundert über meine Geschichte
sieht sie mich an: „Morgen gehen wir gemeinsam zur Schule und klären das."
Schon ist sie weg.

Doch am nächsten Morgen erscheint sie nicht, sondern Fräulein Rohrmann
wird abkommandiert zu klären, was an meiner Geschichte dran ist.

Wir gehen schnurstracks zum Rektor, der sich meine Geschichte anhört. Die
Jungs werden ins Büro zitiert. Matthias marschiert vorne weg. Er strahlt über
das ganze Gesicht und tut so, als ob er die Unschuld vom Lande sei. Der Rektor

sieht alle an: „Warum lasst ihr Harald nicht in Ruhe?", fragt er mit strenger Stimme. Matthias bläht sich auf: „Aber wir machen doch gar nichts! Harald ist derjenige, der immer wieder Streit sucht." Die anderen Jungs bestätigen seine Aussagen. Der zuvor freundliche Rektor wendet sich zu mir: „So, so, auch noch lügen! Ich werde künftig ein wachsames Auge auf dich haben, Harald! Ab mit euch in die Klasse!"

Wieder einmal glaubt man mir nicht! Wie ungerecht ist diese Welt! Ich werde keinem mehr vertrauen, egal, wie nett er ist! Am besten ist es sowieso, immer alleine zu bleiben. Von diesem Tag an bin ich ein Einzelgänger, der niemandem mehr vertraut und kaum ein Wort redet.

Als ich nach der Schule zum Heim zurückkehre, werde ich sofort zur Heimleiterin zitiert: „Ich habe gehört, dass du ziemlich streitsüchtig bist!", mault sie mich an. „Das lasse ich nicht durchgehen. Du hast zwei Wochen Hausarrest. Nur, um in die Schule zu gehen, wirst du das Heim verlassen. Jetzt geh auf dein Zimmer!" Wortlos drehe ich mich um und gehe. Im Zimmer angekommen krieche ich in meine Bettburg. Grüblerische Gedanken schwirren durch meinen Kopf.

Erwachsene sind schrecklich! Sie glauben einem nicht. Die stecken doch alle unter einer Decke! Ich werde abhauen. Hierbleiben bringt ja sowieso nichts. Die Welt ist so was von ungerecht!

Statt am nächsten Morgen zur Schule zu gehen, verkrieche ich mich in meinem Versteck im Wald. Erst der Hunger treibt mich wieder ins Heim zurück. Ärger erwartend schleiche ich mich durch das Haus. Doch heute schimpft niemand mit mir.
In den nächsten Wochen schwänze ich immer öfter den Unterricht. Bin ich mal in der Schule, kommt es ständig zu Konflikten. Immer werde ich als Schuldiger ausgemacht. Einige Male nehmen Matthias und seine Clique mich in die Mangel. Die Schuld wird immer mir in die Schuhe geschoben. Die Lehrer glauben ihnen mehr als mir.

Auch im Heim wird es immer schwieriger für mich. Ich habe den Eindruck, dass außer Fräulein Martin mir sowieso niemand glaubt. Mein innerlicher Frustpegel steigt immer weiter an. Die Höhle im Wald wird zu einem oft besuchten Rückzugsort. Ermahnungen der Lehrer und Erzieher prallen inzwischen an mir ab: Was soll ich mir noch Mühe geben, wenn mir sowieso niemand glaubt? Lasst mich doch alle in Ruhe!

Pastor Müller

„Du bist also der Harald!" Vor mir steht ein großer Mann, den ich bisher noch nicht im Heim gesehen habe. „Guten Tag, Harald. Ich bin Pastor Müller", stellt er sich mir vor. „Ich würde gerne mal mit dir sprechen." Misstrauisch beäuge ich ihn.

„Lass uns in die Kirche gehen. Dort können wir uns in Ruhe unterhalten." Pastor Müller dreht sich um und geht voraus. Verwundert sehe ich ihm hinterher. Er schleift mich nicht mit. Was soll ich tun? Abhauen oder ihm folgen? Er scheint anders zu sein als die Menschen, die ich bisher hier in Espelkamp getroffen habe. Ausgenommen davon ist nur Fräulein Martin. Ich entscheide mich, ihm zu folgen, weil er mir die Wahl gelassen und mich nicht gezwungen hat.

Zögerlich betrete ich die Kirche. Eine Stille empfängt mich, die ich schon lange nicht mehr erlebt habe. Die Stille ist sehr angenehm. Langsam bewege ich mich auf Pastor Müller zu, der inzwischen auf einer der Kirchenbänke sitzt. Mit einem Blick deutet er mir an, dass ich mich auch setzen soll. Schweigend betrachtet er mich lange: „Hast du eine Idee, weshalb ich mit dir sprechen möchte?" Trotzig platze ich heraus: „Sie wollen mir sicher auch ein schlechtes Gewissen machen, wie all die anderen!" Er sieht mich sichtlich irritiert an: „Ich habe gehört, dass du in der Schule fast immer Streit anzettelst, wenn du überhaupt mal zur Schule gehst. Und im Heim werden sie auch nicht mit dir fertig."

Wieder lässt er sich lange Zeit. Mit verschränkten Armen sitze ich auf der Bank, innerlich zum Sprung bereit, um aus der Kirche zu flüchten. „Ich möchte dir helfen, Harald!" Der ist doch genau so ein Betrüger und Lügner wie die anderen! „Dann wären sie aber der Einzige!" Voller Zorn blicke ich ihn an.

Pastor Müller fragt mich, wie denn meine Sicht der Dinge ist. Na, die kann er erfahren! Meine Worte überschlagen sich. Je mehr ich berichte, um so heftiger schüttelt er den Kopf: „Das ist ja kaum zu glauben, Harald!" Pastor Müller verspricht mir, sich für mich einzusetzen. Meine Güte, wie oft habe ich diesen Spruch schon gehört! Und hat sich etwas geändert? Nein! Es ist immer schlimmer für mich geworden! Das Gespräch ist abrupt für mich beendet. Ich springe auf und verlasse die Kirche. Mit mir nicht mehr!

Einige Tage später werde ich angewiesen, zur Kirche zu gehen. Pastor Müller würde auf mich warten, erklärt mir die Erzieherin. Brav betrete ich den Gottesdienstraum. Auf mich wartend sitzt er in der zweiten Bankreihe. Ich schlurfe zu ihm und lasse mich auf eine Kirchenbank fallen, innerlich zum Absprung bereit.

Pastor Müller betrachtet mich freundlich: „Wie ist es dir ergangen, seit wir uns getroffen haben?" Ich ziehe gelangweilt meine Schultern hoch. „So, wie immer!", antworte ich kurz angebunden. „Ich habe gehört, dass du in dieser Woche die Schule nicht ein Mal von innen gesehen hast. Wenn du nicht zur Schule gehst, wirst du keinen Schulabschluss machen können, und ohne Abschlusszeugnis wird es auch nichts mit einer Lehre werden. Willst du das?"

Will er mich jetzt unter Druck setzen? „Würden Sie gerne in die Schule gehen, wenn Sie immer nur verprügelt werden und man Lügen über Sie erzählt?" Ich richte mich grimmig, zum Angriff bereit, auf und sehe ihn herausfordernd an. Er geht gar nicht weiter darauf ein.

Stille kehrt ein. „Sag einmal, Harald: Glaubst du an Gott?", unterbricht Pastor Müller die Stille. Das war keine gute Frage. Spontan platzt es aus mir heraus: „Nein, ich glaube nicht an einen Gott. Selbst, wenn es einen Gott geben sollte, sind wir Menschen ihm scheißegal. Der schaut doch nur zu, wie mir Unrecht geschieht. Aber er hilft nicht, dass das Unrecht aufhört!" Vor meinem inneren Auge laufen Filmszenen ab, was ich alles durchgemacht habe: „Ich kann mit Ihrem Gott nichts anfangen."

Einen kurzen Moment denke ich an die Schwestern im Kinderheim von Bottrop. Sie haben mir immer wieder von Gott erzählt, dem sie sich ganz hingegeben hatten und dienten. Bei ihnen war es auch ganz anders als hier. Sie waren liebevoll und hatten Verständnis. Bei ihnen wäre so etwas wie hier niemals geschehen. Damals habe ich auch noch an einen liebevollen und helfenden Gott geglaubt, aber jetzt nicht mehr.

Pastor Müller sieht mich mit festem Blick an: „Doch, Harald, Gott gibt es und er sieht alles, was du tust!" Will der Pfaffe mir jetzt Angst machen? Bin ich für Gott jetzt auch noch der Sündenbock? Resigniert schweige ich. Was soll ich auch dazu sagen?

In den folgenden Wochen lädt Pastor Müller mich immer wieder zum Gespräch ein. Jedes Mal dreht es sich darum, dass mein Verhalten nicht in

Ordnung ist und ich für meine Taten vor Gott Rechenschaft ablegen muss. Ich antworte nur noch kurz angebunden, meistens nur mit „Ja" und „Nein" oder mit Schweigen. Dieser Blödmann hat keine Ahnung, was ich alles erlebt habe! Es kümmert ihn auch nicht wirklich. Hoffentlich lässt er mich bald in Ruhe!

Die weiteren Treffen verlaufen einseitig. Inzwischen antworte ich gar nicht mehr. Der Pastor versucht mal mit Freundlichkeit zu mir durchzudringen, dann wieder mit Strenge. Alles prallt an mir ab. Nach einiger Zeit lädt er mich nicht mehr zu sich in die Kirche ein.

Im Heim lassen sie mich auch in Ruhe. Die Heimleiterin verhängt noch einige Male Hausarrest. Doch das ist nur halb so schlimm: Man kann ja auch aus dem Fenster flüchten. Ich komme gut alleine zurecht. Immer ernsthafter überlege ich, ob es nicht Zeit wird, abzuhauen und mich alleine durchs Leben zu schlagen.

Sie haben mir doch alles genommen! Was soll ich mir noch Mühe geben? Alleine zu leben wäre doch allemal besser, als immer wieder Ungerechtigkeiten erleben zu müssen. Ich fühle mich innerlich zerrissen. Am liebsten würde ich einfach nur schreien. Warum ist das Leben nur so ungerecht?

Sehnsüchtig denke ich an an meine Freunde in Bottrop, an die lieben Schwestern dort und an Tina, mir der ich einen tollen Sommer verbringen durfte, zurück. Tränen laufen mir die Wange herunter. Tina war der einzige Mensch, der mich wirklich verstanden hat. Mit ihr konnte ich lachen und weinen. Sie schaffte es immer, den Schmerz für mich leichter zu machen. Jetzt könnte ich sie so gut gebrauchen! Aber ich muss ganz alleine mit meinem Schmerz fertig werden.

Manchmal nimmt Fräulein Martin mich mit in ihr Zimmer. Sie versucht, mir zu helfen, mit mir im Gespräch zu bleiben und mich zu trösten. Sie ist der einzige Mensch, dem ich noch etwas Vertrauen entgegenbringe, denn mit ihr habe ich nur gute Erfahrungen gesammelt. Sie ist der einzige Lichtblick in einer kalten und ungerechten Welt.

Kapitel 5

Der Sündenbock

Seit zehn Monaten lebe ich nun schon in Espelkamp. Wieder einmal werde ich in das Büro der Heimleiterin einbestellt. Wann immer ich vor sie treten muss, lässt sie eine Salve Vorwürfe und Verhaltensregeln auf mich ab. Mir ist klar, dass es diesmal auch so sein wird. Missmutig betrete ich den Raum.

Eine Schar von Menschen erwartet mich: Der Pastor, zwei Erzieherinnen und die Heimleiterin: „Setz dich, Harald!", befiehlt sie. Artig folge ich ihrer Anweisung. Prüfend betrachtet sie mich: „Harald, du kannst doch hier nicht machen, was du willst!", beginnt sie merklich entrüstet. Wie ich diese Reden doch inzwischen hasse! Gleichgültig zucke mit den Schultern und schweige. Was soll ich dazu auch sagen? Man wird mir sowieso nicht glauben. Für die bin und bleibe ich der Sündenbock.

Die Heimleiterin sieht hilfesuchend Pastor Müller an. Dieser schüttelt nur den Kopf und meint, dass ich wie ein sturer Maulesel sei: „Ich komme auch nicht an ihn heran." Die Heimleiterin ist noch aufgebrachter als zuvor: „Bisher bin ich noch mit jedem Zögling fertig geworden!" Unberührt und seelenruhig lasse ich die Schimpftirade, die folgt, über mich ergehen. Ich genieße sogar diesen Moment.

Vor mir sitzen vier Erwachsene, die ratlos sind und nichts anderes können als mich zu beschimpfen. Bewegen können sie mich nicht mehr. „Du wirst nun andere Seiten erleben!", tobt die Heimleiterin. Scheinbar muss sie erst mal ihren Ärger abarbeiten. Sie endet mit den Worten: „Ich werde das Jugendamt kontaktieren. Vermutlich werden sie dich in ein Erziehungsheim schicken. Hoffentlich können sie dir dort Manieren beibringen! Du kannst jetzt gehen." Wortlos erhebe ich mich von meinem Platz und verlasse das Büro. Mir ist das Ganze zu dumm: Ich werde jetzt endgültig abhauen! Es ist besser, auf der Straße zu leben, als sich alles gefallen zu lassen.

Das Berufsfindungsheim

Leider wird mir ein Strich durch die Rechnung gemacht. Drei Tage später wird mir befohlen, meine Sachen in einen Koffer zu packen. Als ich damit fertig bin, schieben mich zwei Erzieher in ein Auto. Ein neues Heim wartet auf mich. Ich lande in einem Berufsfindungsheim in Oberbayern. Dort soll ich auf eine Berufsausbildung vorbereitet werden.

Im Heim angekommen tritt mir der Heimleiter entgegen: „So, du bist also der Harald. Ich habe ja schon einiges über dich gehört. Merke dir, hier ist deine letzte Chance! Wenn du dich nicht anstrengst, wirst du keinen Beruf erlernen können." Er schaut in ein Schreiben, das vor ihm liegt: „Was für ein Datum haben wir heute eigentlich? Den 22. September 1966", murmelt er und macht sich einige Notizen. „In einigen Wochen wirst du 15 Jahre alt!", sieht er mich ernst an. „In diesem Alter sind die meisten Jugendlichen bereits in der Lehre. Du hast nur den Abschluss der sechsten Klasse geschafft. Du wirst dich anstrengen müssen! Ab morgen setzen wir dich zunächst hier in der Küche ein. Mal sehen, was du kannst!" Teilnahmslos und unbeeindruckt höre ich seinen zahlreichen Worten zu. Der kann mich mal... !

Ein Junge wird beauftragt, mir mein Zimmer zu zeigen und mich durch das Haus und die Werkstätten zu führen. Thorsten, so ist sein Name, fordert mich auf, ihm zu folgen. Er schlurft mit mir durch das Haus und weiter zu den Werkstätten. Thorsten ist nicht sehr gesprächig, was ich sehr gut finde. Denn ich versuche, mir die Wege und Orte einzuprägen, und bin froh, dass er ein schweigsamer Geselle ist.

In der Schreinerei angekommen steigt mir der Duft von frisch gesägtem Holz in die Nase. Da ich noch nie eine Werkstatt von innen gesehen habe, komme ich aus dem Staunen nicht heraus. Überall steht und liegt Holz, das bearbeitet wird. Die Maschinen sind groß und laut. Begeistert nehme ich die Eindrücke in mich auf. Als Nächstes gehen wir zur Schlosserei. Igitt, hier stinkt es nach Öl und Eisen! Hoffentlich muss ich hier nicht arbeiten.

In der Weberei erregt der große Webstuhl meine Aufmerksamkeit, an dem zwei Jungen sich gegenüber sitzen, um ein Weberschiffchen, an dem die Wolle hängt, zu schieben. Staunend beobachte ich jede ihrer Bewegungen und versuche zu verstehen, wie das Weben funktioniert. Thorsten wartet geduldig, bis ich genug gesehen habe. Wir gehen einen Platz weiter. Dort wird ein großer Teppich geknüpft. Auch hier schaue ich wieder fasziniert zu, wie die Jungen Wollschlaufe für Wollschlaufe in ein Netz knoten. Hoffentlich darf ich in der Weberei arbeiten!

Wieder im Hauptgebäude angekommen stellt Thorsten mir eine merkwürdige Frage: „Welcher Gruppe willst du dich anschließen?" Irritiert schaue ich ihn an: „Was meinst du damit?" Er weicht meiner Frage aus: „Das wirst du schnell merken." Für ihn ist das Thema damit erledigt. Schweigend zeigt er mir mein Zimmer: Keine Stockbetten! Und nur zwei einzelne Betten im Zimmer, wie wunderbar!

Thorsten verschwindet wortlos und überlässt mich mir selbst. Ich richte mich ein und mache es mir auf meinem Bett bequem. Wo bin ich hier wohl hingeraten, und was wird mich hier erwarten? Wenn es mir nicht passt, haue ich ab. Aber wohin? Ich bin doch noch nie in Oberbayern gewesen. Na ja, vielleicht sind die Leute hier ja anders drauf. Warte ich mal ab!

In meinem Gedankenkarussell bemerke ich nicht, dass mein Bettnachbar das Zimmer betreten hat. „Du bist also der Neue!", reißt er mich aus meinen Gedanken und reicht mir die Hand. Überrascht gebe auch ich ihm die Hand. „Ich bin Sebastian und komme aus Garmisch!", lacht er. Ist das eine Stadt? „Wo liegt Garmisch?", frage ich verdutzt. Er erklärt mir lang und breit, wo Garmisch liegt, doch ich bin hinterher genauso schlau wie vorher. „Woher kommst du?" Missmutig ziehe ich meine Schultern hoch: „Ich bin ein Weltreisender." Sebastian wirkt sehr überrascht: „Du bist was?" Mit einem Ton der Frustration erkläre ich ihm, dass ich scheinbar nirgends hingehöre und man mich nun hierhin gebracht hat. Mein Bettnachbar ist sprachlos, und ich spüre meine Wut über die Ungerechtigkeiten meines Lebens.

Ich muss raus! Eilig mache ich mich auf den Weg, die Umgebung zu erkunden. Es lenkt mich von meiner Wut ab, wenn ich meine Gedanken auf etwas anderes richte. Das Heim macht einen guten Eindruck auf mich. Eine große Wiese, auf der einige alte Bäume stehen, verbindet die Häuser und Werkstätten miteinander. Ich atme tief ein und aus. Das entspannt mich. Die Luft ist herrlich! Ich komme langsam wieder zur Ruhe. Die Atmosphäre im Heim scheint nicht so kalt und unpersönlich zu sein wie in Espelkamp. Langsam entsteht ein Gefühl der Hoffnung. Eigentlich kann es ja nur besser werden als im letzten Heim....!

Mit neuen Eindrücken gefüllt kehre ich zu meinem Zimmer zurück. Sebastian ist weg. Entspannt lasse ich mich auf mein Bett fallen und vertiefe mich in eines meiner mitgebrachten Bücher. Lesen hilft mir, abzuschalten. Ich tauche in die Geschichten ein und vergesse meine eigene, so auch jetzt. Erst die Glocke, die zum Abendbrot ruft, holt mich aus der Buchwelt heraus.

Nach dem Abendbrot schlendere ich hinter den anderen Jungen her. Mal sehen, was sie so machen! Einige spielen Tischtennis, andere Karten. Skat heißt das Spiel. Wieder andere spielen Doppelkopf. Ich entscheide mich für meine Bücherwelt und verschwinde im Bett.

Früh am nächsten Morgen beginnt mein Dienst in der Küche. Zum ersten Mal in meinem Leben gehe ich zur Arbeit. Unmengen von Kartoffeln sind zu schälen, Salate zuzubereiten und viele andere Arbeiten zu tun. Der Koch hält mich ganz schön auf Trab. Die Arbeit macht mir Spaß, aber die Aussprache des Kochs ist lästig für mich: Immer wieder muss ich nachfragen, weil ich ihn nicht verstehe. Das ist mir peinlich.

Wie gut, dass er mit viel Humor reagiert. Wahrscheinlich bin ich nicht der Einzige, der seine merkwürdige Sprache nicht versteht. Geduldig erklärt er mir jeden Schritt, den ich tun soll, und wiederholt sich so lange, bis ich es verstanden habe. Seine Sprache nennt sich bayerisch. Sie wird in diesen Breitengraden gesprochen. Das ist ja, wie eine Fremdsprache zu lernen!

Schwimmen in der Traun

Am folgenden Samstag ist mein erster freier Tag. Einige Jungen laden mich ein, mit ihnen schwimmen zu gehen. Da bin ich doch sofort dabei! Lachend und johlend, bepackt mit Schwimmsachen und etwas zu essen, ziehen wir los. Es geht zu einem Flüsschen namens Traun. Das glasklare Wasser der Traun fließt gemächlich durch die Auen. Die Bade-Bucht liegt malerisch in der Landschaft: Was für ein herrlicher Fleck Erde! An der Bucht angekommen ziehen wir unsere Badehosen an, und los geht´s.

In hohem Bogen springen meine Begleiter ins Wasser, ich hinterher. Eiskaltes Wasser umströmt meinen ganzen Körper und lässt mich augenblicklich erstarren! Erschrocken halte ich die Luft an, oder besser gesagt, sie bleibt mir weg. Ich bin nicht in der Lage, auch nur einen Teil meines Körpers zu bewegen!

Die Jungen lachen lauthals und brüllen gleichzeitig, dass ich schwimmen soll. Die haben gut reden!

Wie soll ich so eingefroren Schwimmbewegungen machen? Als sich die erste Erstarrung auflöst, gelingt es mir schließlich, mich panisch mit den Armen schlagend ans Ufer zu retten. Was für einen blöden Eindruck muss ich auf meine Begleiter machen! „Mensch, Harald, man springt doch nicht ins Wasser, ohne die Temperatur gewohnt zu sein!", prusten sie hinter mir her. Na, das sind ja tolle Freunde! Sie hätten mich ja auch vorwarnen können! Erst viel später gestehen sie mir, dass es ihnen beim ersten Mal ebenso ergangen ist. Wie gemein!

Auf dem Heimweg fragen mich meine neuen Freunde, welcher Gruppe ich mich anschließen will. „Was habt ihr denn bloß mit diesen Gruppen? Kann mir das mal bitte einer erklären?" Thomas räuspert sich: „Du hast bestimmt schon Markus und Raphael kennengelernt, die beide das Sagen im Heim haben wollen. Markus ist ein Hitzkopf, der gerne Streit sucht, und Raphael ist nicht bereit, sich Markus zu beugen. Die beiden sind einige Male aneinander geraten, aber Raphael war immer der Stärkere. Je nachdem, zu wem du dich hältst, genießt du dessen Schutz. Neutral bleiben kannst du nicht. Es sei denn, du willst dich mit beiden anlegen." Na, das kann ja was werden!

Einige Tage später erlebe ich die erste Auseinandersetzung zwischen den beiden. Markus hat einige seiner Gefolgsleute hinter sich geschart, um besonderen Eindruck auf Raphael zu machen. Hinter Raphael stehen nur zwei Jungen. Von den Spannungen, die in der Luft liegen, habe ich nichts gemerkt. So tappe ich auf dem Weg zu meinem Zimmer mitten in die Kampfaufstellung hinein.

Markus hält mich zornig und zum Angriff bereit auf: „He, du Zwerg!", schnauzt er mich an. „Schließe dich meiner Gruppe an! Dann wird dir nichts passieren." Ich betrachte Markus und Raphael. Seit dem Schwimmausflug habe ich die beiden Kampfhähne beobachtet.

Raphael ist ein besonnener Junge, nicht hitzköpfig oder angeberisch wie Markus. Deshalb entscheide ich mich für seine Gruppe, nehme meinen ganzen Mut, den ich innerlich finden kann, zusammen, wende mich um und gehe hocherhobenen Hauptes zu Raphael, der mich lächelnd begrüßt: „Du Hänfling willst unter meinem Schutz sein? Guck dich doch mal an!" Na ja, der Kräftigste bin ich wirklich nicht, das weiß ich wohl. „In mir lebt ein Riese mit

Bärenkräften. Ihr werdet ihn schon noch kennenlernen." Neutral bleiben wäre mir lieber gewesen, aber ich musste mich nun entscheiden. Gott sei Dank kommt es an diesem Tag zu keiner Rauferei. Ein Schritt von Raphael auf Markus zu: „Na, wer will es wagen?", reicht aus. Staunend beobachte ich, wie die Unterstützer die Flucht ergreifen. Markus steht plötzlich alleine vor uns. Diese Reaktion seiner Leute hat er scheinbar nicht erwartet. Kleinlaut zieht Markus sich zurück. Voller Bewunderung sehe ich meinen neuen Anführer an: So will ich auch mal werden!

Das Sportfest

Die Chance, meine Qualitäten zu beweisen, ergibt sich einige Zeit später bei einem Sportfest. Weitsprung, Sprint, Weitwurf und Dauerlauf stehen auf dem Programm: Alles Disziplinen, die ich schon immer gerne gemacht habe. Bis auf Weitwurf weiß ich genau, dass ich es drauf habe. Mit der Ehrenurkunde im Rücken, die ich in Espelkamp bei einem Schulsportfest erkämpft habe, melde ich mich für Weitsprung, Sprint und Dauerlauf an, begleitet von hämischen Kommentaren der anderen Jungen: „Du Hänfling! Was willst du bei diesen Wettkämpfen? Du kannst doch gar nicht mithalten!" Der Heimleiter, sichtlich verärgert über das Verhalten der Jungen, ruft in die umstehende Menge: „Hier bekommt jeder eine Chance! Beweist sportlich, was ihr könnt! Im Übrigen sollten einige von euch ihren Mund nicht so weit aufreißen."

Schmunzelnd sieht er in die Augen einzelner Jungen: „Ich erinnere euch an die letzte Bergtour. War es nicht so, dass die, die den Mund besonders weit aufgerissen hatten, die Ersten waren, die jammernd um eine Pause gebettelt haben? Und erinnere ich mich recht, dass ich manchen Rucksack übernehmen musste, weil ihr schlapp gemacht habt? Also, plustert euch mal nicht so auf!" Betretenes Schweigen macht sich breit.

„Wir werden mit Weitsprung beginnen. Wer macht mit?" 20 Hände strecken sich in die Luft. Steif stehe ich in der Gruppe und traue mich nicht, mich zu melden. Ich habe Angst vor den Reaktionen der anderen. Der Heimleiter scheint meine Unsicherheit zu bemerken: „Harald, wie sieht es mit dir aus? Wolltest du dich nicht auch melden?" Zögernd streckt sich meine Hand auch in die Luft.

Die Gruppe setzt sich in Bewegung. Wir gehen gemeinsam zur Weitsprung-Anlage. Einer nach dem anderen springt. Ich habe mich als Letzter aufgestellt. So kann ich erst einmal schauen, was die anderen drauf haben. Verwundert sehe ich die Weiten. Dann bin ich an der Reihe. Ich nehme Anlauf und fliege durch die Luft in die Sandgrube hinein. Die großen, weit aufgerissenen Augen des Heimleiters und der Jungs lassen mich schon ahnen, dass es weit gewesen sein muss. Es wird gemessen. Nach dem ersten Durchgang liege ich mit meiner Weite auf dem ersten Platz: Was für ein Triumph für mich! Mein zweiter Sprung ist sogar noch ein wenig weiter.

Nach einer kurzen Pause geht es zum Sprint. Überlegen gewinne ich diese Disziplin in handgestoppten elf Sekunden. „Wow!", murmelt Andreas, der mich immer wieder als Schwächling bezeichnet hatte. „Das hätte ich nicht von dir erwartet!" Betroffenes Schweigen ergreift die Gruppe. Meine Leistungen sprechen für sich.

Beim Dauerlauf sollen wir rennen, so lange wir können. Perfekt für mich! Nach zehn Runden ziehe ich einsam meine Bahn. Alle anderen liegen nach Luft ringend im Gras. Ich laufe und laufe. Mit jeder Runde wird mein Triumph schöner. Denen zeige ich, dass ich kein Schwächling und Idiot bin! Ich kann was, was sie nicht können!

Nach weiteren fünf Runden beende ich meinen triumphalen Lauf. Raphael, mein Bandenführer, schlägt mir anerkennend auf die Schulter. Unter der Wucht gehe ich zu Boden. „Alle Achtung, Harald! Das habe ich dir nicht zugetraut." Ab diesem Tag werde ich von den Jungs im Heim respektvoll behandelt. Sobald jemand Streit mit mir beginnt, gehen andere dazwischen und nehmen mich in Schutz. Es spielt dabei auch keine Rolle, welcher Bande sie angehören.

Durch die Erfahrung, sportlich richtig gut zu sein, verändere ich meine Lebensgewohnheiten. Es wäre doch gelacht, wenn ich nicht durch Training in allen Disziplinen der Erste werden kann, was nach einiger Zeit tatsächlich gelingt.

Ich werde Heizer

Die Zeit als Küchengehilfe endet nach zwei Wochen. Ich werde in die Schlosserei versetzt. Igitt! Ich ekele mich vor dem Geruch in der Werkstatt. Doch eine Wahl habe ich nicht. Brav trete ich meinen Dienst an. Herr Thiemer, der Leiter der Schlosserei, erklärt mir alle Maschinen und wie sie zu bedienen sind. Schnell begreife ich, dass ich am falschen Platz bin: Eisen ist ein Material, das ich nicht mag, und dazu noch dieser ekelhafte Geruch! Lustlos arbeite ich Tag für Tag an den Maschinen. Immer wieder bitte ich den Heimleiter, mich woanders einzusetzen. Doch er meint nur, dass es gut für mich wäre, durchzuhalten.

Eines Tages tritt er strahlend zu mir: „Harald, ich glaube, ich habe etwas für dich. Martin wird in drei Wochen das Heim verlassen. Bisher hat er sich um die Heizung gekümmert. Willst du seinen Job übernehmen?" „Ich sehe es mir mal an!", murmele ich.

Martin weist mich ein, bevor er das Heim verlässt. Die Heizung wird mit Holz betrieben. Holzstücke und Sägespäne aus der Schreinerei müssen in den Ofen gefüllt werden. Der Heizraum ist sehr heiß. „Besonders bei den Sägespänen musst du sehr vorsichtig sein!" Lachend öffnet Martin die Ofenklappe und wirft eine Handvoll Späne hinein: Eine große Stichflamme schießt aus der Öffnung. Oh ja, das ist kein Spiel! Martin berichtet mir, dass niemand seine Arbeit überwacht. Allen ist es hier zu heiß. Zum Beweis schmeißt er nun noch einige Holzscheite in den Ofen. Der Schweiß läuft uns am ganzen Körper herunter.

Mir wird es zu viel, und ich verlasse schleunigst den Keller. Will ich wirklich diesen Job übernehmen? Das wird nicht leicht. Nachdenklich trotte ich zu meinem Zimmer. Die Hitze ist unerträglich. Aber im Keller wäre ich endlich mal alleine! Niemand würde mich herumschubsen oder Streit mit mir anfangen. Ich könnte selbstständig arbeiten und hätte nicht ständig einen Meister oder Erzieher im Nacken. Im Heizungskeller kann ich ungestört meinen zahlreichen Gedanken nachhängen oder auch mal ein Buch lesen, ohne dass ich ständig unterbrochen werde. Das wäre auch eine schöne Abwechslung von der Werkstattarbeit. Ich werde zum Heizen immer freigestellt. Außerdem wird niemand in den Keller kommen. Das ist der richtige Arbeitsplatz für mich. Was soll das bisschen Hitze mir schon antun, bei so vielen Vorteilen für mich? Meine Entscheidung steht: Ich übernehme den Job!

Die Waschtage

Der Heizer, so lerne ich schnell, muss wissen, wann und wie viel heißes Wasser benötigt wird, besonders zu den Waschtagen. Jeden Mittwoch am Abend und jeden Samstag am Nachmittag ist Waschtag.

Eine extrem peinliche Situation für alle Jungen: Alle müssen sich in dem großen Waschsaal entkleiden. Splitternackt stehen wir vor einem Becken mit heißem Wasser. Wir seifen uns von oben bis unten ein, während die Erzieher mit Argusaugen darauf achten, dass wir keine Stelle am Körper übersehen. Danach heißt es Schlange stehen.

Ein Erzieher, der sichtlich Spaß an seiner Tätigkeit hat, duscht uns ab. Das Wasser ist eiskalt und der Wasserstrahl so hart, dass manche den Stand verlieren: Eine Mutprobe für jeden. Ich bin natürlich auch an der Reihe, aber ich werde keine Memme sein! Jedes Mal trete ich, ohne mit der Wimper zu zucken, dem kalten Wasserstrahl entgegen. Erstaunlicherweise verschwindet meistens das Gefühl von Peinlichkeit, und es kommt in mir ein Gefühl von Überlegenheit auf. Innerlich feiere ich meinen Triumph. Ich habe es euch wieder bewiesen: Kleine Menschen können mehr, als ihr denkt!

Verschiedene Werkstätten

Der Job als Heizer müsste mir doch eigentlich Vorteile bringen! Schließlich stehen die Jungs nicht Schlange für diesen Job. Entschlossen trete ich eines Tages vor meinen Heimleiter: „Ich möchte nicht mehr in der Schlosserei arbeiten!" Mein Heimleiter beschließt, mich in die Schreinerei zu versetzen. Einen Moment bin ich überrascht und ein wenig verwirrt: Was ist denn jetzt los? Er hat doch vorher nicht zugestimmt. Aber jetzt mal schnell weg, bevor er es sich anders überlegt!

So werde ich Schreiner. Holz ist ein wunderbares Material! Ich fühle mich oft an die Zeiten im Wald erinnert. Schnell lerne ich, was meine Aufgaben sind. Einige Wochen später wechsle ich erneut. Diesmal geht es in die Weberei, wo dringend jemand gebraucht wird, der in der Lage ist, eigenständig zu arbeiten. Man habe an mich gedacht, erklärt mir der Heimleiter. Gemeinsam sehen wir uns die Weberei an. Herr Schnell, der Werkstattleiter, begrüßt mich, geht mit mir zu einer Maschine und erklärt mir, wie die Technik des Knüpfens funktioniert. Nach wenigen Minuten habe ich es verstanden und knüpfe den angefangenen Teppich nach dem vorgegebenen Muster weiter. Zufriedene Gesichter beobachten meine Tätigkeit. Ich habe tatsächlich schnell verstanden! Das Knüpfen macht mir Spaß. Ich stimme zu und werde Teppichknüpfer und Weber.

Kapitel 6

Was denn noch?

Weihnachten steht vor der Tür. Alle freuen sich, nach Hause oder zu Verwandten fahren zu können, nur ich nicht. „Harald, wie sieht es mit dir aus?", fragt mich mein fröhlicher und erwartungsvoller Heimleiter. Mir wird ganz übel. „Ich habe niemanden, zu dem ich fahren könnte", entgegne ich kurz angebunden. Die Irritation ist dem Heimleiter im Gesicht anzusehen: „Jeder hat irgendwelche Verwandten, du doch sicherlich auch!" Meine Beklemmung wird noch stärker: „Nein, ich habe keine!", erwidere ich etwas patzig. „Ich weiß zumindest von keinen Verwandten." Darauf war der Heimleiter scheinbar nicht vorbereitet.

Nachdenklich grübelnd kratzt er sich am Kopf: „Du kannst nicht alleine hier bleiben. Alle anderen Jungen fahren nach Hause. Ich werde mal beim Jugendamt in Duisburg anrufen. Vielleicht haben sie eine Kontaktadresse für uns." Mich in meiner Haut unwohl fühlend schlurfe ich am nächsten Tag zum Büro des Heimleiters. Sein nachdenkliches Kopfschütteln signalisiert mir sofort, dass wir vor einem Problem stehen:

„Harald, die Mitarbeiter des Jugendamtes haben deine Angaben bestätigt. Du scheinst tatsächlich keine Verwandten zu haben, zu denen wir dich schicken können. Du bist ein vernünftiger Junge, was deine Arbeiten und dein Verhalten bestätigen. Wir haben beschlossen, dass du über Weihnachten alleine hier im Haus bleiben kannst. Jeden Tag wird ein Mitarbeiter vorbeikommen und nach dir sehen. Es tut mir leid, aber eine andere Lösung ist uns so schnell nicht eingefallen."

Ich fühle, wie Wut in mir hochsteigt: Was muss ich denn noch alles er- dulden? Kann dieser Blödmann sich vorstellen, wie es ist, ganz alleine in einem Heim seine Weihnachtstage zu verbringen? Frustriert drehe ich mich abrupt um und verlasse das Büro. Ich will jetzt alleine sein und überlegen, wie ich damit umgehe. Auf meinem Zimmer ziehe ich mir meine warmen Sachen an und laufe zur Traun. Das mache ich immer, wenn ich alleine sein und nachdenken will. Es beruhigt meine Sinne, am Wasser zu sitzen und dem

Plätschern zu lauschen. Irgendwie werde ich auch diese Tage herumkriegen, nehme ich mir trotzig vor.

Am 23. Dezember wird der letzte Junge abgeholt. Na ja, es ist ja nicht der Letzte: Ich bin der Letzte hier im Heim, mich holt niemand ab! Ganz alleine schleiche ich durch die leeren Räume: Stille im ganzen Haus, niemand schreit oder kommt um die Ecke gerannt, keine Streitereien, einfach nur entsetzliche Stille.

Tiefe Traurigkeit überkommt mich. Ich schlurfe durch alle Räume und wieder zurück. Wie kann ich mich bloß ablenken? Es ist schrecklich hier! Verzweifelt krieche ich in mein Bett. Warum immer ich? Was habe ich bloß verbrochen, dass ich immer in so schlimme Situationen komme? Ich bin müde, dieses ungerechte Leben, ich habe es einfach satt! Irgendwann übermannt mich der Schlaf.

Am Heiligabend taucht der Heimleiter auf. Ich spüre ihm ab, dass es ihm leid tut, was ich erleben muss. Er überreicht mir ein Geschenk. Lass mich doch einfach in Ruhe, ruft es in mir. Knurrig nehme ich sein Geschenk entgegen. Seine Frage, wie es mir geht, lasse ich unbeantwortet. Ich schaue ihn nur provozierend an. Es wäre besser, wenn er ganz schnell die Kurve kratzen würde! Unsicher und auf dem Absatz kehrtmachend murmelt er zum Abschied: „Ich kann mir gut vorstellen, wie du dich jetzt fühlst!", und dann rauscht er schnellen Schrittes ab.

Meine Wehmut und das vertraute und so tief verletzende Gefühl, wieder einmal im Stich gelassen worden zu sein, schlägt immer mehr in aggressive Wut um. Einen Moment lang erwische ich mich bei dem Gedanken, das Haus in Brand stecken zu wollen.

Doch mein Gewissen spricht lauter als mein Groll. Es erinnert mich an das Kinderheim in Bottrop. Dort habe ich einen Schwur abgelegt: Ich will nie gewalttätig werden! Es ist ja auch ein guter Schwur. Ich erinnere mich, wie beeindruckt ich über die Sanftheit und Güte der Schwestern war. Damals habe ich mir geschworen, dass ich auch so werden will wie sie. Die Schwestern waren Vorbilder für mich. Es war eine wunderbare Zeit bei ihnen.

Doch heute sieht es ganz anders aus. Allein gelassen, traurig und verzweifelt schlurfe ich durch das leere Haus. Was kann ich nur tun, um meine gähnende

Langeweile zu bekämpfen? Ich gehe in die Küche. Doch Appetit stellt sich nicht ein. Ich gehe zum Kickertisch, aber wie soll man alleine Kicker spielen? Was ich auch ausprobiere, ich finde keinen Gefallen daran.

Im Laufe des Tages werde ich noch zweimal kurz besucht. Doch die Mitarbeiter können mich nicht aus meiner Lethargie herausholen. Ich sitze inzwischen am Fenster und starre nach draußen. Wie lange ich dort sitze, weiß ich nicht.

Irgendwann verlasse ich den Stuhl und laufe wieder ziellos durch das Haus: Die Stille ist mir unheimlich! Was werden wohl die anderen Jungs jetzt machen? Weihnachtsbraten essen, mit der Familie feiern, den Tannenbaum bestaunen, Geschenke auspacken, lachen und fröhlich sein? Jeder feiert jetzt Heiligabend, nur ich nicht. Ich fühle mich verloren... !

Stunden vergehen. Das Entsetzen über mein Schicksal verlässt mich nicht. Die innere Unruhe lässt sich nicht vertreiben. Selbst ein Buch zu lesen gelingt mir nicht. Ich bin rat- und rastlos. Draußen ist bereits die Stille Nacht angebrochen. Plötzlich kommt mir eine erlösende Idee: Ich kann ja mal an die frische Luft gehen, vielleicht lenkt mich das ab!
Der Weg in den Ort ist nicht weit. Die ersten Häuser tauchen schnell auf. Durch die Fenster sehe ich viele fröhliche Menschen, leuchtende Bäume und strahlende Kinder mit ihrem neuen Spielzeug. Oh je, das war keine erlösende Idee! Meine Traurigkeit und Wehmut wird tonnenschwer.

Erwachsenen kann man nicht vertrauen. Sie lassen einen in der größten Not alleine. Grübelnd schlurfe ich durch den Ort. Ich fühle mich wie der einsamste Mensch im Universum. Meine Tränen laufen still über meine Wangen. Es ist genug, diese Idee war nicht gut! So schnell ich kann, renne ich zurück zum Heim. Dort angekommen vergrabe ich mich in meinem Bett. Die Welt ist so schrecklich und so gemein!

Irgendwie überlebe ich die weiteren Weihnachtstage. Immer wieder kommt ein Mitarbeiter und sieht nach dem Rechten. Doch sie bleiben alle nur kurz. Na klar, zu Hause wartet ihre Familie! Ich verbringe viele Stunden am Fenster, starre in die Weite, ohne etwas wirklich anzusehen.

Endlich ist wieder Leben im Haus

Nach Weihnachten kommen die ersten Mitarbeiter sehr früh ins Heim, um alles für die ankommenden Jungs vorzubereiten. Die Stille und Einsamkeit haben endlich ein Ende. Ich habe es überlebt! Das Haus füllt sich nach und nach. Alle sind guter Laune. Jeder hat Geschenke bekommen. Die Jungs erzählen und schnattern. Ich höre schweigend und traurig zu.

Wie gut, dass für uns alle wieder Alltag einkehrt! Eifrig stürze ich mich auf meine Arbeit, froh darüber, dass ich endlich wieder auf andere Gedanken kommen kann. Doch nach Feierabend mache ich eine schreckliche Entdeckung: Jemand hat meinen Kleiderschrank aufgebrochen und die Süßigkeiten und das bisschen Geld, das mir Hilde Martin geschickt hat, geklaut. Ist das gemein und hinterhältig! Die haben doch alle so viele Geschenke bekommen! Warum tun sie mir so etwas an? Der Übeltäter wird nicht gefunden. Weihnachten ist die schlimmste Zeit des Jahres. Ich will nie wieder solche Zeiten erleben!

Gut, dass ich die Arbeit in der Weberei habe. Im Knüpfen bin ich inzwischen so geschickt, dass ich auch große Teppiche in Angriff nehmen darf. Der Meister ist sehr zufrieden mit mir. Er lässt mich selbstständig arbeiten, was mir das gute Gefühl gibt, dass er mir vertraut. Meine ganze Energie fließt in die Arbeit. Er erlaubt mir auch, am Webstuhl zu arbeiten. Da kann ich zeigen, was in mir steckt, und alle lassen mich in Ruhe.

Die fertigen Teppiche werden in der Mitte der Weberei gelagert. Oft entsteht ein hoher Berg. Auffällig ist, dass der Berg dann manchmal plötzlich verschwunden ist. Wo sind die Teppiche hingekommen? Eines Tages frage ich mutig meinen Meister. Er erklärt mir, dass die Teppiche ausgestellt werden. Doch wenige Wochen später erfahre ich durch einen Zufall, dass der Meister mir nicht die Wahrheit gesagt hat. Ich sitze noch an einem Teppich, als ein fremder Mann die Weberei betritt. Er begrüßt freudig den Werkstattmeister, den er scheinbar gut kennt. Herr Schnell sieht mich an und fordert mich auf, ins Haupthaus zu gehen. Meinen Protest, dass ich gerne diesen Teppich fertig machen möchte, lässt er nicht gelten. Frustriert mache ich mich auf den Weg, merke jedoch, dass mich meine Blase drückt. Deshalb kehre ich um und schleiche mich leise wieder in die Werkstatt, um dort zur Toilette zu gehen. Ich muss mit anhören, wie Herr Schnell und der Fremde sich unterhalten: „Eure Teppiche haben eine gute Qualität", lacht der Fremde, „ich habe sie fast alle verkaufen können!" Herr Schnell lacht auch: „Das freut mich", erwidert er, „das Geld können wir gut gebrauchen." Was für eine Unverschämtheit! Ich arbeite, und die kassieren!

Die Bergtour

Inzwischen ist Hochsommer. Die Tage sind ausgefüllt. Wir Jungs sind so gut beschäftigt, dass wir kaum auf dumme Gedanken kommen können. Ich habe inzwischen einige wenige gute Freunde, mit denen ich die freien Zeiten verbringe. Das Leben in Oberbayern ist wesentlich besser als in Espelkamp. Ich gewinne immer mehr Abstand zu Bottrop und Espelkamp. Auch die Sehnsucht nach den liebevollen Schwestern im Kinderheim verblasst. Ich fühle mich sehr wohl hier und benötige auch keinen geheimen Rückzugsort mehr. Ich bin integriert in die Gemeinschaft und fühle mich sicher.

Eines Morgens taucht ein gut gelaunter Heimleiter beim Frühstück auf: „Jungs, stellt euch drauf ein, dass wir in der kommenden Woche eine mehrtägige Bergwanderung machen werden." Allgemeines Stöhnen erklingt. Na, das scheint ja keine interessante Geschichte zu werden! Der Heimleiter verlässt unbeeindruckt vom Stöhnen der Jungs den Raum.

Nun kommt Bewegung in die Schar. Alle reden miteinander darüber, wie schrecklich es im letzten Jahr war. Den ganzen Tag über gibt es kein anderes Thema: Horrorgeschichten über Langeweile, lange Märsche, Blasen an den Füßen und pitschnasse Klamotten werden ausgetauscht. Obwohl ich mich anfangs über die kommende Abwechslung im Heimalltag gefreut hatte, sinkt bei all den schrecklichen Berichten meine Motivation Richtung Nullpunkt.

Der Tag kommt, an dem unsere Reise beginnen soll. „Habt ihr alles ordentlich gepackt? Hat jeder warme Kleidung mit?" Unser Heimleiter-Bergführer sieht uns alle durchdringend an: „Meine Herrschaften, ich erinnere ungern an das, was im letzten Jahr war. Einige von euch bekamen schnell kalte Füße. Was war das für eine Jammerei!" Erstaunt sehe ich ihn an. Übertreibt er nicht ein bisschen? Es ist doch schön warm!

Mit vollgepackten Rucksäcken rücken wir schließlich Richtung Bushaltestelle ab. Dort erwartet uns ein Reisebus. Die Meute drängt in den Bus und kämpft um die besten Sitzplätze. Ich habe einen Fensterplatz erobert. Sobald der

Letzte sitzt, geht die Fahrt los. Häuser, Weiden und Felder ziehen an der Scheibe vorbei. Erwartungsfroh betrachte ich die Landschaft. Berge tauchen am Horizont auf. Die sind aber groß! Je näher wir kommen, umso beeindruckter bin ich. Es ist das erste Mal in meinem Leben, dass ich Berge sehe. Nun verstehe ich, weshalb die anderen so gejammert haben. Wir sollen auf diese hohen Berge steigen? Oh weh!

Unser Bus hält in einem kleinen Ort an. Aus ihm ergießt sich die aufgeregt schnatternde Jungen-Lawine. „Der Aufstieg", versucht sich unser Heimleiter-Bergführer Gehör zu verschaffen, „der Aufstieg wird etwa drei Stunden dauern. Wenn jemand unterwegs schlapp machen sollte, helfen ihm die anderen weiter!", sagt er und marschiert los.

Am Anfang ist unsere Gruppe noch laut, doch mit jedem Meter höher wird es stiller um uns. Jeder schnauft und kämpft sich den Berg hoch, auch ich. Schweißgebadet nehme ich immer wieder einen kräftigen Schluck aus meiner Wasserflasche. Je höher wir steigen, um so heißer scheint die Sonne zu brennen. Stöhnend und ächzend erreichen wir nach elend langem Anstieg eine Berghütte. Dort liegt ja noch Schnee! Augenblicklich kehren die Lebensgeister zurück. Die Meute stürzt sich auf das Schneebrett, und es folgt eine wilde Schneeballschlacht.

Wir haben Kohldampf

Während wir ausgelassen toben, bereiten die Erzieher in der Hütte eine Mahlzeit zu. „Herrschaften, das Essen ist fertig!" Na, das muss man uns nicht zweimal sagen! Kichernd und freudestrahlend stürmen wir die Hütte. Der Raum ist vom Duft des Essens erfüllt. Nachdem jeder einen Sitzplatz erobert hat, beginnt die Essensschlacht. Der Kohldampf heranwachsender junger Männer ist enorm. In Windeseile sind Töpfe und Teller leer geputzt. Stille macht sich breit: Eine wohlige Ruhe, die mir gefällt.

Die Hütte, so erfahren wir, ist unser Quartier für die nächsten Tage. Jeder muss sein Nachtlager selbst vorbereiten, wozu unser Heimleiter-Bergführer Matratzen austeilt. Es wird sehr eng in der Hütte. Matratze an Matratze liegt nebeneinander. An einen geruhsamen Schlaf ist nicht zu denken. Nachts erwache ich mehrmals, entweder, weil jemand schnarcht, oder mich mein Nebenmann von rechts oder links beim Herumdrehen anrempelt.

Früh am Morgen erwache ich als Erster, rutsche leise von meiner Matratze, nehme, ohne ein Geräusch zu machen, meine Kleidung und schleiche mich vom Dachboden. Ich brauche dringend frische Luft, da es hier wie in einem Raubtiergehege stinkt. Nachdem ich mich leise angezogen habe, öffne ich die Tür: Neuschnee purzelt auf meine Füße. Draußen ist alles weiß geworden. Was für ein Anblick! Ehrfürchtig staunend stehe ich einen Moment in der geöffneten Tür. Ist das schön hier! Leise schließe ich die Tür hinter mir und gehe den Hang hinunter. „Guten Morgen, Harald!", ertönt eine Stimme hinter mir. Verwundert schaue ich Raphael an: Ich bin ja gar nicht der Erste!

Gemeinsam genießen wir die Stille, das Panorama und die Bergluft. Die Sonne geht langsam über den Gipfeln auf. Es wird noch eine ganze Weile dauern, bis alle Jungs erwacht sind. Na, dann vergnügen wir uns doch zu zweit! Neben der Hütte steht ein alter und klapprig aussehender Schlitten. Das hindert Raphael und mich nicht daran, ihn zu aktivieren.

Auf dem Schlitten sitzend jagen wir den Hang hinunter. Was für ein Spaß! Rennend erklimmen wir den Hügel, um erneut in wilder Fahrt nach unten zu gleiten. Doch lange währt meine Freude am Schnee nicht: Die Kälte kriecht unangenehm von den Füßen aus hoch. Jetzt aber schnell in die Hütte zurück! Schlotternd betreten wir den Raum. Das Feuer im Ofen ist noch nicht angefacht. Zu unserem Glück ist bereits ein Erzieher erwacht und erbarmt sich über uns. Als das Feuer brennt, rutschen wir so dicht wie möglich heran und tauen langsam wieder auf. Jetzt bin ich schlauer: Beim Ausflug in die Berge werde ich, auch wenn es Spätsommer ist, zukünftig warme Kleidung einpacken!

Der weitere Tag ist gefüllt mit Schneeballschlachten, Schlittenfahren und Aufwärmzeiten am Kamin. Es ist ein wunderschöner Tag, den wir ausgelassen miteinander genießen. Als mir die Lust am Toben vergeht, richte ich mich in der Nähe des Kamins gemütlich ein und tauche in die Welt von Karl May ab. Manche Jungs beginnen zu meckern: Ihnen ist langweilig. Während ich mit Karl May durch die Prärie reite und um mich herum wenig mitbekomme, kommt es zu ersten Streitereien. Die Erzieher haben alle Hände voll zu tun. Ich bin in meiner Bücherwelt im Wilden Westen unterwegs und lasse mich nicht dabei stören.

Am Abend kehrt sehr früh Ruhe ein. Alle sind erschöpft von dem Tag. Wir kriechen auf unsere Matratzen, und gleichmäßiges Schnarchen erfüllt recht schnell den Dachboden. Mitten in der Nacht erwache ich: Was ist los? Da spüre ich, dass sich jemand mit meinem Penis beschäftigt. Ich bin so überrascht, dass ich erschrocken um mich schlage. Ich kann leider nicht erkennen, wer es ist. Aber mein Schlagen hat denjenigen in die Flucht geschlagen. Ich kann sehen, wie sich ein Schatten entfernt. Erschrocken rolle ich mich zusammen und versuche, wieder einzuschlafen, aber das gelingt mir nicht. Mir geht immer wieder die Situation durch den Kopf. Mein steifes Glied zeigt mir, dass es nicht so unangenehm war. Ich hatte mit so etwas nur nicht gerechnet. Wer mag das wohl gewesen sein, überlege ich. Die Jungs liegen doch alle auf ihren Matratzen. Der Schatten hat sich aber vom Dachboden verzogen. Den Vorfall in der Nacht erzähle ich niemandem, nehme mir aber vor, die nächsten Nächte besser aufzupassen.

Plötzlicher Wetterumschwung

Der neue Morgen beginnt. „Heute können wir wandern gehen. Denkt bitte an eure Regensachen! Hier oben in den Bergen kann das Wetter innerhalb kurzer Zeit umschlagen. Ihr habt es ja schon mit dem Schnee erlebt!", ertönen die Worte unseres Heimleiter-Bergführers. „Draußen ist strahlend blauer Himmel, und die Sonne kommt gerade heraus. Was sollen wir denn mit Regenkleidung?", protestiert Tobias, der offensichtlich keine Lust hat, seinen Rucksack nochmals umzupacken. Im Stillen stimme ich ihm zu.

Die Wanderung führt uns noch weiter den Berg hinauf. Es ist eine schöne, nicht ganz so anstrengende Wanderung wie die am ersten Tag. Manchmal treffen wir auf Kühe. Sie tragen große Glocken um den Hals. Sie werden von Hunderten von Fliegen umschwärmt. Wie gut, dass ich keine Kuh bin! Mein Blick fällt auf dunkle Wolken, die sich über den Berggipfel drücken. Die sehen aber nicht gut aus, betrachte ich sie nachdenklich. Unser Heimleiter-Bergführer hat sie auch registriert. Prüfend sucht er den Himmel ab. „Wir sollten möglichst schnell zurückgehen!", fordert er uns auf und macht kehrt. Johlend geht es den Berg hinunter.

Doch der Regen ist schneller als wir. Der Himmel ist inzwischen komplett zugezogen. Die Wolken sehen bedrohlich aus. Die Temperatur fällt rapide. Es wird unangenehm kalt. Alle, die keine warme Kleidung und keine Regenjacke eingepackt haben, erwischt es eiskalt. Zu unserem Elend wechselt der Regen auch noch in Schnee über. Wir geben einen jämmerlichen Anblick ab. Triefend, frierend, mit roten Nasen und gesenkten Köpfen schleichen wir in die Hütte, als wir diese endlich erreicht haben. Zum Glück ist der Ofen schnell angezündet und liefert Wärme. Das ist mir jetzt eine Lehre: Ich werde demnächst immer alles einpacken, auch eine Regenjacke!

In den nächsten Tagen unternehmen wir weitere Wanderungen. Jeder schleppt seine Sachen mit. Doch nun bleibt das Wetter stabil. Die Sonne scheint vom blauen Himmel herab. Die Tagestemperaturen steigen nochmals über die 25-Grad-Marke. Am letzten Tag ist es so heiß, dass wir uns alle eine Abkühlung herbeisehnen. Auf unserer letzten Wanderung treffen wir auf einen ganz kleinen Bergsee, der zwar nicht wirklich einladend aussieht, aber mit Sicherheit Abkühlung bringen wird. Es ist ein stehendes Wasserloch, in dem zahlreiche Kaulquappen schwimmen. Die Hitze treibt uns hinein, die warme Brühe jedoch schnell wieder heraus.

Nicht schon wieder!

Die nächsten Wochen vergehen wie im Flug. Der Alltag läuft, die Gemeinschaft mit den Jungs funktioniert einigermaßen und ich erledige meine Arbeiten in der Weberei und als Heizer. Der Job als Heizer ist schwer, und manches Mal habe ich auch keine Lust, nach der Arbeit noch die Heizung zu befeuern.

Doch es gibt mir die Möglichkeit, alleine zu sein, denn seit dem schrecklichen Weihnachtsfest bin ich noch mehr ein Einzelgänger geworden. Alleine fühle ich mich wohler und sicherer. Wenn mich alle in Ruhe lassen, bin ich innerlich ruhiger. Nur noch gelegentlich gehe ich mit den Freunden gemeinsam zum Schwimmen. Lieber sitze ich alleine an der Traun oder gehe in ihr baden. Selbst im Herbst schwimme ich im eiskalten Wasser der Traun, Hauptsache, ich kann alleine sein. Diese Form von Stille genieße ich. Es ist doch laut genug in mir selbst!

Die Vorbereitungen im Heim kündigen wieder die schreckliche Zeit an: Weihnachten naht. Mir graut es davor. Zwei Wochen vor Weihnachten bittet mich der Heimleiter in sein Büro. Lang und breit erzählt er noch mal vom letzten Weihnachtsfest, an dem ich alleine im Haus war. Die Gefühle kommen wieder hoch. „Ich will das nicht wieder erleben!", gebe ich ihm zu verstehen. „Das war der blanke Horror für mich!" Verständnisvoll erklärt er mir, dass er und seine Mitarbeiter das sehr gut nachvollziehen können. Deshalb haben sie sich etwas überlegt: „In diesem Jahr werden einige Jungen, die im letzten Jahr gezwungenermaßen zu ihren Familien fahren mussten, im Heim bleiben. Es werden zwei Erzieher im Haus bleiben und mit euch Weihnachten verbringen." Ob er das Plumpsen des schweren Steines, der von meinem Herzen gefallen ist, gehört hat, weiß ich nicht. Meine Erleichterung jedenfalls verleiht mir Flügel, mit denen ich in aller Leichtigkeit Weihnachten ansteuern kann.

Fünf Jungen bleiben im Heim. Sie wollen nicht zu ihren Familien fahren. Herr Winkel und Herr Moser, die sich bereit erklärt haben, auf ihren Weihnachtsurlaub zu verzichten, schmücken mit uns zusammen den Weihnachtsbaum. Danach gehen wir in die Küche und kochen gemeinsam ein Drei-Gänge-Menü, das kurz nach Fertigstellung gierig von uns verschlungen wird.

Zur Bescherung setzen wir uns an den erleuchteten Baum. Wir singen andächtig Weihnachtslieder und tauschen kleine Geschenke untereinander aus. Was für ein schönes Fest! Ich genieße diese Tage ohne eine Vorahnung, was als Nächstes auf mich zukommen wird.

Kapitel 7

Zurück zum Anfang

Der Winter vergeht wie im Flug. Ich genieße die Gemeinschaft mit den anderen Jungen. Hier in Bayern fällt sehr viel Schnee, den wir alle genießen. Schneeballschlachten und Schlittenfahrten gehören zu unserem täglichen Programm.

Der Frühling kehrt ein. Die ersten Sonnenstrahlen sind schon sehr warm. Ich freue mich auf die kommenden Monate, besonders auf das Schwimmen in der Traun. Inzwischen bin ich ziemlich abgehärtet. Auch wenn es nicht so warm ist, gehe ich schwimmen. Ich genieße diese Zeiten, in denen mich niemand stört.

Außer von Hilde Martin, habe ich nie Post bekommen. Heute ist das anders: Mir wird ein Brief vom Jugendamt der Stadt Duisburg überreicht. Erstaunt und nachdenklich betrachte ich die Post. Der Schreiber des Briefes berichtet von einem Gespräch mit meinem Heimleiter, der viel Gutes über mich erzählt habe, unter anderem auch von meiner Begeisterung, praktisch zu arbeiten, und wie gut ich mit Stoffen umgehen könne. Man habe deshalb beschlossen, mir in Duisburg eine Lehrstelle zu besorgen. Ich werde aufgefordert, nach Duisburg zu kommen. Zukünftig werde ich im Kolpinghaus leben. Mein Vormund wird mich am Bahnhof abholen. Die Bahnfahrkarte für Montag, den 29. Juli 1968 ist beigefügt.

Geschockt starre ich auf den Brief und die Fahrkarte. Ich muss weg von hier! Zurück an den Ort, wo meine Reise vor fast sieben Jahren begann. Mir wird angst und bange: Ich will Oberbayern nicht verlassen! Ich fühle mich wohl hier, auch wenn nicht alles gut ist. Ich will nicht schon wieder einen Wechsel erleben, wieder bei Null anfangen müssen, ohne zu wissen, was alles auf mich zukommt. Ich bin diese ständigen Veränderungen leid!

Bereits in zwei Wochen soll ich abreisen. Noch immer unter Schock und mit hängendem Kopf gehe ich zu meinem Heimleiter und werfe ihm den Brief auf den Tisch. Er ist genauso überrascht wie ich: Niemand hat ihn von dem

Wechsel in Kenntnis gesetzt. „Was denn, die vom Jugendamt werden aktiv und entscheiden, ohne uns zu informieren? So nicht!", ruft er verärgert und greift unverzüglich zum Telefonhörer. Das folgende Gespräch verläuft lautstark, ändert an der Entscheidung des Amtes aber leider nichts. Es ist beschlossene Sache, und ich muss mich darauf einstellen, dass ein weiterer Lebensabschnitt beginnt. Der Heimleiter legt kopfschüttelnd den Hörer auf: „Das ist vielleicht ein seltsamer Verein!" Traurig sieht er mich an: „Es tut mir leid. Du bist ein guter Junge. Ich hätte dich gerne hier behalten!"

Wahrscheinlich ahnt er, wie mir zumute ist: „Sie haben gesagt, dass du alt genug bist, um eine Lehre zu machen. Bei uns würdest du immer Hilfsarbeiter bleiben. Es tut auch mir weh, dich verabschieden zu müssen. Wir werden dich aber zum Bahnhof begleiten."

Die nächsten Tage sind wie Novembertage. In mir ist ein merkwürdiger Nebel. Ich fühle irgendwie nichts und habe den Eindruck, neben mir zu stehen. Die zwei Wochen Galgenfrist vergehen viel zu schnell. Wie ein Roboter raffe ich am Abreisetag meine wenigen Habseligkeiten wieder einmal zusammen und stopfe sie in den Koffer. Mit hängenden Schultern und traurigem Blick schlurfe ich am Spalier der Erzieher und Mitbewohner vorbei zum Ausgang. In diesem Moment würde ich am liebsten einfach davonlaufen. Ach, wäre es doch vorbei! Mein Herz beginnt zu rasen. Die aufmunternden Worte der Erzieher bekomme ich nur mit halbem Ohr mit. Alles läuft wie ein Film an mir vorüber.

Auf der Fahrt zum Bahnhof versucht der Heimleiter mit vielen Späßen, mich zum Lachen zu bringen. Aber mir ist nicht zum Lachen zumute. Am Bahnhof angekommen wünscht er mir viel Glück auf meinem weiteren Lebensweg. Dann rauscht er davon.

Alleine und völlig verloren setze ich mich auf eine Bank am Bahngleis und warte auf meinen Zug. Ich bin so in Gedanken versunken, dass ich die Einfahrt des Zuges fast verpasse. Der Stationsvorsteher holt mich aus meiner Gedankenwelt heraus: „Junge, wartest du auf diesen Zug?" Oh ja!

Im Zugabteil angekommen suche ich mir einen Fensterplatz und versinke wieder in meine Gedankenwelt. In München kommt der Schaffner und zeigt mir, welchen Zug ich nach Duisburg nehmen muss. Ich habe noch etwas Zeit, bis der Zug kommt. Meinen Koffer schleppend erkunde ich den Bahnhof. Ist das alles riesig hier, und die vielen Menschen! Auf einmal fühle ich mich unbehaglich. Das ist mir alles zu viel. Erleichtert steige ich in den Zug nach Duisburg ein und versinke wieder in meinen Gedanken. Was wird mich in Duisburg erwarten? Auf was muss ich mich einstellen?

Kurz vor Duisburg kommt ein Zugbegleiter zu mir und gibt mir Bescheid, dass ich mich zum Aussteigen fertig machen soll. Ich habe ein flaues Gefühl im Magen, als der Zug in den Bahnhof einfährt.

Hier steigen viele Menschen aus. Ich werde regelrecht mit hinausgeschoben. Endlich, als der Bahnsteig sich geleert hat, kommt ein Mann auf mich zu. Kurz angebunden begrüßt er mich und erklärt mir, dass er mein Vormund sei. Er fährt mich zum Kolpinghaus. Dort werde ich einer Mitarbeiterin übergeben. Schon im Weggehen kündigt mir der Mann noch an, dass er mich morgen zum Vorstellungsgespräch abholt. Dann ist er verschwunden. Die Mitarbeiterin ist über das Verhalten meines Vormundes sehr verwundert: „Der hat noch nicht einmal ein paar Minuten für sein Mündel übrig!", schimpft sie, während sie ihr Unverständnis mit heftig schüttelndem Kopf bekräftigt. Sie nimmt einen Schlüssel von einem Brett und fordert mich auf, ihr zu folgen. Wir gehen eine Treppe hoch und bleiben vor einer Tür stehen. Sie schließt diese auf. „Wie wunderbar, ein Einzelzimmer!", bemerke ich begeistert, als die Mitarbeiterin mir mein neues Zuhause vorstellt. Erstaunt sieht sie mich an: „Was ist daran so schön?" Meine Begeisterung sprudelt aus mir heraus: Ich berichte von den letzten Stationen, und wie sehr ich ein Zimmer ganz für mich alleine vermisst habe. „Na, dann richte dich in deinem neuen Reich ein. Wenn du fertig bist, komm wieder zu mir, denn du bekommst noch Essensmarken." „Wir sind ein offenes Haus", erklärt sie, als ich sie erstaunt wegen der Essensmarken frage. „Jeder kann kommen und gehen, wann er möchte. Die Essensmarken weisen dich als Bewohner aus." Das ist ja hier alles ganz anders als in den letzten Heimen! Ich bin frei zu kommen und zu gehen, wann ich will. Das gefällt mir!

Die Lehrstelle

Am nächsten Morgen erscheint kein Vormund, um mich abzuholen. Ich frage die Mitarbeiterin, die sich ausgiebig Zeit nimmt, um sich erneut über meinen Vormund aufzuregen. Wo soll ich mich vorstellen? Vielleicht kann ich das alleine machen. Zum Glück hat sie die Informationen. Sie drückt mir einen

Zettel mit der Adresse und eine Fahrkarte in die Hand und beschreibt mir den Weg zu einer Reinigung, in der ich meine Ausbildung machen soll.

Unsicher laufe ich los. Eine Straßenbahnhaltestelle ist zum Glück nur wenige Minuten entfernt und leicht zu finden. Die Bahn kommt, ich steige ein, suche mir einen Sitzplatz und versinke in Gedanken. Wie stellt man sich für eine Lehrstelle vor? Was erwartet mich dort? Was ist mit meinen Eltern, die vermutlich immer noch in Duisburg wohnen werden? Wie sehen sie heute wohl aus? Werden sie mich erkennen? Leben sie überhaupt noch? Wo sind meine Geschwister heute? Kann es passieren, dass ich unterwegs jemanden von meiner Familie treffe? Was mache ich dann bloß?

Tief in meinen Gedanken versunken verpasse ich die Haltestelle. Das heißt, ich muss zurücklaufen und dann den unbekannten Weg zur Reinigung suchen. Viel zu spät stehe ich aufgeregt vor dem Eingang. Auf einem großen Schild über der Tür steht „Chemische Reinigung & Textilfärberei" geschrieben. Hier bin ich wohl richtig. Zögerlich betrete ich den Laden. Über der Tür hängt eine Glocke, die mich lautstark ankündigt. Ein Mann kommt zur Theke, an die ich herangetreten bin. Ich nehme meinen ganzen Mut zusammen und spreche den Mann an: „Ich soll mich hier für eine Lehrstelle vorstellen!" Der Mann entpuppt sich als Chef des Ladens. Ich bin schon mal richtig hier! Freundlich bittet er mich, in einer Stunde wiederzukommen, da er im Moment viel zu tun hat. Uff, die erste Hürde ist geschafft! Ich werde in der Zwischenzeit die nähere Umgebung erkunden. Mal sehen, wo ich gelandet bin! Rund um die Reinigung sind viele Wohnhäuser, die mehrere Stockwerke hoch sind. Hier ist so wenig Natur, kein Bach, keine Felder und Wiesen.

Eine Stunde später betrete ich erneut den Laden. Nun hat der Chef Zeit für mich. Er zeigt mir den Betrieb und gratuliert mir zu meinem Ausbildungsplatz. Ab morgen bin ich sein Lehrling. Na, das ging ja leicht!

Am nächsten Tag werde ich beim Betreten der Reinigung freundlich begrüßt. „Guten Morgen, Harald!", ertönt es. Der Chef scheint sich auf mich zu freuen: „Horst wird dir zeigen, was du heute tun kannst. Wenn du etwas brauchst, dann melde dich bei mir." Er schiebt mich durch den Laden in den hinteren Teil der Reinigung. Dort sortiert Horst, der Geselle, Wäsche. Er begrüßt mich freundlich.

„Jedes Wäschestück, das gereinigt werden soll, durchsuchst du zunächst und bürstest die Taschen sauber. Die Leute vergessen vieles in ihren Taschen!

Wenn du Geld findest, übergibst du es dem Chef. Alles, was unter fünf D-Mark ist, darfst du aber behalten", erklärt er mir. Was für wunderbare Aussichten! Eifrig mache ich mich an meinen neuen Job. Am Abend bin ich ein reicher junger Mann. Acht Mark sind beim Durchsuchen der Taschen zusammengekommen. Diese lukrative Arbeit macht mir Spaß! Und wehe, es verlangt jemand, dass ich mein Geld abgeben soll. Mit mir nicht mehr!

Zurück im Kolpinghaus begegne ich der Mitarbeiterin: „Na Harald, wie war dein erster Arbeitstag?" Bester Laune und mit dem guten Gefühl, in Zukunft viel Geld zu besitzen, lache ich sie an: „Das ist der richtige Job für mich!" Ich berichte von dem Tag und der Einnahme des Tages. Zu meiner Erleichterung freut sie sich mit mir und verlangt nicht, dass ich das Geld bei ihr abgeben muss.

„Hat dein Chef dir erklärt, dass du zukünftig zur Berufsschule gehen musst?", fährt sie fort. Bei all dem Neuen, was auf mich eingeströmt ist, bin ich mir nicht mehr sicher, ob er es gesagt hat oder nicht. „Ich werde morgen nachfragen. Jetzt muss ich ganz dringend meinen Bauch füllen, sonst falle ich noch vor Hunger um." Am Abend liege ich müde und erschöpft, aber auch hoffnungsvoll und mit einem guten Gefühl in meinem Bett. Mein neuer Lebensabschnitt gefällt mir.

Am nächsten Morgen nutze ich die erste kurze Arbeitspause, um meinen Lehrherrn zu fragen, wann die Berufsschule beginnt. Ich erfahre, dass ich alle drei Monate für zwei Wochen zu einer Berufsschule fahren werde. Man nennt das Blockunterricht. Dort werde ich die Theorie lernen, bei ihm ist der praktische Unterricht.

Das praktische Arbeiten geht mir leicht von der Hand. Ich begreife sehr schnell und kenne mich bereits wenige Tage nach Lehrbeginn in den Abläufen der Reinigung aus. Mein Chef lobt mich immer wieder überschwänglich, was mich zusätzlich motiviert, gute Leistungen zu bringen. Er scheint mir viel zuzutrauen, denn er weist mir immer anspruchsvollere Aufgaben zu. Nur eines macht mir Sorgen: Jedes Mal, wenn ich das Thema Berufsschule anschneide, erhalte ich ausweichende Antworten.

Nach fünf Monaten habe ich immer noch keine Berufsschule von innen gesehen. Weitere Wochen vergehen, bis ich das ständige Vertrösten meines Chefs leid bin. Entschlossen, mein Leben selbst in die Hand zu nehmen, gehe ich zum Jugendamt. Mein Vormund ist an diesem Tag nicht vor Ort, weshalb ich mein Anliegen seiner Stellvertreterin vorbringe. Geduldig hört sie sich alles an und verspricht mir, sich darum zu kümmern. Mein Vormund, so erklärt sie mir, wird sich mit mir in Verbindung setzen, sobald er es geklärt hat. Hoffentlich tut er jetzt auch mal, was er tun sollte! Ich warte weitere vier Wochen, ohne dass er sich bei mir meldet.

Erneut mache ich mich auf den Weg zum Jugendamt. Dieses Mal nimmt mich eine andere Mitarbeiterin in Empfang, da weder mein Vormund noch seine Stellvertreterin im Haus sind. Erneut bringe ich mein Anliegen vor und höre das Versprechen, dass sie sich darum kümmert. Erneut geschieht nichts. Weder mein Vormund noch seine Stellvertreterin melden sich bei mir. Versuche ich sie telefonisch zu erreichen, sind sie nicht zu sprechen. Angeblich haben sie Außentermine, nur scheinbar nicht bei mir. Mein Unmut über diese Frechheit und meine Hilflosigkeit, nicht zu wissen, wie ich mit dieser Situation umgehen soll, verwandeln sich in Zorn über die Ungerechtigkeit, die mir wieder einmal widerfährt.

Weitere zwei Wochen später habe ich die Nase voll: Mit einer großen Portion Wut im Bauch radle ich mit meinem Fahrrad zum Jugendamt. Auch dieses Mal werde ich vertröstet: Mein Vormund sei im Moment nicht da, aber er werde sich bei mir melden.

Der Traum, eine Berufsschule zu besuchen, erfüllt sich immer noch nicht. Ich werde immer weiter vertröstet. Dennoch gehe ich jeden Tag brav zur Reinigung. Was soll ich denn auch anderes machen? Die Arbeit in der Reinigung ist körperlich sehr anstrengend. Mein Körper meldet sich eines Tages mit starken Schmerzen im Schultergelenk. Eines Nachts sind die Schmerzen so stark, dass ich kein Auge zumachen kann. Ich wälze mich in meinem Bett von einer Seite auf die andere in der Hoffnung, Schlaf zu finden. In meiner Not kommt mir die Idee, meinen Arm fest an meinen Körper zu binden. Wenn er sich nicht mehr mitbewegen muss, dann wird der Schmerz sicherlich weniger werden. Meine Idee hilft, allerdings nur kurzfristig.
Völlig erschöpft schleppe ich mich tapfer zur Arbeit. Doch bei jedem Handgriff stöhne ich vor Schmerz auf. Mein Lehrherr bemerkt zwar, dass es mir nicht gutgeht, vertröstet mich jedoch mit den Worten: „Es wird schon wieder besser werden, Harald."
Es wird nicht besser! Drei Tage später hat mein Chef ein Einsehen und schickt mich zum Kolpinghaus zurück. Dort angekommen gehe ich schnurstracks zum

Büro, denn ich bin ratlos, was ich tun soll. Ich kenne hier doch nur wenige Menschen und vor allem keine Ärzte. Die Mitarbeiterin erklärt mir den Weg zum nahegelegenen Krankenhaus, wo ein Arzt schließlich mein Schultergelenk eingehend untersucht. Jede Bewegung lässt mir die Tränen in die Augen schießen. Mir wird eine Spritze in das Schultergelenk gejagt, ich beginne zu taumeln. Der Arzt redet beruhigend auf mich ein. Eine Gelenkentzündung löst die starken Schmerzen aus. Während er mich weiter von Kopf bis Fuß untersucht, entdeckt er weiße Flecken mit Schuppen an meinem Kopf: „Seit wann hast du diese Flecken?" „Seit ungefähr zwei Monaten!" Ich schaue ihn fragend an: „Sind die schlimm?" Der Doktor schiebt meine Haare zur Seite und schaut sich die Stellen sehr genau an. „Das sind Schuppenflechten", erklärt er. „Dagegen kann man nichts machen. Damit wirst du leben müssen. Das erklärt auch deine Schmerzen. Ich habe da keine gute Nachricht für dich: Die Schmerzen werden immer wieder auftreten. Ich verschreibe dir Schmerzmittel. Mehr kann ich nicht für dich tun."

Es reicht jetzt!

Vollgepumpt mit schmerzlindernden Medikamenten arbeite ich tapfer weiter in der Reinigung. Weitere Wochen vergehen. Meine schulische Ausbildung findet nicht statt, dafür verstärkt sich mein Unmut über die Ungerechtigkeit. Die Stimmung in der Reinigung verändert sich. Ich habe viele Auseinandersetzungen mit Horst, der mich zum Sündenbock machen will bei Fehlern, die er selbst gemacht hat. Mein inneres Fass läuft über, als er mir eines Tages eine Ohrfeige verpasst. Ich radle nochmals zum Jugendamt. Diesmal ist mein Vormund zugegen und empfängt mich sogar. Oh, welch ein Wunder!

Wutentbrannt schütte ich alle meine Beschwerden vor ihm aus. Er versichert mir, sich sofort darum zu kümmern. Ich solle erst mal weiter arbeiten gehen. Doch als der Geselle Horst erneut einige Wochen später erneut zuschlägt, und das Jugendamt immer noch nichts unternommen hat, reißt mein Geduldsfaden: Auf dem Absatz drehe ich mich um, wechsle die Arbeitskleidung gegen meine aus und verlasse schweigend die Reinigung. Niemand hält mich auf. Schluss, Ende, aus und vorbei! Mir reicht es jetzt! In die Reinigung werde ich ganz bestimmt nicht mehr gehen. Wieder einmal habe ich die Erfahrung gemacht, dass ich mich auf das Wort anderer nicht verlassen kann, Erwachsene ungerecht sind und ich letztlich im Stich gelassen werde.

Ich informiere das Jugendamt, dass ich die „Lehrstelle" verlassen habe und mache mich auf die Suche nach einer anderen Arbeit. In der Zeitung entdecke ich eine Annonce, die interessant klingt. Eine Spedition sucht einen Beifahrer. Das könnte ich doch machen! Zu meiner Überraschung bekomme ich direkt eine Zusage. Ich werde sogar besser bezahlt als in der Reinigung. Man muss sein Leben einfach nur mal selbst in die Hand nehmen!

Die Firma transportiert Zeltplanen, manchmal auch andere Waren. Der Job macht mir sofort Spaß. Ich lerne auf den Touren die Umgebung von Duisburg, den Niederrhein und das Ruhrgebiet kennen. Als Beifahrer bin ich für die Entladung des LKW zuständig: Stark bin ich inzwischen ja!

Ein offener Karton, gefüllt mit Pralinen, erregt mein Interesse, als wir wieder einmal zu einem Kunden unterwegs sind. Oh, was für eine verführerische exquisite Ladung! Anfangs kann ich mich noch zügeln, dann lange ich zu. Mit schlechtem Gewissen nehme ich mir einige Pralinen aus dem Karton und versuche, meine Tat so gut wie möglich zu vertuschen. Pralinen, so etwas Köstliches habe ich noch nie gegessen! Na ja, das ist etwas geflunkert. Zu Weihnachten oder Ostern gab es im Heim schon mal ähnlich Gutes zu naschen.

Von diesem Tag an komme ich in Sachen Schokolade nicht mehr zu kurz. Die Fahrerin macht meistens Pause, während ich schleppe. So komme ich ungesehen an genügend Nachschub. Dass mein Diebstahl auffallen wird, hätte ich mir ja an den fünf Fingern meiner Hand abzählen können, doch so weit denke ich nicht nach. Eines Morgens werde ich zu meinem Vorgesetzten zitiert, der mir deutlich zu verstehen gibt, was er von Naschereien dieser Art hält. Kleinlaut gebe ich sofort alles zu und erhalte die Quittung: Mein Papiere sind schon fertig, ich bin entlassen. Aus der Traum vom guten Geld und leckeren Pralinen!

Aber ich bin Harald, der sich nicht so schnell unterkriegen lässt. In der Zeitung sind im Moment keine interessanten Jobs zu finden. Ich beginne, in der Stadt herumzulungern. Zu meiner Überraschung begegne ich Raphael, meinem Bandenführer aus Oberbayern. Plötzlich steht er vor mir und mustert mich von oben bis unten: „Du hast dich ganz schön entwickelt! Du bist gewachsen, und deine Körperfigur ist nicht mehr schmächtig. Harald, was hast du gemacht, seitdem du aus Bayern weg bist?" Meine Geschichte ist schnell erzählt. Kurzentschlossen nimmt Raphael mich mit zu seiner Familie.

Familie erleben, das ist lange her. Ich hatte schon vergessen, wie es sich anfühlt, zu Hause zu sein. Na ja, diese Gefühle kommen auch jetzt nicht auf. Ich bin ein wenig neidisch auf Raphael. Er kann wenigstens zu seiner Familie gehen. Wo meine geblieben ist, weiß ich nicht.

Raphaels Vater besitzt ein Hotel in der Nähe des Bahnhofs, in dem auch die Familie lebt. Der Vater mustert mich ebenfalls von oben bis unten und stellt mich schließlich als „Zimmermädchen" im Hotel ein. Wie gut, ich habe wieder einen Job! Das Leben geht weiter.

In den ersten Tagen werde ich angelernt, wie ich die Zimmer herzurichten habe. Das Hotel hat eine Bar im Erdgeschoss. Dort zapft der Chef persönlich das Bier für die Kunden. Nach einiger Zeit als Zimmermädchen darf ich sogar beim Ausschenken in der Gaststube helfen.

Die vielen betrunkenen Männer irritieren mich. Sie sind oft so betrunken, dass sie kaum noch in der Lage sind, ein klares Wort zu sprechen. Etliche junge Frauen kümmern sich um die Betrunkenen. Sie verschwinden mit ihnen in den Zimmern, die ich hergerichtet habe. Eine Ahnung steigt in mir auf: Könnte es sein...? Doch Raphael will meine Vermutung nicht hören. Wir geraten in Streit. „Was in dem Hotel gemacht wird, geht dich nichts an. Sei froh, dass du einen Job hast!"

„Wenn du mal Lust auf eines der Mädchen hast, sag es mir einfach. Du kannst es umsonst haben!", erklärt mir der Vater von Raphael eines Tages. Mittlerweile habe ich begriffen, wo ich gelandet bin: Das hier ist ein Puff und kein Hotel! Die Frauen sind Prostituierte, und ich hätte jetzt die kostenlose Gelegenheit, mich bei einer zu melden. Aber mir fehlt der Mut dazu.
Wochen vergehen. Manchmal frage ich mich, ob ich nicht nach meiner Familie suchen soll. Ich wohne ja ganz in der Nähe von dort, wo wir als Kinder lebten. Schnell verwerfe ich die Gedanken wieder: Nur zu gut weiß ich, wem ich meine jetzige Situation zu verdanken habe. Mit denen will ich nichts, aber auch gar nichts zu tun haben! Ich bin mir auch nicht sicher, ob ich schon stark genug wäre, meinem Stiefvater gegenüberzutreten. Ich bin ja kräftiger und viel schneller geworden, doch würde das reichen, um mich wehren zu können,

wenn er immer noch so aggressiv ist wie früher? Ich würde ihm ja gerne etwas zurückgeben von dem, was er mir angetan hat.

Ich arbeite weiter als Zimmermädchen und im Ausschank. Meinem Vormund ist es scheinbar total egal, wo ich arbeite. Hauptsache, ich mache keine Schwierigkeiten. Eines Tages, ich helfe wieder an der Bar aus, fällt mir ein Mann auf. Er sitzt an der Theke, trinkt ein Bier und verlässt die Bar, ohne zuvor in einem der Zimmer zu verschwinden.

Am nächsten Tag sitzt er erneut an der Theke, trinkt sein Bier und verschwindet: Tagelang derselbe Ablauf. Als er wieder einmal sein Bier bestellt, spricht er mich an: „Wann hast du denn mal frei?" Verwirrt sehe ich ihn an: „Warum fragen Sie mich das?" Seine Antwort erstaunt mich noch mehr: „Ich würde gerne mal richtig was unternehmen und dich dazu einladen. Wir könnten gemeinsam etwas essen und zum Bowling gehen. Hättest du Lust darauf?" Nachdenklich, skeptisch und verwundert sehe ich mir den Gast genauer an.

Er macht einen ganz sympathischen Eindruck. Bis jetzt ist er mir nicht unangenehm aufgefallen und scheint nicht so zu sein wie die anderen Männer. Die kommen, um sich volllaufen zu lassen und dann Sex zu haben. Mutig willige ich ein. Er ist anders, und für mich wäre es schön, endlich mal etwas zu unternehmen.

An meinem nächsten freien Tag treffen wir uns am Bahnhof. „Ich heiße übrigens Martin", begrüßt er mich. „Ich bin Harald", murmele ich etwas verlegen. So ganz geheuer ist mir diese Unternehmung doch nicht! Martin geht zu seinem Auto und lädt mich ein, auf dem Beifahrersitz Platz zu nehmen.

Wir fahren kreuz und quer durch viele Straßen, die ich nicht kenne. Vor einem Restaurant beendet Martin seine Fahrt. Natürlich bin ich auf seine Rechnung eingeladen. Egal, wie teuer das Essen ist, ich soll mir auf der Speisekarte aussuchen, was ich gerne essen möchte. Der Preis spielt keine Rolle. Na, das muss er nicht ein zweites Mal sagen! Martin ist sehr großzügig. Ich bestelle nach Herzenslust und schlage mir den Bauch voll. So gutes Essen habe ich in meinem ganzen Leben noch nicht zu mir genommen! Während des Essens unterhalten wir uns angeregt. Plötzlich lenkt Martin unser Gespräch auf das Thema Sexualität. Ob ich schon einmal sexuelle Erfahrungen gemacht habe, will er wissen. Verdutzt sehe ich ihn an: Redet man darüber? Was soll ich ihm denn erzählen? „Ich habe nur eigene sexuelle Erfahrungen, ansonsten noch keine", gebe ich offen und ehrlich zu. Er lächelt, als ich ihm noch sage, dass meine eigenen Erfahrungen sehr häufig sind. Es ist mir peinlich, darüber zu reden.

Nach dem Essen fahren wir zu einem Bowling-Zentrum: Eine neue Erfahrung für mich. Bowling macht mir auf Anhieb Spaß. Wir lachen viel und vergnügen uns. Martin bestellt ein Getränk nach dem anderen. Mitten im Spiel muss ich ganz dringend meine Blase entleeren. Als ich die Tür zur Herrentoilette öffne, werde ich von hinten geschoben. Martin steht hinter mir und schiebt mich immer weiter in den kleinen engen Toilettenraum hinein. Ich kann nicht reagieren. Er lässt seine Hose herunter und holt den Penis hervor. „Hol mir einen runter!", grunzt er mich an. Ich weiß gar nicht, wie mir geschieht. Brav berühre ich seinen Penis und beginne, so wie ich es bei mir selbst immer mache.

Dabei spüre ich, wie auch mein Penis steif wird. Martin ermuntert mich, meine Hose zu öffnen. Miteinander spielen wir mit den Penissen. Es ist ein sehr schönes Gefühl für mich, als sich sein Penis anspannt und der Samen schließlich herausschießt. Während ich das Sperma abwische, zieht Martin sich wieder an, dreht sich um und will die Toilette verlassen. „Hey, und was ist mit mir?", kann ich gerade noch aussprechen, da ist er schon weg. Frustriert darüber, von ihm allein gelassen worden zu sein, hole ich mir selbst einen runter, bis es auch bei mir spritzt. Endlich erleichtert mache ich mich auf den Weg zurück zur Bowlingbahn. Martin ist nirgends zu finden. Er hat mich im Bowling-Zentrum zurückgelassen.

Wütend über den Kerl und mich selbst, dass ich auf ihn reingefallen bin, mache ich mich auf den Heimweg. Ich irre durch Straßen und Häuserblocks, bis ich eine Straßenbahn höre. Enttäuscht über diesen Martin, der nur an sich gedacht und mich im Stich gelassen hat, fahre ich mit verschiedenen Straßenbahnen, bis ich endlich wieder am Kolpinghaus ankomme. Dieser Martin ist ein totaler Egoist, aber es war trotz allem ein schöner Tag mit ihm.

In den nächsten Tagen halte ich Ausschau nach ihm. Ich würde ihn gerne fragen, warum er sich so schnell verdrückt hat. Doch er kommt nicht mehr, um sein Bier zu trinken. Nun denn, das Leben geht weiter. Ich vertiefe mich in die Arbeit.

Vier Monate, nachdem ich im Puff als Zimmermädchen und Barkeeper begonnen habe, bestellt mich mein Vormund ins Jugendamt: „Mir ist zu Ohren gekommen, dass du die Lehre abgebrochen hast!", mault er mich an.

„Moment mal", schnauze ich zurück, „ich habe mehrere Male hier vorgesprochen. Niemand hat mir geholfen. Sie sind auch nicht aktiv geworden. Ihrer Kollegin habe ich haarklein erzählt, dass ich die Berufsschule noch nicht von innen gesehen habe. Der Chef hat mich immer wieder vertröstet. Sie wissen auch darüber Bescheid, dass der Geselle handgreiflich geworden ist. Doch hier in eurem Laden kümmert sich ja keiner um mich. Es interessiert hier keinen, wie es mir geht. Was machen Sie mich jetzt eigentlich so an?"

Inzwischen bin ich so in Rage, dass nicht mehr viel fehlt, damit mein Vormund meine Faust zu spüren bekommt. Ich komme mir einfach nur verarscht vor! Die Quittung für meinen Ausraster folgt sehr schnell: Man schickt mich weiter, von Duisburg nach Hagen in Westfalen. Wieder packe ich meine wenigen Habseligkeiten ein und stelle mich innerlich auf eine neue Bleibe ein. Doch eins habe ich gelernt: Das Leben geht weiter.

Kapitel 8

Im Jugendheim

Einige Tage später sitze ich einem aufgeblasenen Heimleiter gegenüber. Vom ersten Moment an kann ich ihn nicht ausstehen. Unser Gespräch verläuft entsprechend einseitig. „Ab heute wird sich für dich etwas grundlegend verändern!", grunzt er mich an. „Morgen früh werde ich dich deinem neuen Chef vorstellen. Du wirst deinen Unterhalt selbst verdienen. Deinen Lohn wirst du bei mir abgeben." Eine Antwort auf meine Frage, wie viel ich für mich behalten kann, bekomme ich nicht von ihm. Widerwillig lasse ich mich auf meine neue Situation ein. Aber innerlich bin ich am Kochen.

Die Firma, so stelle ich am nächsten Morgen mit Entsetzen fest, stellt Eisenteile her. Ich werde an einer Maschine eingewiesen. Hier geht es um Schnelligkeit. Da kommt mir meine praktische Veranlagung zugute. In kürzester Zeit lerne ich die Arbeitsabläufe. Die Tätigkeit ist auf Akkord ausgelegt. Ein Verschnaufen zwischendurch gibt es nicht.

Am Ende des ersten Monats bin ich gespannt, wie viel Lohn ich bekommen werde. Doch dieser wird nicht an mich ausgezahlt, sondern ans Heim überwiesen. Ich sehe nicht eine Mark davon!

Zornig trete ich dem Heimleiter gegenüber: „Ich möchte von dem Geld, das ich mir mühsam verdient habe, auch meinen Teil haben!", schimpfe ich. Ein ebenso zorniger Heimleiter argumentiert, dass das Geld dem Heim zusteht, da ich ja erhebliche Kosten verursache. Meine Hände sind zu Fäusten geballt. Ich werde meine Wut zügeln und nicht zuschlagen.

Entrüstet über so viel Ungerechtigkeit gehe ich innerlich wieder in den Rückzug. Meine Lust, zur Arbeit zu gehen, lässt in der folgenden Zeit merklich nach. Ich beginne zu trödeln und komme immer häufiger zu spät zur Arbeit. Lustlos erledige ich den Job, was sich auf die Schnelligkeit und Geschicklichkeit auswirkt. Der Chef steht immer häufiger unzufrieden vor mir: „Ich habe dich nicht dafür eingestellt, dass du trödelst, zu spät zur Arbeit kommst und dein

Pensum nicht schaffst. Sieh zu, dass sich das schleunigst ändert!", brüllt er mich an. Oh, da hat er mich auf dem falschen Fuß erwischt! „Wissen Sie was?", gebe ich ihm patzig zur Antwort. „Bezahlen Sie mich anständig, dann werde ich mich auch bemühen!" Im Heim zurück baut sich ein erboster Heimleiter vor mir auf: „Dein Chef hat mich angerufen. Du bist ein aufsässiger, frecher Kerl!" Inzwischen ist sein Gesicht puterrot vor Wut. „Dein Verhalten werde ich nicht durchgehen lassen! Du wirst ab jetzt wieder das leisten, was du am Anfang geleistet hast. Ansonsten werde ich dir dein Taschengeld sperren!" Wortlos nehme ich seine Worte zur Kenntnis. Im Stillen denke ich: Du kannst mich mal... !

Mein Verhalten verändert sich nicht. Bei der nächsten Taschengeldauszahlung zieht er mir tatsächlich mehr als die Hälfte ab. Nun boykottiere ich die Arbeit ganz und bleibe im Heim. Wieder steht ein tobender Heimleiter vor mir: „Du gehst zur Arbeit!", schreit er sichtlich hilflos. Ich zucke nur die Schultern: „Ohne Lohn keine Arbeit!"

Bei der nächsten Taschengeldauszahlung gehe ich leer aus. Triumphierend sieht mich der Heimleiter an: „Du willst nicht arbeiten, also bekommst du auch kein Taschengeld!" Er hat wohl nicht mit meiner Reaktion gerechnet: „Nun gut, dann werde ich mich beim Jugendamt über Sie beschweren." Ich bin sonderbar ruhig und gelassen dabei.

In seinem Gesicht kann ich lesen, dass ich ihn getroffen habe. Ich glaube, dass er genau weiß, dass ich tun werde, was ich sage, und davor scheint er Angst zu haben. Zu meiner Überraschung bekomme ich widerspruchslos mein volles Taschengeld ausgezahlt. Meine Drohung, das Jugendamt zu informieren, scheint eine nachhaltige Wirkung ausgelöst zu haben, denn der Heimleiter zeigt sich mir gegenüber auf einmal ausgesprochen freundlich und regt sich nicht mehr darüber auf, dass ich oft faul auf der Wiese liege, die Sonne genieße und lese. Denn zur Arbeit gehe ich nicht mehr.

Aufbau eines Freizeitheims

Eines Tages steht der Heimleiter vor mir: „Harald, hast du Lust, mir und meinen Kollegen zu helfen, ein Freizeitheim aufzubauen, in dem wir miteinander die Sommerferien verbringen werden?" Endlich eine

Abwechselung im tristen Heimleben! „Natürlich!", entgegne ich ihm voller Erwartung auf das neue Abenteuer.

Eine Woche später fahren wir zu einer Wiese, auf der ein alter Stall darauf wartet, von uns umgebaut und zu neuem Leben erweckt zu werden. Der Heimleiter ist richtig redselig: „Auf der Wiese werden wir Zelte aufbauen. Der Stall soll ein Speiseraum werden." Wir werkeln gemeinsam, ich bin Feuer und Flamme und arbeite wie ein Wilder mit. Nach einer Woche ist der alte Stall nicht wiederzuerkennen. Die Zelte stehen zum Einzug bereit auf der Wiese. Wir haben einen schönen Platz für alle Jungs aus dem Jugendheim geschaffen. Die Ferien können beginnen!
Zwei Wochen später fährt ein Reisebus vor das Heim. Alle steigen ein. Die Größe des Busses und die Art, wie er um die Kurven fährt, begeistern mich: So einen Bus würde ich auch gerne mal lenken wollen!

Am Ziel angekommen laden viele eifrige Hände die Lebensmittel und alles, was wir mitgebracht haben, aus. Die Zelte werden bezogen. Die kleine Ferienstadt ist zum Leben erwacht. Stolz darüber, dass ich alles mit vorbereitet habe, genieße ich diesen Moment ganz besonders.

Unser Heimleiter gibt uns viel Freiheit. Ihm ist wichtig, dass wir die gemeinsamen Essenszeiten einhalten. Ansonsten dürfen wir machen, wozu wir Lust haben. Er erklärt uns noch, dass in der Nähe ein Dorf ist. Wir sollen uns aber anständig benehmen, ermahnt er uns.

Mit einigen Jungs gehe ich auf Dorf-Erkundungstour. Wenige Häuser stehen nahe beieinander. Drum herum nichts, einfach nichts! Kein Geschäft, kein Schwimmbad, nichts weiter, was uns Jugendliche in irgendeiner Weise reizen könnte. Lediglich eine Kneipe zieht unsere Aufmerksamkeit an. Gelangweilt schlurfen wir zu unserer Zeltstadt zurück. Na, das können ja öde zwei Wochen werden!

Wie verbringt man die Tage in einer Einöde wie dieser? „Wir könnten doch spielen!", schlägt Lutz vor. Die Idee wird wohlwollend von allen angenommen. „Aber immer nur spielen wird auf die Dauer auch langweilig!", mault Martin nach einiger Zeit. „Ich will auch mal etwas erleben!" Wir beschließen, dass wir öfter in die Kneipe gehen wollen. „Sonst kommen wir um vor Langeweile!", brummt Günther. „Wir sind hier wirklich am A... der Welt!", stöhnt er. Mies gelaunt setzen wir unsere Idee um. Nach drei Stunden spielen wollen wir endlich Abwechslung!

Mit dem Taschengeld in der Hosentasche ziehen wir los. Die Leute aus dem Ort schauen uns sichtlich irritiert an, als wir Jungs in der Kneipe auftauchen. Wir nehmen in einer ruhigen Ecke Platz und bestellen Getränke. „Habt ihr gesehen, wie die uns angesehen haben?", sagt Günther leise in unsere Runde. „Wenn die Stress haben wollen, können sie den gerne bekommen!", knurrt Lutz, der immer mit irgend jemandem Streit sucht. Wir anderen halten lieber den Mund, sonst sind wir vielleicht die Nächsten, mit denen er sich prügeln will.

Zwei Stunden sitzen wir in der Kneipe, ohne weitere Getränke bestellt zu haben. Der Wirt tritt an unseren Tisch: „Meine Herrschaften, so geht das nicht! Sie können nicht den ganzen Abend hier sitzen und nichts weiter bestellen!"

Unvermittelt springt Lutz wütend auf und will sich mit dem Wirt anlegen. Sofort eilen einige der Männer, die die Szenerie vom Tresen aus beobachtet haben, dem Wirt zur Hilfe. Auch wir sind alle aufgesprungen und halten Lutz zurück, der sich am liebsten tatkräftig gestritten hätte. Schnell bezahlen wir unsere Getränke und verschwinden, bevor es eskaliert. In der Kneipe können wir uns wohl nicht mehr blicken lassen!

Das gestohlene Moped

Am nächsten Morgen betritt unser Heimleiter während des Frühstücks den Speiseraum. Er stellt sich in die Mitte des Raumes und stemmt wütend seine Hände in die Hüften: „In der Nacht wurde ein Moped gestohlen und zerlegt!", tobt er. „Da ich nicht davon ausgehe, dass sich der Täter freiwillig meldet, werde ich euch allen das Taschengeld einbehalten, bis das Moped erstattet ist."

Einige Jungen und ich springen erbost auf und drohen ihm Schläge an. Er wird sichtlich blass. Wir sind gerade dabei, unsere Drohung in die Tat umzusetzen, als sich einige Studenten, die uns bei dieser Freizeit begleiten, einmischen: „Sie können doch nicht allen das Taschengeld streichen, ohne zu wissen, wer der Übeltäter ist!", beschwichtigen sie den Heimleiter. Doch er will nichts davon hören. Seine Entscheidung steht fest. Die Studenten sind erbost über seine ungerechte Entscheidung und drohen ihm, mit dieser Geschichte an die Öffentlichkeit zu gehen, sobald wir zurück sind. Das wirkt: „Es wird nur dem, der das Moped zerstört hat, das Taschengeld gestrichen. Der wird alles zahlen müssen, was an Schaden entstanden ist, wenn er denn erwischt wird", gibt der Heimleiter sich kleinlaut geschlagen.

In den nächsten Tagen entspannt sich die Situation etwas. Wir alle überlegen, wer wohl der Übeltäter ist, können aber niemanden aus unserer Gruppe ausfindig machen. Nach und nach verschwindet das Thema aus unseren Köpfen, und der Rest der Freizeit verläuft ohne weitere Zwischenfälle.

Wieder zurück im Heim werde ich am nächsten Tag zum Heimleiter gerufen. Ich ahne schon, worum es geht. „Bei dem Aufstand im Zeltlager warst du einer der Rädelsführer!", mault er mich an. „Jetzt bekommst du die Quittung dafür: Ich habe beim Jugendamt beantragt, dass du in ein Erziehungsheim gesteckt wirst. Dir müssen Manieren beigebracht werden!"

Mit meiner Antwort hat er sicherlich nicht gerechnet: „Bevor ich dort hinkomme, habe ich Sie umgebracht!" Ein sprachloser und sehr blasser Heimleiter starrt mich an. Dass ich es ernst meine, begreift er wohl sofort. Mich steckt keiner ins Erziehungsheim! Ich habe viel Schlimmes über Erziehungsheime zu hören bekommen. Da gehe ich lieber ins Gefängnis!

In den folgenden Tagen gelingt es ihm, mir aus dem Weg zu gehen. Ich wüsste auch nicht, was passieren würde, wenn er mir begegnet. Angespannt warte ich, was kommen wird.

Kirmes-Festzug

Eine Gruppe von Jungs lädt mich ein, mit ihnen gemeinsam zum Kirmes-Festzug im Ort mitzukommen. Dieser findet nur einmal im Jahr in unserem Stadtbezirk statt. Die Jungs, die schon länger hier wohnen, erzählen begeistert von der Kirmes und dem Festzug. Meine Entscheidung steht: Ich gehe mit. Zu zwölft ziehen wir johlend los. Auf dem Weg zur Stadt schließen sich immer mehr Menschen an. Menschenmengen sind unterwegs, um den Festzug zu sehen. Wartend auf den Festzug stehen wir am Straßenrand mit vielen anderen fröhlichen Menschen.

Nach einer halben Stunde des Wartens ertönt der Klang einer Musikkapelle. Sie kündigt den Zug an. Die Kapelle nähert sich schnell, zieht an uns vorbei, gefolgt von den Festwagen. Ich drehe mich zu meiner Gruppe um: „Habt ihr Lust, hinter dem Zug herzulaufen?", wollte ich sie eigentlich fragen. Doch meine Begleiter sind weg. Weit und breit ist keiner von ihnen zu sehen. Ich drehe mich zum Umzug zurück. Mein Blick fällt auf ein Mädchen, das auf einem der Wagen steht. Die junge Frau ist als Katze verkleidet und trägt eine Katzenmaske vor ihrem Gesicht. Ihre Erscheinung macht auf mich einen tiefen Eindruck.

Welches Mädchen steckt wohl hinter dieser Maske? Ich wühle ich mich durch die Menge und laufe hinter dem Festwagen her. Die Katze bemerkt mich und schaut neugierig zu mir herab. Sie greift in den Konfetti-Beutel und wirft die Schnipsel in die Menschenmenge. Erneut wirft sie mir Blicke zu. Inzwischen laufe ich direkt neben dem Wagen her. Ich ringe mit mir: Soll ich sie ansprechen? Aber dazu fehlt mir der Mut.

Harald, reiß dich zusammen und sprich sie an, fordert mich eine innere Stimme auf. Ich habe noch nie ein Mädchen angesprochen, sagt eine andere Stimme. Was ist, wenn sie mir eine Abfuhr erteilt? Die Katze macht sich auf den Weg zum hinteren Ende des Wagens, wo ich laufe. Neugierig sieht sie mich an: „Du verfolgst jetzt schon eine ganze Weile unseren Wagen. Möchtest du etwas?" Oh, wie peinlich! „Nein", stottere ich und schaue beschämt zur Seite.

Aber sie lässt nicht locker: „Ich beobachte dich schon eine ganze Zeit. Du kannst es ruhig zugeben!" Sei mutig, Harald! Nutze die Chance, brüllt eine der inneren Stimmen. „Ich bin neugierig zu erfahren, wer wohl unter dem Kostüm steckt!", stottere ich. Nun lacht sie herzlich: „Bleib in der Nähe des Wagens. Am Ende des Umzugs können wir uns gerne treffen. Dann kannst du die Katze kennenlernen." Der Umzug dauert entsetzlich lange! Je weiter der Zug kommt, um so aufgeregter werde ich. Dann ist es endlich so weit.
Ein hübsches Mädchen kommt auf mich zugerannt und reicht mir die Hand. Fast hätte ich sie so ohne Kostüm nicht erkannt. Doch ihre Bewegungen sind wie die der Katze: Das muss sie sein! „Ich heiße Christa!", lacht sie mich gewinnend an. „Und wie heißt du?" Oh je, in der Aufregung habe ich ganz vergessen, meinen Namen zu nennen! „Ich heiße Harald." Wir steuern auf eine Eisdiele zu. Christa lädt mich ein.

Bin ich froh, denn ich habe kein Geld dabei! Wir setzen uns an einen Tisch und bestellen unser Eis. „Woher kommst du?", will das neugierige Mädchen wissen. Ehrlich erzähle ich ihr, dass ich aus dem Heim komme. Ich sehe, wie sie zusammenzuckt. „Ihr habt ja nicht den besten Ruf!", murmelt sie etwas angespannt, als sie feststellt, dass es das Heim in ihrer Nähe ist. Dann sieht sie mich an: „Aber wie ein Dieb oder Schläger siehst du ja nicht gerade aus!" Wir beide lachen. Ich bin etwas erleichtert, da sie es scheinbar mit Humor nimmt, dass ich ein Heiminsasse bin. Ein plötzlicher Impuls, auf die Uhr zu sehen, beendet unser erstes Zusammensein.

Ich muss schnell ins Heim zurück. Wir tauschen unsere Adressen aus und verabreden uns. Dann jage ich los. Das Heim ist schon verschlossen, als ich endlich zurückkomme. Wenn ich schelle, wird es Ärger geben. Ich schleiche mich um das Haus herum zum Speisesaal. Die Jungs sehen mich sofort und lassen mich durch das Fenster einsteigen.

Einige Tage später treffe ich Christa erneut. Wir plaudern viel miteinander. Ich erzähle ihr von dem Stress, den wir in den Ferien hatten, und dass ich deswegen in ein anderes Heim verlegt werden soll. Es ist ein Erziehungsheim, das mit Abstand den schlechtesten Ruf hat. Inzwischen bin ich darüber informiert worden, dass die Verlegung geplant ist. „Warum haust du nicht einfach ab?", will Christa von mir wissen. „Ich habe schon oft darüber nachgedacht, aber dann müsste ich auf der Straße leben. Jetzt im Sommer ist das kein Problem, aber wo lebe ich im Winter? Ich habe niemanden, wo ich sonst leben könnte." Christa versteht meine schwierige Lage. Wir überlegen, ob es eine andere Lösung gäbe. Doch uns fällt nichts ein.

Bei den nächsten beiden Verabredungen stellt sie immer als Erstes die Frage, ob ich schon Bescheid bekommen habe. „Bisher ist alles still", erwidere ich. „Der Heimleiter geht mir aus dem Weg. Ich glaube, dem geht der Hintern auf Grundeis, weil ich ihm angedroht habe, ihn auseinanderzunehmen, wenn es so weit kommen sollte." Wir beide genießen die Zweisamkeit. Christa wird mir langsam vertraut, und ich kann mir kaum noch vorstellen, wie es ohne sie war. Gut, dass wir immer ein nächstes Treffen vereinbaren. Beim Abschied freue ich mich schon auf unser Wiedersehen.

Kapitel 9

Plötzlich erwachsen!

Wie bereits angekündigt, werde ich einige Tage später zum Heimleiter zitiert. Er ist nicht alleine, sondern ein Erzieher sitzt bei ihm. Der Heimleiter begrüßt mich überaus freundlich, während ich ihn misstrauisch beäuge: Was hat der linke Hund wohl wieder geplant?

„Ich habe eine freudige Nachricht für dich!", eröffnet er das Gespräch. Da ich weiß, wie falsch der Mann sein kann, bin ich auf alles vorbereitet. Meine Fäuste sind zum Angriff bereit. Notfalls poliere ich ihm seine hämisch grinsende Fresse. „Im kommenden Jahr wirst du 21 Jahre alt und damit volljährig. Das Jugendamt hat beschlossen, dich schon jetzt aus dem Heim zu entlassen. Du verlässt nächsten Monat das Heim und stehst dann auf eigenen Füßen."

Ich bin erschrocken: Damit, dass man mich jetzt schon aus aus dem Heim entlassen wird, habe ich nicht gerechnet! Natürlich habe ich mich manchmal gefragt, wie es weitergehen soll, wenn ich einmal aus dem Heim entlassen werde. Aber das erschien mir noch so weit weg, dass ich die Gedanken immer wieder vor mir hergeschoben habe. Jetzt werde ich ins kalte Wasser geworfen. Wie soll es jetzt weitergehen, stöhne ich innerlich. Ich habe doch gar keine Zeit gehabt, mich vorzubereiten! Mir wird schwindelig vor dieser ungewissen Zukunft. Nach außen hin bleibe ich aber ganz entspannt. Diesen Triumph werde ich dem Heimleiter nicht gönnen, dass er sich auch noch über mich lustig machen kann.

Wieder auf meinem Zimmer rasen meine Gedanken: Was mache ich jetzt? Ich habe doch niemanden, zu dem ich gehen kann! Nach Duisburg will ich nicht zurück. Da fällt mir Hilde Martin ein. Sie hatte mir in einem Brief geschrieben, dass sie mir hilft, wenn ich aus dem Heim entlassen werde.

Hilde Martin ist der einzige Mensch, den ich außerhalb des Heims kenne. Jetzt kann ich ihre Hilfe gut gebrauchen! Als ich sie anrufe, ist sie überrascht, dass ich schon entlassen werde. Es ist nicht üblich, jemanden vor Erreichen der Volljährigkeit aus der Obhut des Amtes zu entlassen. Wie gut, dass Hilde zu ihrem Versprechen steht! Ich soll nach Paderborn kommen. Sie sucht derweil eine Unterkunft und Arbeit für mich.

Hilde ist ein rettender Engel für mich. Bereits einige Tage später verkündet sie mir am Telefon, dass sie eine Arbeitsstelle gefunden hat. Die Unterkunft wird sich auch noch finden, ansonsten kann ich erst mal bei ihr wohnen, auch wenn es eng werden würde. Es wird sich alles klären, beruhigt sie mich. Eine große Last fällt von meiner Seele. Ich hatte große Sorge, dass man mich einfach aus dem Heim auf die Straße schiebt, mir meinen Koffer in die Hand drückt, Tschüs sagt und mich dann in die Welt hinausschickt nach dem Motto: Jetzt sieh mal zu, wie du klar kommst! Danke, Hilde!

Zum Abschied trage ich erneut einen Koffer mit meinen wenigen Habseligkeiten aus dem Heim. Grinsend überreicht der Heimleiter mir eine Fahrkarte nach Paderborn und drückt mir fünf D-Mark in die Hand. Ein Taxi bringt mich zum Bahnhof. Mein Leben in Freiheit hat soeben begonnen. Doch ich habe keine Ahnung, was mich in dieser neuen Freiheit erwarten wird.

Start ins eigene Leben

Der Zug fährt in den Bahnhof von Paderborn ein. Neugierig suchend stehe ich an der Waggontür. Meine Vorfreude ist kaum zu bändigen: Wo ist Hilde? Sie war während meiner Zeit in Espelkamp die Einzige, die zu mir gehalten hat. Sie hat mir das Gefühl gegeben, dass sie mich mag, so, wie ich bin.

Da steht sie! Mit meinem kleinen Koffer in der Hand laufe ich zu ihr. Sie hat mich auch entdeckt und läuft mir entgegen. Wir begrüßen uns herzlich. Hilde Martin ist wie ein Stück Familie für mich. Sie sieht meinen Koffer an: „Ist das dein ganzes Gepäck, Harald?" Ich werde rot vor Verlegenheit. „Hast du denn wenigstens Geld für den Start in dein Leben mitbekommen?" Zynisch platze ich heraus: „Was bekommt man denn für fünf D-Mark?" Ich spüre, wie die anfängliche Freude von Gereiztheit abgelöst wird. „Mehr haben sie dir nicht gegeben?" Sie ist fassungslos: „Schrecklich, was man dir zumutet. Ich werde sehen, was ich tun kann. Jetzt fahren wir erst einmal zu deinem künftigen Vermieter. Danach geht es weiter zu deiner neuen Arbeitsstelle."

Der Vermieter wartet schon auf uns. Ich lege mein Entlassungsschreiben vor. Mit dem Schreiben, dass ich aus der Obhut des Jugendamtes entlassen bin, darf ich meinen Mietvertrag selbstständig unterschreiben, obwohl ich noch nicht volljährig bin. Wie wunderbar, ich darf zum ersten Mal selbst entscheiden, wo ich wohnen möchte! Na ja, eine andere Wahl als diese kann ich ja nicht treffen, und doch: Ein erhebender Moment in meinem Leben! In der Miete des kleinen Zimmers sind drei Mahlzeiten am Tag enthalten. Wie gut, dass ich mich nicht selbst versorgen muss! Ich wüsste nicht, wie ich das bewerkstelligen sollte. Ich habe noch nie gekocht, sondern nur als Küchenhilfe gearbeitet. Wie gut, dass Hilde an solch wichtige Dinge gedacht hat!

Wir laufen zum Stahlwerk, bei dem ich künftig arbeiten soll. Hilde geht schnurstracks zu einem Büro, wo ich wiederum erwartet werde. Ein Meister nimmt mich in Augenschein, führt mich durch den zukünftigen Arbeitsbereich, stellt mir einige Fragen und reicht mir schließlich seine Hand: „Wenn du möchtest, kannst du kommenden Montag mit der Frühschicht beginnen." Ich brauche nicht lange zu überlegen: Die zweite wichtige Unterschrift des Tages setze ich unter meinen Arbeitsvertrag. Was für ein erhebendes Gefühl: Ich habe eine Unterkunft und einen Job!

Bestens gelaunt verlassen wir das Werk. Ich bin so glücklich und begeistert! Aus dem Heiminsassen ist ein junger Mann geworden, der nun sein eigenes Leben gestalten kann. Niemand wird mir mehr vorschreiben, was ich zu tun und zu lassen habe. Dankbar umarme ich Hilde, die heute für mich zu einer Heldin geworden ist. Hilde freut sich, dass sie mich so glücklich machen konnte. Sie bringt mich zu meiner Unterkunft zurück und rät mir noch, zum Sozialamt zu gehen, damit ich Bargeld bekomme. Die nächsten Schritte muss ich nun alleine gehen.

Der Personalausweis

Ich lasse mir am nächsten Morgen erklären, wo das Sozialamt ist. Dort angekommen werde ich einer Mitarbeiterin zugewiesen, der ich mein Anliegen vortrage. Sie nimmt meine Daten auf: „Ich brauche Ihren Personalausweis." „Meinen was?" „Ihren Personalausweis!"

Mein Gesicht läuft rot an. Oh, wie peinlich: Ich weiß nicht, was ein Personalausweis ist! Aus Verzweiflung hole ich mein Entlassungsschreiben hervor und berichte stammelnd, dass ich mit fünf D-Mark, dem Entlassungsschreiben und einigen wenigen Habseligkeiten aus dem Heim entlassen worden bin und nun auf eigenen Füßen stehe. Die Mitarbeiterin ist erschüttert.

Sie überlegt lange, während ich versuche, meine Scham zu bekämpfen. „Ich muss mich bei meiner Vorgesetzten erkundigen, was wir für Sie tun können. Bitte warten Sie einen Moment!" Sie verlässt das Büro und kommt nach einigen Minuten freudestrahlend zurück: „Ihre Entlassungspapiere reichen erst einmal aus, um Ihnen finanzielle Hilfe zu gewähren!" Sie stellt einen Scheck aus und überreicht ihn mir. Darauf ist die unglaubliche Zahl von 450 D-Mark eingetragen. Die Dame erklärt mir, wo ich das Papier in Bares umwandeln kann. Eilig renne ich zur Kasse und halte kurz darauf ein Vermögen in der Hand. Stolz betrachte ich die Scheine. Abzüglich der Miete und Verpflegung bleiben 230 D-Mark für mich übrig.

Als Erstes kaufe ich mir ein Portemonnaie, danach mache ich mich auf den Weg zum Amt für den Personalausweis. Vom Amt werde ich zu einem Fotografen geschickt, der natürlich Geld für die Fotos möchte. Diese Ausgabe muss sein, denn ich brauche einen Personalausweis. Mit den Bildern zurück im Amt wird alles in die Wege geleitet. Nun muss ich einige Wochen warten, bis der Ausweis fertig ist.

Das ausgezahlte Geld reicht zwei Wochen. Es ist noch so viel vom Monat übrig, und ich bin pleite. Dabei habe ich mir nichts Großes geleistet, sondern nur Fahrscheine, etwas zum Anziehen, ab und zu in die Disco gehen und, na ja, mal eine Cola oder ein Bier. Am Ende des Monats wird mein erster Lohn ausgezahlt.

Doch auch dieses Geld ist schnell ausgegeben. Wie gut, dass ich Kost und Logis gebucht habe, ansonsten würde ich wohl recht schnell am Hungertuch nagen!

Inzwischen ist mein Personalausweis abholbereit. Freudig nehme ich den Ausweis in Empfang. Ein Foto von mir sieht mich an. Name, Geburtsort, Geburtsdatum und mein jetziger Wohnort sind darauf verzeichnet. Ich bin jemand! Ich habe eine eigene Identität. Ich bin Harald!

Die Arbeit im Werk macht mir Spaß, obwohl ich mit Stahl arbeiten muss. Ich werde als Schweißer angelernt. Bereits nach zwei Tagen ernte ich das erste Lob meines Meisters. Er bestätigt, dass ich sehr geschickt bin, schnell lerne und meine Arbeit gut ausführe. Ich bin stolz!

In meiner Freizeit gehe ich gerne mal in die Discothek. Jedes Mal nehme ich mir vor, endlich mutig zu sein und ein Mädchen zum Tanzen aufzufordern. Aber dann fehlt mir doch der Mut, und ich schaue den anderen beim Tanzen zu. Warum kann ich nicht wie die anderen Jungen handeln, stöhne ich innerlich. Sie gehen ohne Scheu zu einem Mädchen und fordern es zum Tanzen auf. Mich verlässt aber immer wieder der Mut. Das ist frustrierend.

Heinz

Seit einer Stunde sitze ich wieder einmal in der Disco an einem Tisch und halte mich an meinem Getränk fest. Ein großer, schlaksiger Typ kommt auf mich zugeschlendert, während ich an meiner Cola nippe: „Sag mal, du sitzt schon ziemlich lange hier. Ich habe dich beobachtet. Mensch, hier gibt es so viele tolle Mädchen, die nur darauf warten, dass du sie zum Tanzen aufforderst!", schaut er mich neugierig an. „Was hindert dich?"

Kann der Typ nicht einfach verschwinden? „Ich habe im Moment einfach keine Lust zum Tanzen!", schwindle ich. Ich werde ihm doch nicht sagen, dass ich zu feige bin, ein Mädchen anzusprechen! Unaufgefordert setzt er sich an meinen Tisch und stellt sich als Heinz vor. „Man hat mich gerade aus dem Gefängnis entlassen", lacht er, „jetzt genieße ich die Freiheit." Ich überwinde mich und gebe ihm die Hand. „Mein Name ist Harald, und ich bin vor zwei Monaten aus dem Heim entlassen worden!" „Dann haben wir beide ja ein ähnliches Schicksal hinter uns!", schüttelt er mir kräftig die Hand.

„Wenn du möchtest, zeige ich dir, wie das Leben außerhalb des Heims funktioniert." „Ich mache aber keine krummen Dinger!", platze ich heraus. Heinz beteuert mir, dass ihm die Zeit im Gefängnis eine Lehre war und er nicht mehr zurück will.

In den nächsten Wochen unternehmen Heinz und ich vieles gemeinsam. Ich bin froh, dass ich endlich jemanden kennengelernt habe. Heinz macht einen ganz vernünftigen Eindruck. Nur seine Suche nach einem Mädchen für mich nervt. Ohne dieses Thema ist er ein wahrer Kumpel, der viele Ideen hat und mich auf seinen Touren, die er macht, gerne mitnimmt.

Die Freundinnen

Wieder einmal treffen wir uns in seiner Wohnung, um die nächsten Unternehmungen zu planen. Beiläufig erwähnt er, dass er für den Abend zwei Mädchen eingeladen hat. Schockiert schaue ich ihn an: „Du hast was?" „Ich habe heute Abend zwei Mädchen eingeladen. Ich will doch mal sehen, ob wir deine Verklemmtheit nicht überwinden können!"

Kurz darauf schellt es auch schon an der Wohnungstür. Heinz öffnet und begrüßt lachend zwei hübsche Mädchen. „Das sind Inga und Maria", stellt er sie vor. „Ich bin Harald", begrüße ich die beiden schüchtern. Es wird ein gemütlicher Abend. Ich bin mittendrin im Geschehen. Na ja, der Alkohol wird wohl meine Zunge etwas gelöst haben. Redselig und entspannt hängen wir herum, albern über alles Mögliche und nähern uns an.

Gegen Mitternacht nimmt Heinz Inga an die Hand. „Wir gehen jetzt ins Bett!", gähnt er. „Ihr beide könnt es euch hier im Wohnzimmer gemütlich machen!", zwinkert er uns zu. Maria und ich sehen uns scheu an. Dann geht es schnell: Wir ziehen uns aus, legen uns nackt nebeneinander auf das Sofa und streicheln einander. Sie hat einen wunderschönen schlanken Körper.

Wir kommen uns näher, küssen uns und genießen den Körperkontakt. Mutig geworden streichle ich ihre Scheide, lege mich auf sie und will mein Glied bei ihr einführen. Maria beginnt auf einmal an zu weinen. Erschrocken mache ich einen Rückzieher: „Habe ich dir weh getan?" Weinend schüttelt sie ihren Kopf. „Ich muss dir etwas gestehen", schluchzt sie: „Ich bin verlobt!" Sofort entferne ich mich von ihr.

„Wenn das so ist, lassen wir es besser!", erwidere ich und versuche, mein steifes Glied nicht zu beachten. Ich würde jetzt so gerne mit Maria schlafen. Ich muss mich sehr zusammenreißen, um nicht meinem Impuls, mit ihr schlafen zu wollen, nachzugeben.

Maria dreht sich mit dem Rücken zu mir, während ich versuche, standhaft zu bleiben und sie nicht anzurühren. Schließlich schlafen wir beide Rücken an Rücken ein. Lautes Poltern reißt uns aus dem Schlaf: Heinz steht grinsend vor uns. Es ist bereits Morgen. „Ihr könnt ruhig noch weiter turteln. Ich setze eben den Kaffee auf", meint er großherzig.

Was der wohl denkt! Maria und ich nutzen die Zeit: „Warum bist du hierhin mitgekommen, obwohl du doch verlobt bist?" Tränen laufen ihr über die zarten Wangen. Sie ist so schön! „Ich wollte es einfach mal mit einem anderen Jungen probieren", schluchzt sie. „Danke, dass du mich nicht weiter angerührt hast! Wenn ich nicht verlobt wäre, würde ich mich sofort mit dir befreunden." Nachdenklich ziehe ich mich an. Ich mag sie. Sie ist ein tolles und schönes Mädchen. Wir frühstücken gemeinsam. Zum Abschied drückt Maria mich nochmals und flüstert mir ins Ohr: „Wirklich schade!" Dann ist sie weg.

Das Dorffest

Mit meinem Kumpel Heinz vergehen die Wochen und Monate rasend schnell. Heute fahren wir durch Ortschaften im Sauerland. Dieses Mal erregt eine kleine Kirmes in einem Dorf unsere Aufmerksamkeit. Heinz parkt sein Auto am Rand des Ortes.

Gemütlich schlendern wir zur Kirmes. Blasmusik und lautes Stimmengewirr dringen aus einem Zelt. Das weckt unsere Neugierde. Wir betreten das Zelt und erspähen einige freie Sitzplätze. Niemand beachtet uns Neuankömmlinge. Wir bestellen zwei Bier. Heinz scannt die Umgebung nach hübschen Mädchen ab. Als er fündig wird, zieht er los, während ich sitzen bleibe und bedächtig mein Bier trinke.

Ach, hätte ich doch seinen Mut! Wenn ich doch auch einfach mal hingehen und ein Mädchen ansprechen könnte! Heinz kehrt mit Beute zurück: „Darf ich euch bekannt machen?", lacht er. „Das ist Erika. Sie lebt hier im Ort." Er zeigt auf mich: „Dieser junge Mann hier ist Harald, der vor Kurzem aus dem Heim entlassen worden ist." Ich laufe puterrot an und würde mich gerne verstecken. Noch lieber würde ich allerdings meinen Kumpel Heinz erwürgen! Meinen vernichtenden Blick nimmt er gelassen hin. Er weiß ja, dass ich nur innerlich gewalttätig bin, nach außen aber der liebe Junge bleibe.

Heinz und Erika setzen sich mit an den Tisch. Schnell sind wir im Gespräch vertieft. Nach kurzer Zeit ist Heinz erneut unterwegs. Erika und ich unterhalten uns weiter. Sie ist neugierig, will wissen, warum ich ins Heim gekommen bin und was ich dort erlebt habe. Unbekümmert erzähle ich ihr einiges aus meinem Leben: Sie ist sichtlich erschüttert. Als Heinz zurückkehrt und zum Aufbruch ruft, sind fast zwei Stunden vergangen. Ich habe nicht bemerkt, dass ich so lange von mir erzählt habe. Erika und ich verabreden uns für den kommenden Samstag. Heinz verspricht mit breitem Grinsen im Gesicht, mich zu meiner Verabredung zu fahren.

Kaum sitzen wir im Auto, kann er sich nicht mehr bremsen: „Erzähl, wie gefällt dir Erika?" Ich will jetzt nicht reden, ich habe genug geredet. Aber mein Kumpel Heinz ist hartnäckig: „Lass mal hören!", fordert er mich auf und klopft mir auf die Schulter. „Mann, du kannst einem den letzten Nerv rauben!", schnauze ich gereizt zurück. „Lass mich doch erst mal selbst nachdenken. Ich will meine Ruhe!" Mein hartnäckiger Freund lässt sich nicht so leicht abwimmeln. Um meine Ruhe zu haben, berichte ich schließlich über Erika und dass ich sie nett finde.

Mein selbstzufriedener Kumpel lacht triumphierend: „Das habe ich doch wohl gut eingefädelt!" Danach hält er endlich seinen Mund. Ich versinke auf dem Beifahrersitz in meine innere Gedankenwelt. Es gibt viel zu diskutieren.

Der nächste Samstag kommt zum Glück viel schneller, als ich befürchtet hatte. Ich mache mich besonders schick und gehe zu Heinz. Fröhlich und erwartungsvoll schelle ich meinen Taxifahrer raus, doch dieser öffnet nicht. Hat er meine Verabredung vergessen? Nach mehrmaligem Klingeln öffnet sich die Tür, und ein offensichtlich kranker Freund steht vor mir. Er sieht erbärmlich aus: „Ich habe hohes Fieber", krächzt er. „Ich kann dich nicht fahren."

Verständnisvoll schicke ich ihn in sein Bett zurück. „Harald, wenn du willst, kannst du meinen Wagen nehmen." Er drückt mir die Autoschlüssel in die Hand: „Mach dir keine Gedanken. Ich habe dir doch das Autofahren nicht umsonst beigebracht. Du musst dich mit deiner Erika treffen! Los, mach dich auf den Weg! Ich komme zurecht. Inga kommt gleich und kümmert sich um mich." Er schließt die Tür, noch bevor ich ein Widerwort geben kann. Kurzentschlossen tue ich, was Heinz mir gesagt hat. Einen Moment zögere ich noch, während ich den Motor des Wagens anlasse. Doch das schlechte Gewissen verschwindet mit dem Motorengeräusch. Ich fahre zu meiner Erika!

Kapitel 10

Endlich eine Familie

Erika und ich sind jetzt seit vier Monaten ein Paar. An einem wunderschönen, sonnigen und heißen Sommertag steigen wir eine Bergkuppe hinauf. Oben angekommen setzen wir uns vergnügt auf eine Bank und genießen die Fernsicht und unsere Zweisamkeit. Erika rückt ganz nah an mich heran. Glücklich und zufrieden lege ich meinen Arm um sie. Sie kuschelt mit ihrem Kopf an meiner Schulter.

Vorsichtig beginne ich sie zu streicheln, was sie offensichtlich sehr genießt. Mutiger geworden streichle ich ihren Busen. Auch das scheint ihr zu gefallen. Sie schmiegt sich immer enger an mich. Kühn greife ich vorsichtig unter ihre Bluse und streichle ihren Busen ohne Tuch dazwischen. Erika ist verzückt, und ich mache weiter. Meine Hände wandern tiefer und öffnen den Reißverschluss ihres Rocks. Noch ehe ich mich daran machen kann, den Rock nach unten zu ziehen, hat sie ihn schon abgestreift. Sie öffnet den Reißverschluss meiner Hose. Ich lasse sie herunterfallen. Mein Hemd und ihre Bluse segeln auf das Gras. Alles geht sehr schnell. Unsere Begierde ist so stark, dass wir die Umgebung vergessen.

Zwei Monate später eröffnet mir Erika, dass ich Vater werde. Mit offenem Mund starre ich sie an: „Wie bitte?" Gedanken über Gedanken rasen mir durch den Kopf: Ein Kind - wie geht man damit um? Das geht doch überhaupt nicht! Ich habe doch gar keine Erfahrung! Es wird ein aufregender Nachmittag. Wir fassen den Entschluss, dass Erika so schnell wie möglich meine Ehefrau wird. Dazu wird es Zeit, mich ihren Eltern vorzustellen. Kurze Zeit später stehe ich im Wohnzimmer der Eltern. Es sind sehr nette Menschen, die mich direkt in ihr Herz schließen. Wir eröffnen ihnen schließlich, dass sie Großeltern werden. Nachdem sich ihr Erstaunen gelegt hat, verkünden wir, dass wir heiraten wollen. Die werdenden Großeltern kann scheinbar nichts schocken. Sie freuen sich über ihren künftigen Schwiegersohn und bieten uns jegliche Unterstützung an.

Einige Tage später bestellen wir das Aufgebot. Als Nächstes kündige ich meinen Job im Landschaftsbau, in dem ich zur Zeit arbeite, und suche mir etwas in der Nähe. Eine Bauschlosserei stellt mich ein. Vom Eisen scheine ich nicht wegzukommen. Doch das ist mir egal. Ich habe zukünftig eine Familie zu versorgen. Da heißt es, die Zähne zusammenzubeißen und nicht wählerisch zu sein. Wir finden eine hübsche kleine Wohnung. Noch vor der Niederkunft haben wir alles glücklich vorbereitet: Unser Kind kann ankommen.

Kurz darauf setzen die Wehen ein. Wir fahren mit einem Taxi zum Krankenhaus und kommen noch rechtzeitig vor der Geburt an. Ich armer werdender Papa muss im Flur warten! Jede Schwester, die aus dem Entbindungsbereich herauskommt, frage ich, wie es meiner Frau geht. Vermutlich bin ich nicht der erste Ehemann mit solchem Verhalten. Endlich werde ich gerufen: Unsere kleine Patricia ist heute, am 03.03.1973, auf die Welt gekommen, und ich bin stolzer Vater geworden! Ich, das ehemalige Heimkind, habe mit 22 Jahren meine eigene kleine Familie! Ich kann mein Glück kaum fassen.

Was soll das?

Die Monate rasen dahin. Erika und ich sind fast zwei Jahre verheiratet. Unsere Tochter Patricia entwickelt sich prima, und Erika genießt ihr Muttersein. Ich bin glücklicher Ehemann und Papa. Abends, wenn ich von der Arbeit komme, warten meine Frauen auf mich. Mein Leben verläuft großartig! Ich bin glücklich!

Eines Morgens zerstört meine Ehefrau diese Idylle. Wir sitzen am Frühstückstisch, als meine Frau sich verlegen räuspert und mir einen Wunsch präsentiert: „Harald, ich möchte mal deine Mutter kennenlernen!"

Vor Überraschung fällt mir beinahe die Kaffeetasse aus der Hand. Mit offenem Mund starre ich meine Frau an: „Du möchtest was?" „Harald, ich möchte deine Mutter kennenlernen!" Ihr Ton signalisiert Entschlossenheit. Nur langsam löst sich die Starre. Wütend, gezwungen, mich mit einem Thema auseinanderzusetzen, das ich nicht will, schreie ich Erika an. In unmissverständlichem Ton erkläre ich ihr, obwohl sie das alles schon weiß, dass ich mit dieser Frau, die meine Mutter ist und für die ich nur Luft war, nichts zu tun haben will.

Erika, das weiß ich inzwischen, gehört zu den außerordentlich hartnäckigen Menschen. Sie wiederholt ihren Wunsch, oder ist es eine Forderung? „Frika, warum verlangst du das von mir?", brülle ich verzweifelt. „Diese Frau hat sich einen Dreck um mich gekümmert. Sie kann mir gestohlen bleiben!"

Ich fühle mich in die Ecke gedrängt: Erika verlangt etwas, das für mich undenkbar ist. Nach den Wirren meiner Kindheit habe ich endlich eine Familie. Ich genieße meine Rolle als Ehemann und Vater. Und nun erschüttert meine Frau diese heile Welt und verlangt von mir, dass wir Kontakt zu meiner Mutter aufnehmen. Wütend springe ich auf, reiße meine Jacke vom Haken und stürme aus unserer Wohnung. Ich muss raus, sonst platze ich!

In den folgenden Wochen thematisiert sie ihren Wunsch nicht mehr. Vermutlich hat sie eingesehen, dass es keine gute Idee von ihr war.

„Ich habe mit deiner Mutter telefoniert!", erzählt sie mir, als wir wieder mal beim Frühstück zusammensitzen. Geschockt springe ich von meinem Stuhl auf, der dabei zu Boden geht. Erika bleibt seelenruhig: „Demnächst werden wir uns persönlich kennenlernen." Meine Wut ist am Siedepunkt angekommen: „NEIN!" Am liebsten würde ich ihr an die Kehle springen. Nur mühsam kann ich mich zügeln. Ein heftiges Wortgefecht folgt. Schließlich renne ich wieder aus der Wohnung, komme zurück, als ich mich beruhigt habe, und schweige Erika die nächsten Tage an. Ich fühle mich von ihr hintergangen. Sie kennt meine Geschichte. Dass sie jetzt hinter meinem Rücken und gegen mein unmissverständliches „Nein" Kontakt aufgenommen hat, ist für mich unverzeihlich.

Am Samstag eröffnet mir meine Frau, dass sie gemeinsam mit Patricia zu meiner Mutter fahren wird. „Es ist falsch, was du tust!", schimpfe ich. Doch ihr Entschluss ist zementiert. Ohnmächtig sehe ich zu, wie sie Patricia in den Kinderwagen setzt und die Wohnung verlässt. Meine Wut ist schrecklich. Ich könnte Erika an die Kehle gehen. Gut, dass ich mir geschworen habe, niemals gewalttätig zu werden! Aber jetzt bin ich an einem Punkt angekommen, wo ich diesen Schwur brechen könnte. Merkt Erika eigentlich nicht, wie weh sie mir tut? Sie lässt mir doch keine andere Wahl!

Am Abend kehrt sie strahlend nach Hause zurück: „So schlimm ist deine Mutter gar nicht!" Abweisend drehe ich mich weg. „Das ist mir egal!" Wütend flüchte ich aus der Wohnung und kehre erst nach Stunden zurück, nachdem ich mich innerlich wieder beruhigt habe.

Erika entwickelt einen lebhaften Kontakt zu meiner Mutter. Sie trifft sie immer häufiger, während ich meinen Boykott aufrecht erhalte. Eines Tages teilt sie mir ihren Entschluss mit, in die Nähe meiner Mutter ziehen zu wollen. Als ob Blitz und Donner gleichzeitig zusammentreffen, schlägt die Nachricht wie eine Bombe bei mir ein. Mein Kopf rast, die Wut tobt! Wieder flüchte ich aus der Wohnung, bevor ich handgreiflich werde. Unsere Ehe ist auf dem Tiefpunkt angekommen. Mittendrin unsere arme kleine Tochter, die die Welt nicht mehr versteht.

Eines Abends, als ich müde und erschöpft von der Arbeit zurückkehre, ist die Wohnung leer. Erika hat umgesetzt, was sie wochenlang angekündigt hat. Nach dem ersten Entsetzen fühle ich meinen Groll hochkommen: Wie kann meine Frau so etwas tun? Der Selbstzweifel in mir ruft: Was habe ich bloß falsch gemacht? Hätte ich Erika doch gebremst, dann wäre das nicht passiert! Oder hätte ich mich auf Erikas Wunsch lieber einlassen sollen? Vermutlich liegt alles daran, dass ich im Heim groß geworden bin und natürlich an meiner Herkunftsfamilie.

Traurigkeit mischt sich dazwischen: Meine Familie ist weg. Die Ohnmacht, das Problem nicht lösen zu können, fühlt sich ganz schrecklich an. Irgendwie scheinen alle Gefühle in mir gleichzeitig aktiv zu sein. Das überfordert den stärksten Mann. Neben der Spur stehend, ist meine Arbeitsleistung wohl sehr schlecht. Mein Chef bestellt mich ein. Ich erzähle, was passiert ist. „Bring dein Leben in Ordnung und sieh zu, dass du bald wieder wie gewohnt arbeiten kannst!", ermahnt er mich und verpflichtet mich, einige Tage Urlaub zu nehmen.

Ich komme in die leere Wohnung zurück. Patricias Lebendigkeit hat sie so wunderbar gefüllt. Meine Frau ebenso. Jetzt ist es still und kalt. Wieder kreisen meine Gedanken: Ich bin unfähig, eine Familie zu erhalten! Das kommt alles, weil ich im Heim nichts gelernt habe. Ich bin doch gar nicht in der Lage, mit meinem Leben außerhalb eines Heims klarzukommen. Ich bin ein Versager! Mein Leben macht doch keinen Sinn mehr.

Die nächsten Tage sind vermutlich die schwersten meines Lebens. Ein Heimkind aus einer gescheiterten Familie: Ist doch klar, dass ich ein Versager bin! Noch nicht einmal einen Schulabschluss habe ich geschafft! Ich bin doch selbst Schuld an der Misere und habe es verdient, dass Erika mich verlassen hat! Mit reichlich Alkohol versuche ich, die Stimmen zu ertränken. Aber sie schweigen nicht: Du bist nichts! Du kannst nichts! Du bekommst doch sowieso nichts auf die Reihe!

Wochen ziehen ins Land. Wie es plötzlich zu dem Wandel kommt, weiß ich nicht. Doch auf einmal halte ich erschrocken inne und lausche wie ein neutraler Beobachter meinen eigenen Kopfstimmen. Da höre ich sie: Du bekommst ja nichts auf die Reihe! Du bist nicht in der Lage, dich um deine Familie zu kümmern! Alles nur, weil du im Heim nichts gelernt hast. Gib doch endlich auf! Du schaffst es sowieso nicht! Ich erschrecke über das, was ich in mir höre, und treffe eine wichtige Entscheidung: Ich brauche Hilfe.

Pastor Friedrich

Unsicher sitze ich vor Pastor Friedrich. Mein Schwur, niemals wieder einem Pfaffen zu vertrauen, ist passé. Ich habe den Pastor als lieben und humorigen Menschen kennengelernt. Der Pastor hört sich meine Geschichte geduldig an. Ich habe viel zu erzählen.

Seine Frage bringt mich aus dem Takt: „Was hindert Sie daran, Ihrer Frau zu folgen?" Erbost purzeln Gegenargumente aus mir heraus. Pastor Friedrich hört schweigend zu: „Ich kann Ihre Wut gut nachvollziehen. Ich würde auch sehr mit mir ringen. Das ist keine einfache Geschichte. Ihre Mutter hat sich nicht um Sie gekümmert. Sie ist schuldig an Ihnen geworden. Seit der Trennung von Ihrer Mutter sind aber viele Jahre vergangen. Sie kann sich geändert haben. Vielleicht ist Ihre Mutter zur Besinnung gekommen und macht heute vieles anders als damals. Ihre Frau scheint sie zu mögen. Sonst wäre sie diesen Schritt sicher nicht gegangen. Nehmen Sie Ihr Herz doch mal in die Hand und besuchen Sie Ihre Frau und Ihr Kind! Ich kann Ihnen diesen Schritt nicht ersparen. Es scheint das einzig Richtige zu sein, wenn Sie Ihre kleine Familie zurückgewinnen möchten. Vielleicht regelt sich doch noch alles zum Guten! Und bedenken Sie: Heute können Sie gehen, wenn Sie spüren, dass Sie mit Ihrer Mutter nicht auskommen können. Es ist nicht wie damals. Als Kind waren Sie auf Ihre Mutter angewiesen. Heute sind Sie erwachsen und können eigenverantwortliche Entscheidungen treffen." Pastor Müllers Worte sind wie

Samen in meinem Herzen. Ich bedanke mich für seinen Rat und versichere ihm, dass ich darüber nachdenken werde.

Wieder zu Hause ringe ich mit mir. Alles in mir sträubt sich gegen den Gedanken, meine Mutter wiederzusehen. Doch meine Familie werde ich nur zurückholen können, wenn ich diesen verhassten Schritt gehe. Schließlich gebe ich mir einen Ruck und rufe meine Mutter an. Wir verabreden, dass ich am nächsten Samstag kommen soll.

Meine Mutter

Am Samstagvormittag steige ich in den Zug und fahre los. Was wird mich erwarten? Mir ist mulmig in der Magengegend. Ist es nicht besser, wieder zurückzufahren? Ist es wirklich eine gute Entscheidung? Wird Erika zu mir zurückkommen? Aber dann reiße ich mich zusammen: Ich will schließlich meine Familie zurückhaben!

Mit mulmigem Gefühl erreiche ich das Haus und schelle mit klopfendem Herzen an. Die Tür öffnet sich: Eine für mich fremde Frau begrüßt mich kühl. Ich stelle mich kurz vor. „Komm rein!", sagt sie kurz angebunden, dreht sich um und geht in die Wohnung zurück. Zögerlich folge ich. Im Wohnzimmer sitzen Erika und der neue Mann meiner Mutter. Abweisende Stille begrüßt mich.

Wo bin ich denn hier gelandet, schießt es mir durch den Kopf. Ein innerer Mahner erinnert mich daran, weshalb ich gekommen bin. Mir wird ein Platz zugewiesen. Ich will mich gerade hinsetzen, da kommt Patricia aus einem anderen Zimmer angelaufen und wirft sich, als sie mich entdeckt, in meine Arme: „Papa, Papa!", ruft sie. Mir wird es warm im Herzen: Ja, deshalb bin ich hier! Ich will meine Familie zurückholen. Nach einiger Zeit löst Patricia sich von mir und verschwindet wieder in dem Zimmer, aus dem sie gekommen ist.

In die abweisende Stille hinein eröffne ich das Gespräch. Ich erkläre Erika, wie sehr ich mir wünsche, dass wir wieder eine Familie werden. Das ist auch Erikas Wunsch. Sie schlägt vor, dass ich in ihrer Nähe eine Wohnung anmiete und wir uns langsam wieder annähern. Nun bin ich schon diesen ersten Schritt gegangen. Ich werde auch den zweiten gehen, wenn ich damit meine Familie zurückgewinne.

Der Mann meiner Mutter äußert sich zum ersten Mal: Er könne mir einen Job besorgen. Ich soll am Montag wiederkommen. Dann gehen wir gemeinsam zum Bergwerk. Ich willige sofort ein.

Am kommenden Montag, an der Zeche angekommen, steuert mein Begleiter auf ein Büro zu und stellt mich dem Leiter vor. Er selbst arbeitet als Rangierer. Der Leiter ist höchst erfreut, dass ich in einer Bauschlosserei arbeite und reichlich Vorkenntnisse mitbringe. Ich kann sofort als Schlosser anfangen.

Allerdings sind meine Arbeitszeiten nur nachts. Dann stehen alle Maschinen still und können gewartet werden. Wild entschlossen sage ich zu. Selbst mein Wohnungsproblem kann sofort gelöst werden. „Wir unterhalten ein Heim, in dem Sie sich ein Zimmer mieten können", freut sich mein Gegenüber. „Essen ist in der Miete enthalten."

Wieder zu Hause angekommen kündige ich meine bisherige Arbeitsstelle. Mein Arbeitgeber zeigt großes Verständnis. Die Kündigung wird sofort wirksam. Mein Vermieter ist ebenfalls sehr großzügig. Alles läuft reibungslos. Bevor ich mich auf den Weg in das Neue mache, besuche ich Pastor Friedrich, um mich bei ihm zu bedanken. Etwas wehmütig, weil ich mich schon wieder auf Neues einstellen muss, mache ich mich auf den Weg an den Niederrhein.

Der Start in einen weiteren Lebensabschnitt verläuft gut: Die Arbeit geht mir leicht von der Hand. Wenige Wochen später werde ich vom Schlosser zum Maschinisten berufen. Der Steiger lobt mich sehr. Er habe gesehen, dass ich eigenständig arbeiten könne und geschickt mit meinen Händen sei. Solche Leute seien sehr wichtig für den Arbeitsablauf. Als Maschinist solle ich kleinere Reparaturen eigenständig durchführen. Ich sei schnell und habe gute Lösungen. So viel Lob auf einmal tut meiner Seele sehr gut.

Annäherungsversuche

Jedes Zusammentreffen mit Erika wird von meiner Mutter und ihrem neuen Mann überwacht. Sie sind wie zwei Wachhunde, die auf sie aufpassen. Erika genießt diese Aufmerksamkeit, wie sie mir sagt: „Die beiden geben mir viel Zuwendung. Ich genieße die Zeit bei ihnen. Sie geben mir das Gefühl von Sicherheit. Das ist nach all dem, was wir beide miteinander erlebt haben, wichtig für mich. Das musst du respektieren, Harald!" Ich habe ja keine andere Wahl, wenn ich meine Frau zurückhaben will!

Monatelang treffen wir uns unter „Bewachung". Inzwischen darf ich regelmäßig Zeit mit Patricia verbringen, was mich sehr glücklich macht. Es macht mich aber sehr betroffen, dass Erika meiner Mutter und ihrem Mann so viele Rechte an ihren Entscheidungen zugesteht. Ich spreche sie darauf an. Ihre Antwort macht mich sehr nachdenklich: „Ich finde es gut, dass sich die beiden so um mich bemühen. An den Mann deiner Mutter kann ich mich auch anlehnen. Er gibt mir Sicherheit!" Hat sie etwa ein Auge auf den jungen und stattlichen Mann meiner Mutter geworfen, und erduldet sie deswegen so viel?

Bei unseren nächsten Treffen spreche ich sie darauf an, erhalte aber keine Antworten. „Es ist gut so, wie es ist!", ist ihr einziger Kommentar dazu. Ich spüre aber, wie sie sich immer mehr zurückzieht und kaum noch Lust auf Treffen mit mir hat. Ob an meiner Vermutung doch etwas dran ist?

Als ich sie wieder einmal besuchen will, erfahre ich, dass sie in einer Nacht- und Nebelaktion mit unserer Tochter zu ihren Eltern gezogen ist. Nicht mit einem Wort hat sie diesen Schritt angekündigt. Mutter und ihr Mann sind auch mitgenommen und können diesen Schritt nicht verstehen.

In einem Brief, den ich einige Tage später bekomme, schreibt sie: „Deine Mutter und ihr Mann haben mich zu sehr überwacht. Ich konnte mich überhaupt nicht mehr frei bewegen. Ich möchte mit euch nichts mehr zu tun haben und werde mich auf jeden Fall scheiden lassen!"

Ich schüttele den Kopf, als ich diesen Brief lese. Erika hatte mir immer wieder versichert, dass ihr die Zuwendung meiner Mutter und ihres Mannes gefallen haben und dass es für sie wichtig ist.

Dieser Tiefschlag haut mich um. Was für einen Sinn hat dieses Leben eigentlich? Erst die schlimme Kindheit, dann die nicht weniger schlimmen Zeiten in den Heimen, und jetzt ist meine Familie endgültig weg! Es ist zum Verzweifeln! Ich habe keine Lust mehr! Emotionslos gehe ich meiner Arbeit nach: Sie macht keinen Spaß mehr. In den freien Zeiten liege ich im Bett. Das Leben ist so sinnlos! Ich werde dieser blöden Ziege keine Träne hinterher weinen.

Ach Patricia, es tut mir so leid! Ich wäre gerne ein guter Papa für dich! Wozu soll ich eigentlich noch weiterleben? Leben bringt doch immer nur Ungerechtigkeiten mit sich. Das ist auf die Dauer zermürbend und kostet viel zu viel Kraft. Ich kriege mein Leben doch gar nicht auf die Reihe! Heimkinder sind Loser! Die Jungs in der Schule hatten doch recht.

Mit genügend Alkohol muss ich den Schmerz nicht mehr spüren. Also rein damit! Es ist ja sowieso egal.

Kapitel 11

Ein neuer Anfang

Die ersten Wochen nach Erikas Weggang erlebe ich wie im Tran. Ich stehe neben mir und beobachte, wie ich alltägliche Erledigungen mache. Ich bin geschockt über den Verlust meiner Ehefrau und meines Kindes. Es kommt mir alles so unwirklich vor. Nur die Arbeit lenkt mich etwas ab und gelegentlich Spiele-Abende mit den Arbeitskollegen. Das Doppelkopf-Spielen wird zu meiner Leidenschaft.

Eines Morgens erscheint meine Mutter, zu der ich den Kontakt inzwischen wieder abgebrochen habe, im Wohnheim. Kalt und abweisend überreicht sie mir einige Briefe, die Erika zurückgelassen hat, dreht sich um und verschwindet wieder. Absenderin ist meine ehemalige Freundin Christa aus Hagen. Unglaublich: Erika hat die Post, die an mich adressiert war, zurückgehalten!

Sechs Briefe hat Christa geschrieben, und ich konnte ihr nicht antworten, weil mir die Existenz verschwiegen wurde! In meine Wut mischt sich ein schlechtes Gewissen. Anfangs, nach meinem Wechsel von Hagen nach Paderborn, habe ich gelegentlich an sie gedacht und Briefe geschrieben. Diese wurden aber immer weniger. Ich habe mich damit getröstet, dass sie sicherlich einen neuen Freund haben wird.

Alle Briefe wurden geöffnet und sicherlich auch gelesen. Sprachlos über die Frechheit meiner Ehefrau beginne ich, zu lesen. Sechs Briefe stellen immer dieselbe Frage: „Warum meldest du dich nicht mehr?" Das tut weh! Laut Poststempel wurde der letzte Brief vor acht Monaten an mich geschickt.

Am liebsten würde ich Christa sofort anrufen. Ich bin doch wieder frei! Erika setzt sich nur noch über den Rechtsanwalt mit mir auseinander. Sie will auf keinen Fall einen weiteren Versuch zur Rettung unserer Ehe starten. Aber Christa wird sicherlich nichts mehr mit mir zu tun haben wollen, so untreu, wie ich scheinbar bin! Außerdem wird sie ganz bestimmt vergeben sein.

Nur Mut

Einige Wochen später beschließe ich, Christa anzurufen. Ich habe Sehnsucht nach einem vertrauten Menschen und einer Frau an meiner Seite. Mutig wähle ich ihre Rufnummer und warte unsicher auf die vertraute Stimme. „Hallo?", höre ich. Oh, sie ist am anderen Ende! Stotternd nenne ich meinen Namen. „Harald, du bist es! Das ist ja wunderbar! Wie geht es dir?" Es wird ein langes Telefongespräch, denn wir haben uns sehr viel zu erzählen. Als ich Christa berichte, dass meine Frau ihre Briefe zurückgehalten hat, ist sie schockiert. Am Ende des Telefonats vereinbaren wir, dass ich am kommenden Samstag nach Hagen komme. Christa ist immer noch solo!

Freudig und aufgeregt treffe ich sie am Samstag im Café. Es ist wie vor vier Jahren: Wir reden und lachen, genießen die Zweisamkeit und träumen von der Zukunft. Mir fehlt eine Frau an meiner Seite und ihr ein Mann. „Na, dann lass uns mal ausprobieren, ob es mit uns noch einmal etwas werden kann!", zwinkert sie mir lachend zu und drückt mir einen Kuss auf meine Wange.
Das Leben geht immer weiter, wenn auch anders als zuvor geplant. Samstags fahre ich nach Hagen und treffe Christa in unserem Café. Ich fühle mich wieder lebendig und träume von einem gemeinsamen Leben mit ihr. Ich halte mich aber zurück, ihr das zu sagen. Es ist schließlich Christa, die mich fragt. „Ja, am besten sofort!", entgegne ich begeistert. Wir beschließen, dass sie zu mir kommt.

Das liebe Geld

Die Wohnung, die ich finde, ist preisgünstig. Da ich kein Geld auf der hohen Kante liegen habe, besorge ich das Allernotwendigste: Matratze, Geschirr und einen Ofen. Kohle zum Heizen erhalte ich von der Zeche, was meinen Geldbeutel schont. Kurze Zeit später zieht Christa ein.

Die ersten zwei Wochen sind wunderbar. Wir genießen unsere Zweisamkeit und schmieden Zukunftspläne. Aber schnell werden wir mit der Realität konfrontiert: Unser Kühlschrank ist leer, und wir haben kein Geld mehr übrig, uns etwas leisten zu können. Aus dem Tabak der alten Zigaretten drehen wir neue, damit wir überhaupt etwas zu rauchen haben. Es ist frustrierend. Irgendwie schaffen wir die nächsten Tage, ohne zu verhungern. Die Zeit haben wir genutzt, um uns zu überlegen, wie wir das im kommenden Monat besser machen können. Erleichtert empfangen wir dann meinen nächsten Lohn. Jetzt erst mal den Bauch richtig vollschlagen und einkaufen gehen! Übermütig machen wir uns auf den Weg.

Drei Wochen später ist unser Kühlschrank wieder leer. Entsetzt sehen wir uns an: „Das darf doch einfach nicht wahr sein!", schimpfe ich. „Wo ist das ganze Geld geblieben?" Christa überlegt, wie wir mit der Situation umgehen: „Ich werde meine Eltern anrufen und sie um Hilfe bitten!" „Nein, das wirst du nicht tun!", schüttele ich erbost den Kopf. „Wir werden doch wohl in der Lage sein, das selbst zu meistern!" Nach zwei hungrigen Monaten hat Christa die Nase voll: „Ich rufe jetzt meine Eltern an und bitte sie um Hilfe!" Christas Eltern reagieren sehr großzügig und rücken bereits am nächsten Tag mit Bargeld an.

Es ist mir unangenehm, sie unter diesen Umständen kennenzulernen. Als die beiden die Einrichtung unserer Wohnung sehen, sind sie entsetzt. So könnten wir auf keinen Fall leben, protestieren sie. Spontan laden sie uns ein, bei ihnen in Hagen im Gästezimmer zu wohnen. Von dort aus kann ich mir eine Arbeit und eine Wohnung für uns suchen.

Unsere Entscheidung fällt schnell: Bereits eine Woche später ziehen wir bei Christas Eltern ein. Schon drei Tage später unterschreibe ich einen Arbeitsvertrag bei einer Firma, die Ketten für Laufbänder herstellt. Es ist kein Traumjob, zudem auch noch schlecht bezahlt, doch ein eigenes Einkommen zu haben, ist mir sehr wichtig. Kurze Zeit später finden wir eine kleine Wohnung. Die Einrichtung wird von Christas Eltern finanziert. Sie sind wahre Engel für uns. Einige Wochen später wird die Scheidung von Erika rechtskräftig. Nun sind wir frei zu heiraten.

Eine neue Arbeitsstelle

Durch eine Freundin erfahre ich, dass in einer Fabrik außerhalb unserer Stadt Arbeiter gesucht werden. In der Fabrik werden feuerfeste Steine hergestellt, die hauptsächlich in Hochöfen eingebaut werden. Ich rufe dort an und bekomme auch sofort einen Termin. Der Meister, dem ich drei Tage später gegenüber sitze, ist sehr freundlich, besonders, als ich schildere, welche Arbeitserfahrungen ich schon hinter mir habe. „Sie können sofort bei uns anfangen!", lächelt er. Als er mir erklärt, was ich verdienen werde, juble ich innerlich: Der Lohn ist fast das Doppelte dessen, was ich derzeit verdiene! Einen Haken hat dieser lukrative Job aber doch: Es wird in drei Schichten produziert, was Früh-, Mittag- und Nachtschicht bedeutet. Doch der Verdienst ist gigantisch, und ich sage zu.

Wieder zu Hause überbringe ich die freudige Nachricht meiner Frau, die jubelnd durch die Küche springt, als sie das monatliche Einkommen erfährt. Stolz streichelt sie über den inzwischen sichtbaren Babybauch: „Kleines, nun können wir dir ein schönes Nest bereiten!"

Am Ersten des neuen Monats beginnt meine neue Arbeit an einer Presse. Die Rohmasse für Steine wird abgewogen, in eine Form gegeben und unter hohem Druck in der Presse zu Steinen geformt. Danach müssen die Steine zum Brennen in den Ofen geschoben werden. Nach kurzer Zeit läuft mir der Schweiß aus allen Poren des Körpers. Nicht nur, dass der Ofen extrem heiß ist, manche Sorten Steine sind sehr schwer. Es ist eine körperlich sehr herausfordernde Arbeit. Wie gut, dass in mir ein Mann mit Bärenkräften wohnt! Die erste Lohnabrechnung lässt mich staunen: Ich habe noch mehr bekommen, als ich erwartet habe. Man ist sehr zufrieden mit meiner Leistung, und ich erhalte verschiedene Leistungsprämien, mit denen ich nicht gerechnet habe: Ich bin ein reicher Mann! Bei dem Verdienst ist es sicher bald möglich, dass ich meinen Führerschein machen kann. Mit meinen fast 27 Jahren gehöre ich zu den wenigen, die noch keine Fahrerlaubnis erworben haben. Jetzt rückt der Führerschein in erreichbare Nähe.

Oft liegen zwischen Wunsch und Wirklichkeit unüberwindbare Gräben, so auch diesmal. Christa und mir gelingt es nicht, das viele Geld vernünftig zu verwalten. Würden ihre Eltern uns nicht immer wieder unterstützen, wir wären bald obdachlos. Es ist zum Verzweifeln, und ich mache mir ernsthafte Sorgen, wie es bloß werden soll, wenn unser Kind geboren ist und versorgt werden muss.

Unser Sohn Stefan wird im April 1978 geboren. Zunächst sind wir durch ihn von unseren Problemen abgelenkt. Er ist unser Sonnenschein, macht uns wenig Arbeit und ist ein ruhiges Baby. Es stellt sich aber schnell heraus, dass Christa mit Baby, Haushalt und dem Umgang mit Finanzen überfordert ist. Immer häufiger kommt es zwischen uns zu Streitereien, denn der Haushalt verwahrlost, und ich kann nicht zu meinem Schichtdienst auch noch den Haushalt machen. Ich pendle zwischen Familie und Arbeit hin und her. Christa schafft es nicht, sich zu organisieren. Die Atmosphäre ist geladen wie bei einem Gewitter. Blitz und Donner knallen immer häufiger. In all das hinein wird unser zweiter Sohn Matthias im Dezember 1981 geboren. Das Drama nimmt seinen Lauf. Die Kinder leiden unter dem Stress, der immer weiter zunimmt. Erschwert wird unsere Situation dadurch, dass Stefan an Asthma und Neurodermitis erkrankt.

Als Stefan mit sechs Jahren eingeschult wird, dauert es nur wenige Wochen, bis wir zum Rektor gerufen werden. Stefan hat Schwierigkeiten in der Schule. Der Rektor empfiehlt uns, den schulpsychologischen Dienst in Anspruch zu nehmen. Wie gut, dass wir beide sofort bereit sind, die Hilfe anzunehmen! Zum ersten Mal bekommen wir Vorschläge, wie wir uns im Alltag besser strukturieren und auch verhalten können.

Christa und ich haben viel zu lernen. Im Laufe der nächsten Monate entspannt sich unser Miteinander. Wir beide entwickeln wieder Hoffnung für unsere Ehe. Finanziell geht es nochmals einen Schritt bergauf, da ich ins Labor versetzt werde: Ein weiterer Aufstieg auf meiner beruflichen Karriereleiter als ungelernter Arbeiter.

Endlich ein Führerschein

Ich bin inzwischen fast 30 Jahre alt. Herkunftsfamilie, Heimerfahrungen und die Startschwierigkeiten sind in weite Ferne gerückt. Das Leben innerhalb meiner kleinen Familie läuft in geordneten Bahnen. Christa und ich haben gelernt, auf unsere Finanzen zu achten. Der Alltag als Mutter und Ehefrau ist für Christa immer noch sehr herausfordernd, doch wir sind hoffnungsvoll, auch dies gemeinsam zu meistern. Endlich ist die Zeit für meinen Führerschein gekommen. Wir haben Geld zurückgelegt, und sollte dies nicht genügen, können wir notfalls einen Teil der Kosten in Raten zahlen.

Meine erste Fahrstunde beginnt sehr professionell. Der Fahrlehrer kommt mit dem Fahrzeug, steigt aus und fordert mich auf, das Steuer zu übernehmen.

Sobald ich auf dem Fahrersitz Platz genommen habe, stelle ich die Spiegel ein und starte gekonnt den Motor. Der Fahrlehrer sieht mich von der Seite her an: „Sie sitzen ganz gewiss nicht zum ersten Mal auf der Fahrerseite!" Schweigen ist manchmal besser, denke ich mir, setze den Blinker und fahre los. Es ist mir peinlich, ihm einzugestehen, dass ich vor zehn Jahren bereits Auto gefahren bin, allerdings ohne Fahrerlaubnis. Mit einem Minimum an Fahrstunden bestehe ich die Prüfung und präsentiere kurz darauf stolz meiner Frau die Fahrerlaubnis. Dieses Highlight wird gebührend in einem Restaurant gefeiert. Wenige Tage später sind wir stolze Besitzer eines VW-Käfers.

Unser Kauf soll sich als nicht so gut herausstellen: Mit dem ersten Regenguss bekommen wir nasse Füße. In der Werkstatt schüttelt man den Kopf: Der gesamte Boden ist durchgerostet, und die Reifen dürften gar nicht auf dem Fahrzeug sein, schimpft der Meister. Ade, du Käfer, reparieren lohnt nicht mehr. Wir hätten die Mängel sehen können, doch unsere Unerfahrenheit beim Autokauf hat uns einen Strich durch die Rechnung gemacht.
Der Verkäufer des Wagens zieht unbewegt die Schultern hoch und lässt uns stehen. Zunächst denken wir über den Gang zum Rechtsanwalt nach, verwerfen diesen Plan aber, da ein Anwalt bezahlt werden muss. Zu unserem Glück gewährt uns die Bank einen Kredit, und kurze Zeit später sind wir erneut Besitzer eines diesmal zuverlässigen Autos.

Die Krise

Die Krankheiten unseres Sohnes Stefan halten uns auf Trab. Das Auto erweist sich als gute Investition, denn wir sind mindestens einmal in der Woche beim Kinderarzt oder im Krankenhaus. Zu Neurodermitis und Asthma kommen auch noch einige Allergien. Er wird mit diversen Medikamenten vollgestopft. Die ständige Sorge um unseren Sohn belastet uns. Inzwischen reagiert auch Matthias auf den Stress in der Familie. Immer wieder fällt er durch Aggressivität auf.
Die Spannungen zwischen meiner Frau und mir nehmen spürbar zu. Wir sind wieder im alten Trott und haben scheinbar alles Gelernte vergessen. Der Haushalt verkommt, die lautstarken Streitereien sind für alle eine Last.

Mein Immunsystem beginnt zu streiken. Immer häufiger muss ich mich krank melden. Ich fühle mich kraftlos und habe unerklärliche Schmerzen. Mein Arzt verweist mich an einen Psychologen, da er davon ausgeht, dass meine verfahrene Familiensituation die Ursache sein könnte. Was soll ich denn bei einem Psychologen, frage ich mich. Mir ist schon klar, dass viele meiner Schwierigkeiten mit meiner Vergangenheit zu tun haben. Aber ich kann die Vergangenheit nicht rückgängig machen. Und ständig in ihr herumwühlen, wie die Psychologen es machen, will ich auch nicht. Ich muss mein Leben alleine meistern.

Meine Gereiztheit wird mehr statt weniger. Gelegentlich rutscht mir die Hand gegenüber den Kindern aus. Ich wollte doch nie schlagen! Was mache ich da? Meine verzweifelte Aggressivität richtet sich immer mehr auch gegen meine Frau. Meine Lebenssituation zermürbt mich: Arbeit, Kinder, Haushalt, Sorgen, Eheschwierigkeiten, mir reicht es. Ich will mich scheiden lassen! Diese Ankündigung verändert etwas in meiner Frau. In den folgenden Monaten erkenne ich sie fast nicht wieder: Der Haushalt wird gemacht, die Kinder versorgt und das Essen gekocht. Hoffnung keimt in mir auf, dass es doch wieder gut wird.

Leider war es nur ein Strohfeuer, das schon nach wenigen Monaten wieder erloschen ist.

Kapitel 12

Gute Nachbarschaft

Es läutet an der Haustür. Meine Frau ist unterwegs, und die Kinder sind bei ihren Freunden. Wer mag das wohl sein, frage ich mich. Wir erwarten keinen Besuch. Ich öffne die Tür. Vor mir steht eine junge Frau: „Ich möchte mich bei Ihnen vorstellen!", reicht sie mir die Hand. „Meine Tochter und ich werden nächste Woche die Wohnung Ihnen gegenüber beziehen." Spontan lade ich sie auf einen Kaffee ein. Gisela, so heißt sie, ist eine sympathische und redegewandte Frau. Wir vertiefen uns in verschiedene Gesprächsthemen, bis meine Frau nach Hause kommt. Erstaunt begrüßt sie Gisela, die mit ihrer herzlichen Art Christa sofort gewinnt. Meine Frau gesellt sich zu uns in die Küche, und wie im Flug vergeht Stunde um Stunde. Gisela lebt in Trennung, erfahren wir.

Unser erstes Kennenlernen ist der Beginn einer Freundschaft. Beim Einzug packen wir alle mit an, kochen Kaffee und helfen beim Aufbau der Möbel. Die Kinder schließen sofort Freundschaft und spielen zufrieden miteinander. Das Kinderlachen ist herzerfrischend und macht uns alle froh.

Die Versuchung

Ob ich Zeit und Lust auf einen Kaffee habe, fragt unsere neue Nachbarin mich, als wir uns zufällig im Hausflur treffen. Meine Frau ist mit Matthias unterwegs, und Stefan ist in der Schule. Gerne nehme ich ihr Angebot an. Während wir beide in unserer Kaffeetasse herumrühren, schüttet sie ihr sorgenvolles Herz bei mir aus.

Sie habe sehr viel Gewalt in ihrer Ehe erfahren und sei nun froh, die Scheidung eingereicht zu haben. Sie berichtet von einigen unschönen Details aus ihrer Ehe. Ein Schauer nach dem anderen läuft mir über den Rücken. Ich bin voller Mitgefühl für ihre Not, aber auch dankbar, dass sie mir vertraut und aus ihrem Leben erzählt. Christa und ich gehen nicht in dieser Offenheit miteinander um. Unsere Ehe leidet sehr darunter.

In der folgenden Zeit ertappe ich mich immer wieder dabei, dass ich Giselas Nähe suche. Sie versteht mich, geht auf meine Nöte ein, hat immer ein offenes Ohr. Scheinbar alles an ihr ist wunderbar und viel besser als bei meiner Frau. Besonders ihr Umgang mit ihrer Tochter beeindruckt mich: So liebevoll gehen wir mit unseren Kindern nicht um. Ich sehe ihr genau über die Schulter und setze vieles auch meinen Kindern gegenüber um. Dankbar erlebe ich, dass die Kinder positiv darauf reagieren. Auch bei Stefan hilft sie mir sehr. Oft fährt sie mit, wenn ich ihn ins Krankenhaus bringen muss. Immer, wenn ich Rat brauche, hat sie ein offenes Ohr für mich.

Nur für meine Ehe kann ich nichts bei ihr abschauen. Sie weiß inzwischen um die Probleme zwischen meiner Frau und mir. Die Frauen mögen sich, unternehmen viel miteinander und reden auch über das Thema Ehe. Gisela verkörpert alles, was ich mir von meiner Ehefrau gewünscht hätte.

Eines Tages stellt sie mir eine Frage, die mich tatsächlich sprachlos macht. Eigentlich fällt mir immer ein guter Spruch ein, aber diesmal nicht. Sie möchte wissen, weshalb ich Christa geheiratet habe. Mir fällt nur „wegen Sex" ein, und weil ich nicht alleine leben kann. Beschämt, mit etwas rötlichem Gesicht, versuche ich hilflos zu erklären, dass sexuelle Zurückhaltung nicht so mein Ding ist.

Oh je, wohin führt das jetzt? Gisela kommt näher, sieht mir tief in die Augen und säuselt: „Weißt du, Harald, ich würde auch gerne mal wieder einen Mann spüren!" Mich durchläuft es heiß und kalt: Diese Nachbarin erwischt mich bei einem Thema, das ich schon einige Male gedanklich durchgespielt habe. Wie sehr wünsche ich mir ihre sexuelle Nähe! Doch immer wieder konnte ich stark bleiben und mir sagen, dass es Unrecht wäre, wenn ich Ehebruch begehen würde.

Doch diesmal gelingt mir das nicht mehr: „Warum versuchen wir es nicht einfach?", platze ich heraus. „Meine Ehe ist sowieso am Ende. Ich werde mich ziemlich sicher scheiden lassen." Selbst überrascht von meiner Offenheit ist tatsächlich der Entschluss in mir zementiert. „Gisela, ich finde dich toll!", sagt der tollkühne Eroberer in mir. „Du bist die Frau, die ich mir vorgestellt habe. Ich kann mir nichts Schöneres vorstellen, als mit dir zu schlafen!"

Oh je, was passiert hier, schießt es mir durch den Kopf. Spontan reiße ich mich von ihr los, springe stöhnend auf, und steuere eilig zur Wohnungstür. Während ich die Tür aufreiße, wende ich mich um: „Es ist besser, wenn ich jetzt gehe!" Schon bin ich weg und flüchte mit all meinen aufgewühlten Gefühlen in die eigene Wohnung. Wie gut, dass niemand zu Hause ist! Aufgewühlt werfe ich mich aufs Bett. Was mache ich jetzt? An diesem Tag zerbricht etwas in mir. Innerlich ist mir zum Heulen zumute, äußerlich funktioniert der Ehemann und Vater.

Es gibt kein Halten mehr!

Einige Tage später ist meine Frau alleine unterwegs. Mit der Idee, dass die Kinder miteinander spielen könnten, schellt Gisela bei uns an. Erfreut bitte ich sie herein. Die Jungs verschwinden unverzüglich im Kinderzimmer mit Giselas Tochter im Schlepptau. Ausgelassenes Toben erklingt von dort: Sie sind so glücklich miteinander! Ich biete Gisela Kaffee an.

Oh weh, war es wirklich eine gute Idee von mir? Das Knistern zwischen uns ist körperlich zu spüren. Wären die Kinder nicht in der Nähe, würden wir jetzt sicherlich im Bett landen. Alles in mir ist aufgeladen und will nur noch das Eine. Unter Strom stehend säusele ich Gisela entgegen, dass ich am kommenden Vormittag frei nehmen könnte. Meine Frau und die Kinder werden außer Haus sein. Aus der Möglichkeit wird ein Entschluss. Als wir uns voneinander in innerlicher Hochspannung verabschieden, wissen wir beide, dass es ja nur wenige Stunden sind, bis wir uns wiedersehen werden.

Am nächsten Morgen geht alles ganz schnell: Als meine Familie die Wohnung verlassen hat, renne ich zu Giselas Wohnung. Meine Begierde nach ihr ist nicht mehr zu stoppen. Sie begrüßt mich, ergreift meine Hand und führt mich ins Badezimmer. Sie hat eindeutig einen klaren Plan: Eine gefüllte Badewanne mit herrlich duftenden Essenzen wartet bereits auf uns.

Gisela lässt das bisschen Kleidung, das sie an ihrem Körper trägt, auf den Boden segeln. Auch ich lasse meine Hüllen fallen. „Oh! Du siehst wunderbar aus!", spricht der Eroberer aus mir. Es gibt keine Zurückhaltung mehr. Wir kommen uns ganz nahe und schmiegen die nackten Körper aneinander. Traumhaft, herrlich! Wir lassen uns in der Wanne nieder. Ich strecke mich aus, schließe meine Augen, atme tief ein und aus, während Gisela sich auf mich legt. Wir genießen einander. „Lass uns ins Bett gehen!", haucht sie nach einiger Zeit in mein Ohr. Da bin ich dabei! Aussteigen, abtrocknen und dann ab ins Bett! Unser Sex ist wild, begehrlich und ausgiebig. Gisela ist die Frau, die ich mir immer erträumt habe. Nur schwer können wir uns voneinander trennen. Aber dann gebe ich mir einen Ruck und gehe zurück in meine Wohnung.

Was mache ich jetzt, frage ich mich in der nächsten Zeit immer wieder. Seit ich mit Gisela geschlafen habe, frage ich mich, wie es jetzt weitergehen soll. Kann ich unter den gegebenen Umständen noch an der Ehe festhalten? Die Ehe war ja schon vorher problembeladen, und ich hatte meiner Frau angedeutet, dass ich die Trennung für besser halte. Jetzt steht mein Entschluss fest: Ich spreche mit Christa.

Am Abend setzen wir uns zusammen, und ich eröffne ihr, dass ich mich von ihr trennen werde. Sie reagiert überraschend gelassen auf meine Ankündigung. Mir wird wieder einmal bewusst, wie sehr wir uns doch auseinandergelebt haben. Wenn Gisela nicht mit ihrer Tochter eingezogen wäre und uns von unseren Problemen abgelenkt hätte, wären wir vermutlich schon nicht mehr zusammen. Das Trennungsgespräch läuft sehr vernunftmäßig ab. Wir beide werden uns eine Wohnung suchen. Die Kinder sollen bei mir bleiben.

Das meiste Kopfzerbrechen macht mir, dass ich meine Arbeit aufgeben muss, da ich ja für die Kinder da sein muss. Werde ich das finanziell schaffen? Auch jetzt steht Gisela mir bei und hilft mir, so gut sie es vermag. Ich bin sehr dankbar für ihre Hilfe. Aber dann geraten wir heftig aneinander: Sie will, dass ich mich klar und deutlich gegen Christa stelle. Ich sei zu weich im Umgang mit meiner Ex-Frau, schimpft sie immer wieder. Ihre Härte und die damit verbundene Kälte widerstreben mir sehr. Immer häufiger streiten wir miteinander, da sie sich zu sehr in mein Leben einmischt. Ich trenne mich von ihr.

Das Jugendamt

Als alleinerziehender Vater habe ich allerhand zu organisieren und zu regeln, was manchmal sehr herausfordernd für mich ist. Doch den Schritt der Trennung bereue ich nicht. Es ist, als ob eine schwere Last von mir gefallen ist.

Einige Wochen nach dem Einzug in die neue Wohnung meldet sich eine Mitarbeiterin des Jugendamtes bei mir: Sie habe die Information erhalten, dass ich mit meinen Kindern alleine zusammenlebe und sei beauftragt worden, nach dem Wohlergehen der Kinder zu sehen. Misstraut sie meinen Fähigkeiten als Vater? Wer hat sie eigentlich informiert? Steckt Christa oder Gisela dahinter? Was will diese Frau von mir? Mit Unbehagen denke ich an meine Zeit zurück, als ich unter der Vormundschaft des Jugendamtes stand. Wo war denn mein Vormund, als ich ihn gebraucht habe? Ich bin im Stich gelassen worden, und jetzt soll ich die Mitarbeiterin in meine Wohnung lassen? „Nein, nicht mit mir!", erkläre ich der Mitarbeiterin. „Dann werde ich mir die richterliche Genehmigung besorgen!", erwidert sie. „Das würde beim Gericht nicht gut ankommen." Gereizt willige ich ein. Sie wird morgen Vormittag kommen. Hauptsache, ich habe sie schnell wieder vom Hals!

Pünktlich erscheint am nächsten Morgen eine überraschend nette Dame: „Guten Morgen, ich bin Frau Karion", stellt sie sich vor. Innerlich auf der Hut bitte ich sie, einzutreten. Wird sie mir irgendwelche Steine in den Weg legen? Nachdem sie sich die Wohnung angesehen und besonders das Kinderzimmer begutachtet hat, setzen wir uns bei einer Tasse Kaffee ins Wohnzimmer. Frau Karion stellt eine Frage nach der anderen: Sie will wissen, weshalb meine Frau und ich uns getrennt haben und die Kinder nun bei mir leben, wie es mir damit geht und wie ich Arbeit, Haushalt und Kindererziehung schaffe. „Ich komme ganz gut klar!", antworte ich immer gereizter. Prüfend sieht sie mich eine Weile an: „Sie sind mir gegenüber sehr angespannt und teilweise aggressiv. Können Sie mir sagen, warum das so ist?" Bereitwillig berichte ich von meinen eigenen Erfahrungen als Mündel. „Das Jugendamt hat seine Arbeitsweise weiterentwickelt. Wir wollen unterstützen, nicht verwalten!", erwidert sie gewinnend lächelnd. „Ich verstehe, dass Sie aufgrund Ihrer Vorerfahrung wenig Vertrauen haben. Es geht nicht darum, Ihnen Ihre Kinder wegzunehmen, sondern Sie in Ihrer Rolle als alleinerziehender Vater zu unterstützen." Frau Karion macht einen ehrlichen Eindruck auf mich. „Ich bin positiv überrascht über Ihre Wohnung!", lächelt sie. „Alles ist sauber und das Kinderzimmer jungengerecht eingerichtet. Ich muss mir keine Sorgen machen. Bedenken Sie bitte: Ich stehe Ihnen jederzeit zur Seite, wenn Sie Hilfe benötigen."

Soll ich ihr erzählen, dass ich tatsächlich Unterstützung bräuchte? Stefans Verhalten und auch seine Gesundheit haben sich seit der Trennung deutlich verschlechtert. Er steht kurz davor, von der Schule zu fliegen. Auch Matthias macht mir Sorgen: Er hat große Sehnsucht nach seiner Mama. Doch wer weiß, was Frau Karion alles in Bewegung setzt, wenn ich ihr meine Sorgen mitteile. Deshalb halte ich meinen Mund.

Das Internat

Immer öfter bringe ich meinen Sohn Stefan zum Krankenhaus. Die Häufigkeit der Anfälle macht mir große Sorgen. Vielleicht wäre es für ihn tatsächlich besser, wenn ich bereit wäre, dem Vorschlag seines Kinderarztes zuzustimmen, ihn dauerhaft auf Norderney leben zu lassen. Er könnte dort in einem Internat wohnen. Schule und medizinische Versorgung wären sichergestellt. Es ist ein schwerer Schritt für mich, der zu meiner Erleichterung für Stefan nicht schwer ist: Er willigt unverzüglich ein. Norderney ist inzwischen sein zweites Zuhause geworden, so oft war er bereits dort in der Kinderklinik.

Wenige Wochen später, alle Formalitäten sind erledigt, reisen Matthias, Stefan und ich nach Norderney. Eine freundliche Schwester Ursula, die das Seehospiz leitet, begrüßt uns. Sie zeigt uns das Zimmer, in dem Stefan künftig leben wird. Ich fühle mich so sehr an meine Kindheit erinnert! Stefan läuft als Erstes zum Fenster und begutachtet die Aussicht: Er kann direkt auf die Dünen sehen. „Richte dich schon mal ein, Stefan, und du, Matthias, kannst deinem großen Bruder helfen, wenn du möchtest!", wendet Schwester Ursula sich an die Kinder. „Anschließend könnt ihr euch das Heim ansehen, aber nicht das Grundstück verlassen!" Zwei brave Jungs nicken artig. Oh, wie ich diese Szenerie doch kenne! Schwester Ursula wendet sich an mich: „Bitte folgen Sie mir ins Büro. Wir haben noch ein paar Dinge zu regeln."

Behutsam erfragt sie meine familiären Hintergründe. Ohne die Situation zu beschönigen, gebe ich ihr ehrlich Auskunft über meine Herkunftsgeschichte, die Ehe zwischen Christa und mir, den Stress der letzten Jahre und die endgültige Trennung. „Sie haben in der Situation die bestmögliche Entscheidung für Ihren Sohn getroffen. Stefan wird es gut bei uns haben!", lächelt sie.

Dann gibt sie mir noch den Rat, mir professionelle Hilfe zu suchen. Wie oft habe ich das jetzt schon gehört, stöhne ich innerlich auf. Wieso begreifen die Leute nicht, dass ich selbst weiß, woher meine Probleme kommen, und warum ich mein Leben nicht richtig in den Griff bekomme? Was soll mir da ein Psychologe oder eine Therapie helfen? Können die meine Vergangenheit löschen? Ganz sicher nicht! Bevor sie mir noch weitere gute Ratschläge geben kann, mache ich mich auf den Weg zu den Kindern.

Der Abschied ist ziemlich kurz. Stefan ist scheinbar in seinem neuen Zuhause schon angekommen. Er kennt dieses Haus von seinen vielen Aufenthalten, was ihm die Trennung offensichtlich leicht macht. Matthias und ich reisen schweigsam zurück. Zu Hause angekommen brauche ich einen großen Schluck aus der Ouzo-Flasche. Matthias springt ins Kinderzimmer und jubelt darüber, dass er jetzt endlich ein Zimmer für sich ganz alleine hat.

Die Träume

Das Leben zu zweit ist wesentlich entspannter. Der Alltagstrott hält uns beide auf Trab. Es ist eine friedliche Zeit, die nur durch eines gestört wird: Eine ständige innere Unruhe in mir, die mich qualvoll im Griff hält. Ich finde keine Erklärung für diese Unruhe. Hat sie mit meiner Lebenssituation zu tun? Fühle ich mich schuldig? Oder fehlt mir einfach nur eine Partnerin? Meine Sexualität ausleben zu können, fehlt mir auf jeden Fall. Doch ist das der alleinige Grund für meine Unruhe?

Wann hat sie eigentlich begonnen? Sie war auf einmal da und verschwindet nicht mehr, sondern wird immer stärker. Ich finde keinen Auslöser für diese Unruhe. Manchmal laufe ich rastlos durch die Wohnung, ein anderes Mal habe ich das Gefühl, neben mir zu stehen. Diese Unruhe macht mich fast verrückt. Ich komme nicht zur Ruhe. Ich fühle mich wie ein Fremdkörper in diesem Leben, in dieser Haut - nicht dazugehörig. Dazu habe ich auch noch Träume, die mich beunruhigen. Jeder Mensch träumt nachts. Ich erinnere mich meistens nicht an meine Träume, doch diese Träume sind sehr lebendig. Vermutlich haben sie eine wichtige Bedeutung für mich. Das erste Mal in meinem Leben schreibe ich Träume auf.

In meinem ersten Traum schwimme ich in einem großen Fluss. Mittendrin verheddere ich mich in Schlingpflanzen, die mich unter Wasser ziehen. Ich kämpfe buchstäblich um mein Überleben und erreiche mit letzter Kraft das rettende Ufer. Dort bleibe ich völlig erschöpft liegen. Erschrocken erwache ich aus meinem Schlaf.

Im zweiten Traum befinde ich mich in einem großen Saal. Mir gegenüber lauert ein Wolf, der mir in meinen Hoden beißen will, spüre ich. Hinter mir steht jemand, den ich nicht sehen kann. Diese Person hält den Wolf mit einer langen spitzen Stange auf Distanz, so dass er mir nicht nahekommen kann.

Im dritten Traum befinde ich mich erneut in dem großen Saal. Wieder steht mir der Wolf in Lauerstellung gegenüber. Dieses Mal bin ich ihm schutzlos ausgeliefert. Der Wolf setzt zum Sprung an und beißt sich in meinem Hoden fest. Ich spüre dabei aber seltsamerweise keinen Schmerz. Nach dem ersten Schrecken packe ich den Wolf und reiße ihm seinen Rachen so weit auf, dass er zukünftig niemanden mehr beißen wird. Danach werfe ich ihn zu Boden. Schweißgebadet erwache ich: Was für ein schrecklicher Traum! Nur schwer kann ich diesen Tag gestalten. Immer wieder muss ich an den Traum denken. Mir ist bewusst, dass dieser und auch die Träume davor mir etwas sagen wollen, dass sie in meine jetzige Lebenssituation hinein sprechen. Ich habe sogar das starke Gefühl, dass jemand durch die Träume zu mir spricht. Aber das ist Unsinn! Wer sollte das wohl sein?

Kapitel 13

Der böse Papa

Erschrocken starre ich auf meine Armbanduhr: Matthias wartet im Kindergarten auf mich! Wo bin ich bloß mit meinen Gedanken gewesen? Ich hätte längst fahren müssen! Ich springe auf, renne zum Schlüsselkasten, ergreife den Autoschlüssel und stürme zu meinem Wagen.

Eine wilde Fahrt folgt, befeuert von dem Gefühl der Peinlichkeit und des Ärgers über mich selbst. Ich bin erstaunt, wie schnell man handeln kann und alles wie automatisch abläuft. Im Kindergarten angekommen renne ich ins Gebäude zum Gruppenraum meines Sohnes. Der Erzieherin fällt hörbar ein Stein vom Herzen, als sie mich sieht.

Der Blick meines Sohnes spricht laut zu mir: Seine Wut ist deutlich zu sehen und zu fühlen. Ich versuche, mich zu entschuldigen. Er kommentiert es, indem er, ohne ein Wort zu sagen, von seinem Stuhl rutscht und zum Ausgang läuft. Im Auto angekommen entschuldige ich mich noch einmal bei ihm: „Das tut mir echt leid, aber ich war so in Gedanken versunken, dass ich gar nicht auf die Uhrzeit geachtet habe." Ein zorniger Blick trifft mich. Aber er äußert sich nicht dazu und schaut nur aus dem Seitenfenster.

Ich bin erschüttert und frage mich, wie es mit uns beiden weitergehen soll. Im Traum hätte ich mir nicht vorstellen können, dass ich mit meinem kleinen Sohn so viele Probleme haben werde, wie ich sie jetzt erlebe. Alles, was ich auch versuche, prallt an dem Kind ab. Zu Hause angekommen verschwindet Matthias schnurstracks im Kinderzimmer, gefolgt von meiner Anweisung, dass er sein Zimmer aufräumen soll. Ich kehre in die Küche zurück, die immer noch nach Frühstück aussieht. Leider waren keine Heinzelmännchen da, die aufgeräumt hätten, während ich unterwegs war.

Seit der Trennung von Christa bin ich der böse Papa, bei dem mein Sohn gezwungenermaßen leben muss. So sehr ich mich auch bemühe, zu ihm durchzudringen, er blockt alles ab. Fordere ich ihn auf, dies oder das zu tun, stellt sich mein sechsjähriger Sohn vor mich, verschränkt seine Arme und sieht mich giftig an, während er sich keinen Millimeter von der Stelle bewegt. Es fällt mir jedes Mal schwer, erwachsen darauf zu reagieren. Meinen aufkommenden Zorn würde ich am liebsten an seinem Hintern abreagieren. Zu meiner Erleichterung klingen heute Geräusche geschäftigen Treibens aus dem Kinderzimmer. Was für ein Glück! Diesmal muss ich nicht mit ihm darum kämpfen, dass er tut, was ich von ihm möchte. Erleichtert gehe ich meiner Reinigungsaktion in der Küche nach. In Gedanken versunken räume ich auf und mache den Abwasch. Während ich auf den Knien rutschend die letzten Krümel auf das Kehrblech fege, dringen ferne Geräusche an mein Ohr. Sie reißen mich aus meinen Gedanken: War das nicht die Wohnungstür? Hat jemand geklingelt, und ich habe es nicht gehört? Hat Matthias die Tür geöffnet, um Besuch hereinzulassen? Verwundert eile ich zur Tür.

Mein kleiner Sohn läuft, einen Koffer hinter sich herziehend, durch den Hausflur. Mit der anderen Hand versucht er, sein Parkhaus, mit dem er besonders gerne spielt, zu tragen. Es tut mir in meinem Vaterherzen weh, ihn bei seiner Flucht vor dem bösen Papa zu sehen. „Was hast du denn jetzt vor?", entfährt es mir vor Schreck. „Ich gehe zu Mama!", antwortet er mit verächtlichem und trotzigem Blick. Ich schiebe ihn mitsamt seinem Gepäck zurück in unsere Wohnung und schließe sicherheitshalber die Tür hinter uns ab. Er verschwindet enttäuscht in seinem Zimmer, und ich setze mich ratlos ins Wohnzimmer. Meine Gedanken kreisen um den Sinn des Lebens: Warum bekomme ich das Leben nicht in den Griff? Warum kann ich nicht so ein glückliches Leben führen wie andere? Gerade noch rechtzeitig merke ich, dass sich meine Gedanken wieder auf einer Abwärtsspirale bewegen. Ich muss mich wieder sammeln, die Gedanken dürfen mich nicht weiter in den Keller ziehen! Entschlossen werfe ich den Kopf hoch. Ich habe es immer geschafft! Das wird auch dieses Mal so sein. Vielleicht wird es mit Matthias ja besser, wenn er in zwei Monaten eingeschult wird, tröste ich mich selbst. Dann wird er viel Neues kennenlernen und kommt hoffentlich auf andere Gedanken.

Die Aussprache

Es gibt etwas in mir, das sich mit einem gewissen Status quo nicht zufrieden gibt. Matthias und ich leben unseren Alltag. Stefan ist glücklich in seinem Internat. Von Christa höre ich gelegentlich etwas. Aber da ist auch meine

Ex-Freundin Gisela: Seit unserer Trennung gelingt es uns nicht, vernünftig miteinander umzugehen.

Die Kälte zwischen Gisela und mir will oder kann ich nicht länger akzeptieren. Deshalb rufe ich sie eines Tages an. Es muss doch möglich sein, einen anderen Umgang miteinander zu finden! Zu meiner Überraschung geht sie sofort auf den Wunsch nach einem Gespräch ein. Wir treffen uns auf neutralem Boden im Park. Sie begrüßt mich unterkühlt und distanziert. Dann lässt sie ein Feuerwerk explodieren: Eine Rakete nach der anderen geht hoch, geladen mit Vorwürfen, was ich alles falsch gemacht habe. Woher die innere Gelassenheit kommt, Gisela zuzuhören, ohne eigene Böller zur Verteidigung zurückzuschießen, kann ich mir gar nicht erklären. Vielleicht bin ich reifer geworden. „Du hast sicherlich recht", entgegne ich, als der Raketenvorrat verbraucht ist. „Aber sollen wir jetzt in dieser Haltung bleiben und uns gegenseitig mit Vorwürfen beschießen? Außer, dass sich jeder darüber freut, dem anderen die Schuld zuzuschieben, erreichen wir ja nichts damit."

Gisela stutzt, überlegt einen Moment und beginnt zu lachen. Auch meine Mundwinkel ziehen sich bis zu den Ohrläppchen hoch. Unser Lachen verändert die Atmosphäre. Gisela sieht mir tief in die Augen. „Endlich!", freue ich mich: Sie kann mich wieder ansehen!

Fünf Tage später läutet mein Telefon. Gisela ist am anderen Ende der Leitung: Sie möchte sich wieder mit mir treffen. Mein Herz hüpft vor Freude. „Du darfst gerne zu mir nach Hause kommen. Ich backe einen leckeren Kuchen für uns!", höre ich sie sagen. Hoppla, das überrascht mich jetzt aber! Dass die Versöhnung so schnell verlaufen würde, hätte ich nicht gedacht. „Ja, ich komme gerne zu dir!", hauche ich ins Telefon.

Freudestrahlend nimmt sie mich am nächsten Tag in Empfang. Ein perfekt vorbereiteter Kaffeetisch erwartet mich: So ist sie! Der Tisch ist schön geschmückt, die Kerzen brennen vor sich hin. Überall im Wohnzimmer hat sie es schön gemacht. Sie kann Atmosphäre erzeugen. Als ob es nie eine Unterbrechung unserer Beziehung gegeben hätte, unterhalten wir uns angeregt.

Ich habe es immer geliebt, tiefe Gespräche und Diskussionen mit ihr führen zu können. Als sie beginnt, den Tisch abzuräumen, helfe ich ihr wie selbstverständlich dabei. Ich trage in bester Stimmung das Geschirr in die Küche. Sie sieht mich glücklich an: „Harald, hast du Lust, mit mir zu schlafen?" Die Frage fällt auf nicht unvorbereiteten Boden, denn ich habe auch schon die ganze Zeit darauf gehofft.

Ausgehungert, wie wir beide sind, fallen wir regelrecht übereinander her. Leidenschaft und Sehnsucht überrumpeln uns. Stürmisch und genussvoll schlafen wir miteinander. Ich habe den Sex mit ihr schon immer genossen. Wir beide sind in diesem Gebiet auf einer Wellenlänge.

Unsere Treffen werden zur Regelmäßigkeit. Ist Matthias bei seiner Mutter, bin ich bei Gisela. „Kannst du dir vorstellen, wieder mit mir zusammenzukommen?", fragt sie eines Tages. Bin ich dazu bereit? „Ich muss darüber nachdenken", murmele ich. „Lass mir etwas Zeit!"

Was mache ich jetzt?

Mein Herz schreit ja, mein Kopf schreit nein! Es ist ein Hin und Her von Gedanken. Gisela ist ein offener Mensch. Sie kann gut mit Kindern umgehen. Sie ist sehr fleißig, aber auch eifersüchtig. Sie wird sich ja nicht verändert haben.

Nach reiflicher Überlegung entscheide ich mich doch für einen Neustart mit ihr. Mein Wunsch, eine Frau an meiner Seite zu haben, ist stärker als jeder Zweifel. Unseren Entschluss feiern wir bei einem gemütlichen Essen in der Stadt. Gisela hat inzwischen für mich weitergedacht. Es wird ein Bandstahlschneider in einer Firma in ihrer Nähe gesucht. In diesem Job würde ich viel Geld verdienen. Sie wird sich um Matthias kümmern. So ist sie: Sie hat immer gute Pläne und ich ganz schnell einen neuen Job. Schon nach wenigen Monaten beschließen wir, zu heiraten. Sechs Monate später kaufen wir uns ein Haus in Niedersachsen, in das wir mit Matthias und Giselas Tochter einziehen. Stefan soll weiter auf Norderney bleiben, beschließe ich, als Gisela anregt, ihn zu uns zu nehmen. Ich möchte ihn nicht aus seinem inzwischen gewohnten Umfeld reißen. Er fühlt sich auf der Insel sehr wohl, wie er mir wiederholt versichert hat.

Eines macht mir aber großes Kopfzerbrechen: Ich bin die ganze Woche in Hagen, wohne dort und gehe weiter meiner Tätigkeit als Bandstahlschneider nach. Wir werden uns nur an den Wochenenden sehen. Kann das gutgehen? Schaffe ich die Doppelbelastung?

Eine Tante Giselas bietet mir ein Zimmer in ihrer Wohnung an. So können wir Kosten sparen, und Tante Liesel hat einen geschickten Handwerker für kleine Reparaturen in ihrer unmittelbaren Umgebung. Am Wochenende fahre ich direkt nach Feierabend zu meiner kleinen Familie.

Das Leben in den eigenen vier Wänden ist wunderschön. Gisela und ich sind stolz auf uns und unseren Besitz. Matthias wird umgänglicher. Ihm scheinen die neue Umgebung und die mütterliche Gisela gut zu tun. Mir fällt ein Stein vom Herzen. Ich bin sehr dankbar für sie.

Matthias besucht inzwischen die zweite Klasse. Er scheint sich in der Schule wohl zu fühlen, was mir eine Last von den Schultern nimmt. Alle Schwierigkeiten scheinen wie weggeblasen zu sein.

Ein ernstes Gespräch

Doch eines Tages werden wir zu einem Gespräch in die Schule einbestellt. Auf den kleinen Kinderstühlen hockend sieht uns die besorgte Klassenlehrerin von Matthias an: „Ihr Sohn ist nicht bereit, in der Schule mitzuarbeiten! Er ist aufsässig, zerstört die Sachen anderer Kinder, erledigt seine Hausaufgaben nicht und ist bockig, wenn ich ihn anspreche. Alles, was ich versucht habe, fruchtet nicht. Ob es Lob ist oder ein Gespräch über sein Verhalten, alles prallt an ihm ab!" Gisela und ich sehen uns erschrocken an: Wir sind sehr überrascht, weil wir zu Hause einen ganz anderen Eindruck von ihm haben. Er ist zwar nicht der aufgeschlossenste Junge, doch inzwischen umgänglicher und viel fröhlicher als zuvor. Wir erklären der Lehrerin, dass Matthias lieber bei seiner Mutter leben würde. „Wir hatten aber gehofft, dass es für ihn besser geworden wäre, seitdem wir umgezogen sind. Zu Hause verhält er sich viel umgänglicher als vor dem Umzug. Wir sind erschrocken über sein Verhalten in der Schule!"

Mit dem Versprechen, mit Matthias zu reden, gehen wir wieder heimwärts. Gisela ist in Tränen aufgelöst: „Ich gebe mir doch so viel Mühe mit Matthias! Was mache ich bloß falsch?" Ihr Kummer tut mir weh, und ich versuche, sie zu beruhigen.

„Seitdem Matthias von seiner Mutter getrennt ist, macht er Schwierigkeiten. Vielleicht wäre es besser für ihn, wenn seine Mutter und ich auf seinen Wunsch eingehen würden", überlege ich laut. Gisela springt entrüstet auf: „Das kommt überhaupt nicht in Frage!" Wütend nimmt sie ihre Jacke von Haken und stürmt nach draußen. Erst einige Zeit später kehrt sie zurück: „Lass es uns weiter versuchen."

Die Gesprächstermine in der Schule wegen des Fehlverhaltens meines Sohnes häufen sich. Die Stimmung zu Hause wird aggressiver und lauter.

In letzter Sekunde

Jeden Freitag, manchmal auch samstags, fahre ich direkt von der Arbeit aus nach Niedersachsen. Nach Schichtende springe ich meistens noch unter die Dusche, und dann geht es auf die Bahn. Samstags ist die Autobahn in der Regel so leer, dass ich alles aus dem Auto rausholen kann, was es zu geben hat. Auch heute drücke ich unbekümmert meinen Fuß aufs Gaspedal. Gut gelaunt summe ich die Lieder mit, die aus dem Radio plärren. Nach zwei Stunden Fahrt überkommt mich eine leichte Müdigkeit, die ich mit Gelassenheit wegwische. Ach, so schlimm ist sie doch nicht, erkläre ich mir selbst. Ich schaffe das schon bis zu Hause!

Es kommt, wie es kommen muss: In einer langgezogenen Linkskurve hat sich ein Stau gebildet, den meine müden Augen erst zu spät sehen. Entsetzt nehme ich das Stauende wahr, auf das ich zurase. Das schaffst du nicht mehr, fährt es mir entsetzt durch den Kopf. Ich sehe mich schon auf die anderen Autos krachen. Schlimme Szenarien gehen mir durch den Kopf. Im gleichen Moment sehe ich eine Lücke zwischen zwei LKW. Mit unverminderter Geschwindigkeit jage ich in die Lücke und fahre auf dem Standstreifen weiter. Langsam kann ich meine Geschwindigkeit drosseln und mich wieder in den Verkehr einfädeln.

Nachdem sich mein Adrenalinspiegel etwas gesenkt hat, realisiere ich, dass ich mit heiler Haut davongekommen bin! Ich halte auf dem nächsten Parkplatz an, weil meine Beine zu zittern beginnen. Ich hatte den Tod vor Augen und kann es noch gar nicht richtig begreifen, dass ich bewahrt worden bin. Es dauert eine Weile, bis sich mein Körper wieder beruhigt hat. Ich hole einige

Male tief Luft und atme den Stress aus. Nach gut einer halben Stunde kann ich endlich weiterfahren.

Zu Hause angekommen brauche ich erst einmal einen starken Kaffee. Meine Frau ist erschrocken, als ich ihr von meinem Erlebnis berichte. Sie mahnt mich, künftig vorsichtiger zu sein: Ich verspreche es ihr.

Ich muss mich entscheiden

„Ich fahre, ob es dir gefällt oder nicht!" Noch einen Schritt weiter, und ich kann meinen Zorn nicht mehr kontrollieren! Christa, die mit ihrem neuen Freund auf dem Weg zu uns ist, um die Kinder, die gerade Ferien haben, zu besuchen, hat angerufen. Die beiden sind mit dem Auto auf der Autobahn liegengeblieben und haben es gerade noch auf einen Rastplatz geschafft. Ob ich sie abholen kann? Natürlich sage ich zu. Das wiederum bringt meine Ehefrau auf die Palme: „Ich sehe nicht ein, dass deine Ex-Frau unsere Pläne durchkreuzt! Die werden schon eine Lösung finden. Du bleibst zu Hause!" Entschlossen, mich nicht von meiner Zusage abbringen zu lassen, reiße ich den Autoschlüssel vom Haken: „Du weißt genau, dass ich nicht so denke wie du!" Wären die letzten Monate nicht so herausfordernd gewesen, hätte diese Situation vermutlich nicht solche Folgen gehabt. Doch meine Frau geht mir inzwischen so gehörig auf die Nerven, dass ich sicherlich nicht einlenken werde! Im Übrigen freue ich mich, Christa mal wiederzusehen.

Ich lasse meine Frau stehen und fahre entschlossen zum angegebenen Rastplatz. Als ich aussteige, kommt Christa auf mich zugelaufen und umarmt mich überschwänglich. Ihr Freund ist sichtlich irritiert über die Szenerie, kommentiert sie jedoch nicht. Christa stellt mich als ihren Ex-Mann vor. Ihre Fröhlichkeit wirkt ansteckend, was die Situation sehr entspannt. Wir laden das Gepäck um und fahren zum Haus. Eine unterkühlte Gisela begrüßt unsere Gäste. Die Kinder nehmen ihre Mutter und den Freund unverzüglich in Beschlag. Alle miteinander verschwinden im Kinderzimmer. Gisela zieht mich in unser Schlafzimmer: „Was denkst du, wie die beiden nach Hause kommen sollen?", fragt sie in mürrischem Ton. Völlig unbekümmert erkläre ich, dass ich sie fahren werde. Die Finsternis in Gisela ist an ihrem Gesicht abzulesen. Der Streit, der folgt, verläuft kurz und heftig.

Am späten Nachmittag fahre ich unsere oder, ehrlicher gesagt, meine Gäste nach Hause. Es ist doch selbstverständlich, dass man sich gegenseitig hilft! Das würde ich mir doch genauso wünschen. Meine Frau sieht das eindeutig anders.

Wieder einmal geraten wir heftig in Streit, als ich wieder zu Hause bin. Diese ständigen Streitereien und die Probleme, die mein Sohn uns macht, zermürben mich langsam. Ich mache Gisela noch mal den Vorschlag, meinen Sohn zur Mutter zu geben, damit wir alle mal wieder durchatmen können. „Das kommt gar nicht infrage!", hält sie mir erbost entgegen. Genauso erbost erwidere ich ihr, dass ich meine Entscheidung schon getroffen habe, auch wenn es das Ende unserer Ehe bedeutet. Ich werde meinen Sohn zur Mutter bringen und seinen sehnlichsten Wunsch damit erfüllen.

„Dann haben wir uns nichts mehr zu sagen!", zuckt sie die Achseln, dreht sich um und geht in die Küche. Am nächsten Morgen muss ich mich ohne Abschied auf die Fahrt nach Hagen machen. Gisela grollt mir immer noch.

Wieder zurück in Hagen, melde ich mich bei Christa: „Kannst du dir vorstellen, Matthias zu dir zu nehmen? Das ist sein größter Wunsch!" Ein Strahlen geht über ihr Gesicht: „Gerne nehme ich Matthias auf! Aber ich werde mit meinem Freund sicher Probleme bekommen." „Dabei helfe ich dir gerne!", biete ich ihr an.

Wie sie schon vermutet hatte, stellt sich ihr Partner quer. Er will sie alleine, ohne Sohn, lässt er uns im Gespräch wissen. Christa fordert ihn auf, sich eine andere Wohnung zu suchen, damit sie ihren Sohn zu sich nehmen kann. Sie ist schließlich die Mieterin dieser Wohnung.

Als ich am Wochenende wieder zu Hause bin, teile ich meiner Frau die aktuelle Entwicklung mit. Wieder geraten wir heftig in Streit. Inzwischen bin ich ziemlich abgestumpft wegen der Streitereien. Das war noch nie mein Ding.

Ich nehme Matthias an die Hand und gehe mit ihm nach draußen. Dort erzähle ich ihm, dass er zur Mama ziehen kann. Er macht einen Freudensprung und kann es gar nicht abwarten. So glücklich habe ich ihn lange nicht mehr erlebt.

Die Trennung von Gisela ist eine Befreiung für mich, und doch stehe ich wieder einmal vor dem Problem, mir überlegen zu müssen, wie es mit mir weitergeht. In den ersten Wochen als Single packt mich erneut die Verzweiflung, weil ich offensichtlich mein Leben nach wie vor nicht in den Griff bekomme. Meine Biografie ist mir scheinbar immer im Weg. Warum kann ich nicht ein guter Ehemann und Vater sein wie so viele andere auch? Wieder einmal packt mich die Verzweiflung und will mich herunterziehen. Aber ich kämpfe mich durch diese negativen Gedanken hindurch. Ich habe es bisher immer geschafft, ich werde es auch dieses Mal schaffen! Nur nicht den Kopf in den Sand stecken!

Kapitel 14

Eine unglaubliche Begegnung

Verwundert sehe ich Christas Bruder an. „Jesus hat zu mir gesprochen!", sprudelt es aus ihm heraus: „Geh zu Harald und sag ihm, dass ich ihn liebe!" Verblüfft über seine Worte öffnet sich mein Mund, doch Worte kommen nicht hervor. „Jetzt bin ich hier, um dir diese Botschaft zu bringen!", beendet er seine Rede. Zu meinem Glück verschwindet er sofort wieder. Ich bleibe erstaunt zurück: Wer, bitte, ist eigentlich dieser Jesus?

Am Nachmittag desselben Tages treffe ich mich mit Christa. Inzwischen können wir entspannt und freundschaftlich miteinander umgehen. Während wir uns angeregt unterhalten, wird sie auf einmal still. Sie scheint nachzudenken. „Ich liebe dich!", sagt sie unvermittelt. Schon wieder steht mir der Mund offen. Meine Gedanken überschlagen sich: Was soll das denn nun schon wieder?

Ich bin ziemlich verwirrt: Zweimal habe ich heute zu hören bekommen, dass ich geliebt werde! Einmal als Botschaft von Jesus und nun ein zweites Mal von Christa. Das ist ein sehr merkwürdiger Tag! Ich berichte Christa von dem Besuch, den ich heute Morgen hatte. Während ich die Story erzähle, beginnen ihre Augen immer mehr zu leuchten: „Ich bin seit einer Woche gläubige Christin!", sprudelt sie begeistert heraus. „Du bist was?", frage ich ungläubig nach. Zwar ist mir aufgefallen, dass irgendetwas an ihr verändert ist, aber ich hatte dies einer ihrer Launen zugeschrieben. „Was heißt das, du bist jetzt gläubige Christin?"

Ihr Blick ist warmherzig und liebevoll: Das ist nicht die Christa, die ich schon so lange kenne. „Ich habe Jesus in mein Herz aufgenommen!" Nicht schon wieder, stöhnt etwas in mir. Das Thema hatten wir schon viel zu oft. Es dreht sich in den letzten Jahren alles immer wieder um diesen Jesus. Insbesondere, seitdem ihr Bruder zum Glauben gekommen ist. Und jetzt auch noch Christa! Ich versuche, das Thema zu wechseln, das ist mir in der Vergangenheit auch immer ganz gut gelungen. Aber irgendwie will es mir dieses Mal nicht gelingen. „Komm doch heute Abend einmal mit in die christliche Gemeinde zum Gottesdienst!", lässt sie nicht locker. „In Ordnung", erwidere ich nach kurzem Nachdenken. Hoffentlich habe ich dann dieses leidige Thema Jesus vom Hals, stöhne ich innerlich.

Strahlend kommt sie am Abend am vereinbarten Treffpunkt auf mich zugelaufen. Es ist ja schön, dass sie wie ausgewechselt ist. Doch irgendwie ist es mir auch unheimlich zumute. Auf was lasse ich mich denn hier schon wieder ein?

Gemeinsam betreten wir einen mit Menschen überfüllten Raum. Wir werden freundlich und sehr herzlich begrüßt. Ich bin überrascht, wie liebevoll die Menschen hier miteinander umgehen. Meine Erfahrung mit Kirche ist der sonntägliche Gottesdienst. Auf gesungene Lieder folgt eine Predigt, eingerahmt in eine schwer verständliche Liturgie. Am Ende strömen alle aus der Kirche, und jeder geht schnell nach Hause. Heute ist Mittwoch, und dieser Ort hier erinnert in keiner Weise an einen Gottesdienstraum. Er wird Teestube genannt, erklärt man mir. Wo bin ich hier gelandet? Ist das eine Sekte?

Tatsächlich werden nach einiger Zeit des miteinander Plauderns einige Lieder angestimmt. Danach predigt ein junger Mann, dass Gott jeden Menschen liebt. So ein Blödsinn! Wenn Gott mich lieben würde, hätte er mich sicherlich vor all dem Schlimmen in meinem Leben bewahrt. Ich kann mir nicht vorstellen, dass dieser Gott, wenn es ihn überhaupt gibt, Menschen liebt und für sie sorgt. Es geschieht so viel Unrecht, nicht nur in meinem Leben. Dieser Gott handelt doch nicht, oder es ist ihm egal, was auf der Erde passiert!

Nach dem Gottesdienst unterhalte ich mich mit einigen Besuchern, denn sie strömen nicht auseinander, sondern bleiben noch ein Weile beieinander. Immer wieder bekunden sie im Brustton der Überzeugung, dass Gott Liebe ist. Was ist das denn für eine Formulierung? Ich lasse meinen Protest lautwerden über all das Unrecht in der Welt, das sicherlich nichts mit Liebe zu tun hat. Alle Argumente, die sie mir präsentieren, geben mir keine Antwort darauf. Dennoch ist die Teestube ein schöner Ort, mal ganz anders als herkömmlicher Gottesdienst.

Als ich Christa nach Hause fahre, lädt sie mich ein, bei ihr zu übernachten. Nichts lieber als das, dann bin ich nicht alleine! In ihrem Schlafzimmer angekommen ziehen wir uns aus und huschen ins Bett. Als ich näher an sie heran rutsche, erhalte ich eine unmissverständliche Abfuhr.

Kurz darauf ertönen leise Schnarchgeräusche von ihrer Bettseite her: Sie schläft, und ich wälze mich im Bett hin und her. Tausenderlei Gedanken über den Abend in der Teestube und das Zusammensein mit Christa huschen durch meinen Kopf. Ich bleibe bei der Frage, ob es Gott wirklich gibt, stecken. Oder ist er nur eine Fata Morgana, der die Leute nachrennen?

Eine Gedanke flackert auf und entfacht ein Brennen in meinem Herzen: „Sag mal, Gott, wenn es dich wirklich gibt, hast du eigentlich Humor?" Kaum ist der Gedanke für mich offenbar, höre ich, wie jemand aus vollem Herzen zu lachen beginnt. Ich, immerhin schon 39 Jahre alt, komme mir in diesem Moment vor wie ein Kind, das seinem Vater eine komische Frage gestellt hat, über die er sich köstlich amüsiert. Dann sehe ich mich einem Mann mit strahlenden Augen gegenüber. Dieser Mann ist Tausende Jahre alt, das sehe ich an seinen Augen. Er strahlt eine Liebe und Güte aus, die alles übertrifft, was ich mir vorstellen kann. So ist Gott? Ich bin fassungslos: Das passt ja gar nicht in das Bild, das ich von Gott habe!

Tief beeindruckt sehe ich auf diesen Mann, der etwas in mir berührt, das ich nie zuvor gefühlt habe. Ich kann nicht wegsehen, bin förmlich in seinen Bann gezogen. Von ihm geht eine unvorstellbare Liebe aus und strömt in mich hinein. Zum ersten Mal in meinem Leben fühle ich mich wirklich geliebt. Noch bevor ich eine meiner Fragen, die mir in diesem Moment auf dem Herzen brennen, loswerden kann, ist der Mann vor meinem inneren Auge verschwunden. Dann übermannt mich der Schlaf. Als ich am Morgen erwache, erkläre ich mir die Vorkommnisse in der Nacht als Traum. Es war vielleicht eine Wunschvorstellung, aber sicherlich nicht die Wirklichkeit. Das kann nicht wirklich passiert sein! Doch dieser Tag beginnt anders als die vorherigen. Ich spüre Liebe in mir! Bevor ich weiter denken kann, überfällt mich ein kurzer Schlaf. Ich sehe mein ganzes Leben vor mir. Es ist wie ein Film im Zeitraffer. Er endet bei meiner Geburt. Ich schrecke aus meinem Schlaf auf, merklich verwirrt darüber, was in mir abläuft. Ist das Gott, der auf diese Weise zu mir spricht? Ich will mehr davon, und vor allem will ich diese Liebe spüren! Sie verändert etwas in mir: Ich bin Harald, bin ein Mensch, der scheinbar für Gott so wichtig ist, dass er ihm persönlich begegnet ist.

Die Christen in der Teestube erklären mir schließlich, dass das Erlebnis mit dem Mann und das Durchströmt-werden mit seiner Liebe eine sogenannte Vision war. Ich will mehr davon!

Die Stimme

„Ich bin Jesus!", erklingt einige Tage später eine Stimme beim Erwachen in meinem Kopf. „Was ist denn jetzt los?", frage ich mich verwirrt. Das ist sicher nur ein Gedanke, beruhige ich mich selber. „Ich bin Jesus!" Den ganzen Tag durchkreuzt die innere Stimme immer wieder meine Gedankengänge. Verliere ich langsam den Verstand? Muss ich mir Sorgen um mich machen? „Ich bin Jesus!" Als ich am Abend ins Bett krieche, ist meine Hoffnung, dass ich in der Nacht nicht mehr „Ich bin Jesus!" wahrnehmen werde. Beim Schlafen habe ich sicher Ruhe vor der Gedanken-Stimme. „Ich bin Jesus!" Mit diesem Satz im Kopf schlafe ich ein.

„Ich bin Jesus!", durchkreuzt der Gedanke schon wieder mein Denken, während ich meine morgendliche Kaffeetasse leere. Bin ich auf dem Weg, wahnsinnig zu werden? Teestube, Glaube, Visionen, Gott hören: Bin ich einer Fata Morgana aufgesessen, die mich in ihren Bann zieht ohne eine Möglichkeit, aus ihrer Anziehungskraft herauszukommen? Meine Angst, verrückt zu werden, steigert sich. Muss ich in eine Klinik? Schon wieder dieser lästige Quertreiber-Gedanke: „Ich bin Jesus!"

Drei Tage lang höre ich: „Ich bin Jesus!" Die Menschen in meinem Umfeld merken wohl auch, dass ich mit etwas am Kämpfen bin. Immer häufiger fragen sie nach, ob alles in Ordnung bei mir ist. Nichts ist mehr in Ordnung! Aber das sage ich lieber nicht.

Seit meiner ersten Begegnung mit der Liebe Gottes ist das Sprechen mit ihm (Beten) für mich selbstverständlich geworden. Im Bewusstsein, dass er mir wirklich alle meine Sünden, und das sind ja nicht wenige, vergeben hat, habe ich Freude daran, Gemeinschaft mit ihm zu suchen. Er ist mir so nahe!

Die Gläubigen in der Gemeinde haben mir eine Bibel geschenkt. Wie sie mir geraten haben, lese ich zunächst die Evangelien Matthäus, Markus, Lukas und Johannes. Sie berichten von Jesus, der von sich sagte, dass er der Sohn Gottes ist. Gott hat einen Sohn? Ich schüttele den Kopf und muss mir eingestehen, dass ich mir darüber nie tiefere Gedanken gemacht habe. Für mich ist Jesus immer das Kind in der Krippe gewesen, das zu Weihnachten mal auftauchte. Den tieferen Sinn dieses Festes habe ich nie wirklich verstanden. Für mich war das Weihnachtsfest immer eine gute Tradition, an der wir alle festgehalten haben, weil es etwas Schönes ist.

Beim Lesen merke ich, dass mir Jesus sehr lebendig wird. Es ist fast, als ob ich mit ihm unterwegs bin. Wie Schuppen fällt es mir auf einmal von den Augen: Der Mann, den ich gesehen habe und der so eine unglaubliche Liebe ausstrahlte, ist Jesus! Er ist mir persönlich begegnet! Ich bin überwältigt. In der Bibel lese ich, dass er aus Liebe zu uns Menschen auf diese Erde gekommen ist. Er hat sich für uns Menschen kreuzigen lassen, damit wir Vergebung der Sünden haben und Gott, dem Vater, frei dienen können. Er ist tatsächlich auferstanden von den Toten, nachdem die Menschen ihn gekreuzigt hatten.

Mit dieser Erkenntnis höre ich nicht mehr den Quertreiber-Gedanken: „Ich bin Jesus!" Mir ist bewusst, dass er mich auf sich aufmerksam machen wollte, damit ich ihn als Person wahrnehme. Wie kann das möglich sein, überlege ich. Gott ist doch der Schöpfer, der das Universum geschaffen hat. Nie wäre mir in den Sinn gekommen, dass es neben ihm noch jemanden gibt.

Ich kann nicht schweigen

Ohne, dass es mir selbst bewusst ist, sprudele ich in Begegnungen mit anderen Menschen meine Erlebnisse heraus, was nicht bei jedem auf Begeisterung stößt. Manche mustern mich mit kritischem Blick und fragen entsetzt, ob ich nun auch zu den religiösen Spinnern gehöre. Ich bin erschüttert, denn ich erzähle doch nur, was ich tatsächlich erlebt habe. Aber dann denke ich daran, dass ich früher genau das Gleiche gedacht habe, wenn mir Menschen erzählt haben, dass sie Gott erlebt haben: Die spinnen doch!

Auch Marion (Name geändert), eine meiner wenigen Freundschaften, wird von meinem Erlebnis-Bericht überrollt. Marion und ich teilen ein gemeinsames Schicksal. Ihre Kindheitsgeschichte ähnelt meiner. Ich glaube, wir haben uns deswegen auch sofort so gut verstanden, als wir uns kennenlernten. Zu diesem Zeitpunkt arbeitete ich in einer Firma, die hauptsächlich Wintergärten baute. Der Chef war häufig unterwegs und überließ mir die Verantwortung für die Aufbauarbeiten. Ich nahm Marion öfter mit, damit sie mir helfen und sich etwas dazuverdienen konnte.

Voller Begeisterung über meine Erlebnisse stehe ich vor ihrer Haustür. Die Tür öffnet sich. Statt der erwarteten Marion steht ein fremder Mann vor mir. Erst jetzt realisiere ich, wie lange ich Marion schon nicht mehr getroffen habe.

Der Mann blickt an mir herab und ruft Marion herbei. Überraschung und Freude strahlen aus ihren Augen: „Wie schön, dich mal wiederzusehen! Komm rein!"

Plaudernd sitzen wir zu dritt in ihrer kleinen Küche. Der Mann, er ist ihr aktueller Freund, versucht das Gespräch auf sich zu ziehen. Doch meine Freude über meine Erlebnisse muss raus: Ich erzähle den beiden, was ich erlebt habe. Jetzt ist es meine Aufgabe, ihnen Gottes Liebe weiterzugeben. Spott und Hohn folgen aus dem Mund des Freundes. Marion hingegen scheint ernsthaftes Interesse zu haben, mehr zu erfahren. Nach zwei Stunden Diskussion bin ich leer gebrannt. Es ist mühsam, gegen ein Abwehrbollwerk zu argumentieren.

Wieso können sie nicht einfach glauben, dass es Gott wirklich gibt, wenn ich ihn doch erlebt habe und das bezeuge? Frustriert, scheinbar nichts erreicht zu haben, verlasse ich die beiden.

Mit dem Rauchen aufhören

Es ist kurz vor Weihnachten, und ich bereite Pakete für meine Söhne vor. Stefans Paket ist inzwischen fertig gepackt und ich auf dem Weg zur Post. Vergiss nicht, Filter für deine Pfeife zu kaufen, erinnere ich mich selbst. Während ich in der wartenden Schlange vor dem Postschalter anstehe, zücke ich meine Geldbörse, um nachzusehen, ob ich genügend Bargeld habe.

Die „Quertreiber-Gedanken-Stimme" meldet sich und durchkreuzt meinen Plan: „Harald, du brauchst keine Filter mehr zu kaufen, du kannst mit dem Rauchen aufhören!" Verdutzt stecke ich die Geldbörse wieder zurück. Ich, mit dem Rauchen aufhören? Das ist nicht mein Plan, aber eigentlich auch keine dumme Idee: Rauchen ist nicht wirklich gesund, und teuer ist es auch! Vielleicht ist Jesus davon überzeugt, dass ich etwas schaffe, was ich selbst mir im Moment nicht zutraue. Ich werde es ausprobieren. Wieder zu Hause angekommen nehme ich meine Pfeifen und den Tabak zur Hand. Entschlossenen Schrittes gehe ich zu den Mülltonnen vor dem Haus und werfe alles, was mit dem Rauchen zusammenhängt, weg. Einfach aus und vorbei? So ganz überzeugt bin ich nicht.

Meine Arbeitskollegen nehmen auch diese Veränderungen an mir war. Seitdem ich zur Teestube gehe und Begegnungen mit Gott habe, hat sich mein Verhalten sehr verändert, auch mein Umgang mit den Kollegen. Ich bin viel zugewandter und frage nach, wie es ihnen geht. Es ergibt sich dadurch manches tiefere Gespräch. Zu ihrem Leidwesen thematisiere ich auch meinen Glauben. Dann die nächste Veränderung, die natürlich sofort auffällt: „Sag mal, Harald, hast du sechs Richtige im Lotto gehabt oder eine Erbschaft gemacht? Du machst den Eindruck, als ob du auf Wolke Nummer sieben schwebst! Wieso hörst du plötzlich mit dem Rauchen auf? Bist du frisch verliebt und deine Neue will keinen Raucher?" Strahlend erkläre ich in die Runde meiner Arbeitskollegen: „Nein, ich habe Jesus, den Sohn Gottes, kennengelernt. Er liebt mich und euch auch!" Die ernüchternde Antwort folgt auf dem Fuß: „Mann, bist du abgedreht!" Das trifft mich sehr! Jesus, wie kann ich meinen Kollegen vermitteln, dass du real bist und lebst, stöhne ich abends im Gebet. Ich glaube, er schmunzelt über mich: „Harald, vor ein paar Monaten hättest du doch genauso reagiert!"

Die Kollegen machen sich in der folgenden Zeit einen Spaß daraus, mich mit Jesus zu betiteln. Das ist ganz schön hart für mich. Es fallen hässliche Sätze durch die Arbeitskollegen: „Schau mal, ich habe den Teufel in meiner Tasche, Harald. Sag deinem Gott, dass er ihn herausholen soll!", ist noch einer der harmlosesten. Ich bin dem Spott meiner Kollegen kaum gewachsen.

Harte Prüfungen

In dieser für mich schwierigen Situation überschlagen sich die Ereignisse: Giselas Tante möchte nicht, dass ich weiter bei ihr wohne. Ich bin plötzlich obdachlos! In den nächsten Tagen übernachte ich in meinem Auto. Am nahen Fluss wasche und erfrische ich mich. Das Leben geht immer weiter, und ich lasse mich nicht so schnell unterkriegen.

Als ich wieder einmal auf Christa treffe, erzähle ich ihr von meiner Obdachlosigkeit. Erschrocken überlegt sie sofort, wie sie mir helfen kann: „Ich werde zu meinen Eltern fahren und fragen, ob du eine Zeit bei ihnen wohnen kannst. Bleib hier und warte auf mich! Es wird nicht lange dauern." Auf Christa ist Verlass: Kurze Zeit später kehrt sie mit der freudigen Nachricht zurück, dass ich sofort einziehen kann. Gott hat doch immer eine Lösung und ein sehr wunderbares Bodenpersonal!

Ganz nebenbei hatte Jesus auch noch einen guten Plan mit Christas Eltern: Da sie mich schon so lange kannten, nahmen sie die Veränderungen wahr, die in mir stattfanden. Neugierig geworden ergaben sich tiefe Gespräche mit ihnen. Beide sind dadurch zum Glauben gekommen.

Die finanzielle Unterstützung meiner Noch-Ehefrau kann ich kaum einhalten. Die Kosten sind zu hoch für mich. Trotz des Versprechens, dass sie sich eine Arbeit suchen wird, passiert nichts. Gisela ist inaktiv, und ich sitze auf den Kosten fest. Ich werde mir wohl einen weiteren Job suchen müssen, damit ich die Zinsen für das Haus und den Unterhalt für Gisela aufbringen kann. In diese Gedanken hinein flattert ihre Ankündigung, dass sie sich einen Notar nehmen will, der ein Schriftstück aufsetzen soll, in dem festgehalten wird, dass sie das Haus und das Inventar behalten kann. Hilflos versuche ich, ihr am Telefon zu erklären, dass ich zu meinem Versprechen stehen werde und sie sich keinen Notar zu nehmen braucht. Dieser kostet viel Geld, das wir beide nicht haben. Doch sie möchte die Sicherheit haben, dass sie das Haus behalten kann. „Nun gut, mach, was du für richtig hältst!", poltere ich durchs Telefon. Mir geht das Ganze zu sehr ans Nervenkostüm. Ich will meine Ruhe und endlich wieder ein geordnetes Leben haben!

Wenige Tage später informiert sie mich über einen Notartermin, zu dem ich aufgefordert werde, zu erscheinen. Brav fahre ich zum Termin. Die Notarin liest uns das aufgesetzte Schriftstück vor. Zwischendurch sieht sie uns an: „Wie hoch ist Ihr Vermögen?", will sie wissen. „Wir besitzen nur das Haus, das noch nicht abbezahlt ist, und alles, was darin ist." Der Angstschweiß bricht mir aus: „Hören Sie, ich habe kein Bargeld auf der hohen Kante. Ich kann mir keine großen Sprünge mehr leisten!", motze ich. Zu Gisela gewandt: „Und du, Gisela, such dir endlich eine Arbeitsstelle! Ansonsten muss das Haus verkauft werden. Dann ist es weg!" Wütend und unsicher, wie sich meine Zukunft wohl entwickeln wird, setze ich meine Unterschrift unter das Schreiben und ergreife die Flucht.

Zwei Wochen später erhalte ich die Quittung für den Notartermin: 3600 D-Mark sind zu überweisen. Das haut mich aus den Latschen. Woher soll ich das Geld nehmen? Das folgende Telefonat mit der Notarin fällt von meiner Seite her sehr laut aus. Doch selbst der Hinweis, dass sie mit dieser Forderung auch ihrer Mandantin schadet, bringt die Frau nicht zum Einlenken. Sie besteht auf ihrer Forderung. Sie ist aber auch mit Ratenzahlungen einverstanden, lässt sie mich wissen. „Wie kann man bloß so geldgierig sein?", brülle ich wütend ins Telefon. Hat die überhaupt ein Recht, eine so hohe Rechnung zu stellen? Mein nächstes Telefonat ist mit Gisela, der ich erst einmal einige wütende Worte an den Kopf knalle. Hat sie nicht nachgedacht über meine bzw. unsere finanzielle Situation? Will sie mich ausnehmen und melken wie eine Kuh? Eine Arbeit hat sie immer noch nicht angenommen!

Weitere zwei Monate später hat sie immer noch keine Arbeit. Mein Konto ist inzwischen bis zum äußersten Limit überzogen. Der große Knall ertönt, als mein Auto in die Werkstatt muss und ich kein Geld mehr habe, um die Rechnung zu begleichen. Der Inhaber der Werkstatt verlangt mein Auto, um es verkaufen zu können und damit die Reparaturkosten auszugleichen. Ohne Auto komme ich nicht mehr zu meiner Arbeit. Ohne Arbeit kann ich die laufenden Kosten nicht mehr bezahlen.

Die Firma kündigt mir, da ich oft unpünktlich oder gar nicht zur Arbeit komme. Kurz darauf sperrt die Bank mein Konto, weil ich meine Schulden nicht mehr abbezahle. Als ich erneut Gisela darüber informiere, tut sie so, als falle sie aus allen Wolken. „Wie soll es jetzt weitergehen?", schimpft sie ins Telefon. Eine starre Kälte, die sich versteinert anfühlt, breitet sich in mir aus: „Wir verkaufen das Haus! Ich werde einen Makler beauftragen, der sich darum kümmert." Mit lautem Knall werfe ich den Hörer auf die Telefongabel.

Mein neu gewonnener Glaube wird durch all das hart geprüft. Ich ringe im Gebet, weil ich verstehen will, was das alles soll: „Bist du nun für oder gegen mich, Jesus?" „Warum vertraust du mir nicht?", durchkreuzt er mein Ringen. „Du hast gut reden, Herr! Meine Ehe ist nicht mehr zu retten! Ich habe mein Auto und meinen Job verloren! Das Konto ist gesperrt, die Schulden sind immens, und einen festen Wohnsitz habe ich auch nicht mehr! Wie soll es bloß weitergehen?" „Vertraue mir! Ich bringe dich da durch!", spricht Jesus im Gebet zu mir. „Das ist sehr schwer, Herr!"

In diese Zeit fällt ein nächtlicher Traum. Ich stehe am Hauptbahnhof und überlege, welchen Bus ich nehmen soll. Vor mir hält ein offener Oldtimer. Der Fahrer sieht mich an und fordert mich auf, einzusteigen. Gerade, als ich sitze, steigt der Wagen nach oben. Ich muss mich anschnallen, geht es mir durch den Kopf. Aber der Fahrer, der scheinbar meine Gedanken lesen kann, meint: „Das brauchst du nicht, Harald!" Der Fahrer ist bestimmt Gott. Das Fahrzeug fliegt ganz ruhig und macht einige Loopings, ohne dass ich mich von meinem Platz wegbewege. Als es wieder zum Stehen kommt, sehe ich einen Bus mit der Liniennummer 510 vor mir und erwache aus dem Traum. Was will Gott mir denn dadurch sagen?

Nicht nachgeben

Der Makler, der unser Haus verkaufen soll, meldet sich: „Ich habe Interessenten für das Haus. Wollen Sie beim Besichtigungstermin dabei sein?" „Sehr gerne!", freue ich mich.

Beim Ortstermin warten der Makler und ein älteres Ehepaar auf mich. Gemeinsam gehen wir zum Haus, wo Gisela die ganze Gesellschaft in Empfang nimmt. Mich begrüßt sie kurz angebunden und ohne Blickkontakt aufzunehmen. Das Ehepaar verliebt sich sofort in das Haus und will es kaufen.

Doch natürlich ist ihnen der Kaufpreis zu hoch. Das kennt man ja: Die Leute wollen einen immer herunterhandeln. Egal, Hauptsache, das Haus ist endlich weg! In dem Moment, in dem ich zusagen will, höre ich wieder den Quertreiber-Gedanken: „Bleib bei deiner Preisvorstellung, Harald!" Ich zucke innerlich zusammen: „Jesus, das kann jetzt nicht dein Ernst sein! Ich bin froh, das Haus endlich loszuwerden." „Vertrau mir, Harald, ich sorge für dich!", bekomme ich zur Antwort. Innerlich findet ein ausgiebiger Gedankenkampf statt. Soll ich es wirklich wagen, bei meiner ursprünglichen Preisvorstellung zu bleiben? Ich will das Haus doch loswerden! Gegen den Widerstand meiner Noch-Ehefrau verkünde ich, dass es keine Veränderung des Preises geben wird. Das Ehepaar akzeptiert und unterschreibt einige Tage später den Kaufvertrag. Danke, Jesus!

Was ist los?

Nun, wo ich definitiv meine Zeit in Niedersachsen beendet habe, suche ich mir eine neue Arbeitsstelle. Mein Leben kommt langsam wieder ins Lot. Mein Misstrauen anderen Menschen gegenüber verhindert, dass die netten Christen mich nach den Gottesdiensten einladen können: Man weiß ja nie, wie die Leute tatsächlich drauf sind! Gleichzeitig schmerzt es mich sehr, zu sehen, wie liebevoll und selbstverständlich viele Gemeindemitglieder miteinander umgehen. Warum kann ich das nicht? Es ist doch zum Verzweifeln! Wie kann ich die Situation verändern und Gemeinschaft mit anderen pflegen und genießen? Ich weiß, dass ich eher ein Einzelgänger bin und mehr mir selbst vertraue als anderen. Doch inzwischen habe ich verstanden, dass ich mich bewegen muss. Ich muss meine innere Haltung aufgeben und meine Selbstschutzmauern niederreißen. Im Laufe der vielen Jahre und der zahlreichen Enttäuschungen, die durch Menschen verursacht wurden, habe ich dicke und unüberwindbare Mauern hochgezogen. Hinter meine Mauern darf niemand schauen. Diese Mauern niederreißen? Nein! Dann bin ich ja wieder verletzbar!

In dieser Zeit habe ich, während ich am Beten bin, eine Vision: Ich sehe mein Herz, unterteilt in drei Kammern. Ein Engel ist mit einem schweren Presslufthammer dabei, die erste Kammer vom festgesetzten Beton zu befreien. Sehr weit ist er noch nicht gekommen. Es schüttelt mich. Dass ich Schutzmauern aufgebaut habe, war mir ja klar. Aber dass es so schlimm ist, wäre mir nie in den Sinn gekommen.

Zu meinem Glück lassen mich die Christen in der Gemeinde weitgehend in Ruhe. Einzelne signalisieren mir, dass sie für mich da sind, wenn sie gebraucht werden. Wie gut, dass sie diese Distanz stehenlassen und mich nicht bedrängen!

Ehebruch

Zu meiner Freude sind Christa und ich, der Noch-Ehemann von Gisela, inzwischen wieder ein Paar. Wir sind beide sicher, dass Gott uns, schon wegen der Kinder, wieder zusammenbringen wollte. Wir haben uns durch den Glauben sehr verändert. Es ist eine glückliche Zeit. Endlich kehrt Ruhe in mein Leben ein. Wir erleben eine ganz neue Art der Unbekümmertheit und Freude als Familie, aber auch als Paar. Unsere Vertrautheit miteinander ist tiefer denn je zuvor. Mit unserer Geschichte sind wir für andere Menschen ein wandelndes Zeugnis.

„Christa und Harald, kommt ihr bitte nach dem Gottesdienst noch zu einem Gespräch in mein Büro?", bittet uns eines Tages der Pastor unserer Gemeinde. Was mag er wohl von uns wollen, frage ich mich, während der Gottesdienst abläuft.

Nach dem Gottesdienst gehen wir in das Büro. „Ich hatte heute Nacht einen Traum!", eröffnet er das Gespräch. „Ein bekannter Prediger spricht vor einer Versammlung. Doch dann stutzt er und ruft in die Versammlung hinein: ‚Ich kann nicht weiter predigen, weil Harald und Christa im Ehebruch leben!'" Erschrocken sehen Christa und ich uns an: Was ist denn jetzt los? Eilig verlassen wir das Büro.

Draußen bleiben wir erst einmal stehen und holen tief Luft. Uns ist klar, dass es wirklich Jesus war, der zu uns geredet hat. „Wir werden uns trennen müssen!", eröffne ich das Gespräch. „Es ist nicht gut, gegen Gottes Wort zu handeln. Darauf liegt kein Segen. Und bisher hat er auch nicht zu uns gesprochen und unsere falschen Gedanken gerade gerückt, obwohl er es schon lange hätte machen können. Ich denke, dass er gesehen hat, dass wir mit ehrlichem Herzen gehandelt haben. Darum hat er Gnade walten lassen." Außerdem wäre es die Pflicht der anderen Gläubigen gewesen, uns in unserer Unerfahrenheit ehrlich zu sagen, dass wir nicht nach biblischen Grundsätzen leben. Das hat aber keiner getan. Wir beschließen, gehorsam zu sein und uns zu trennen.

Das Angebot

Ein junger Mann aus der Gemeinde bietet mir seine Wohnung an. Da er selten zu Hause ist, wäre es kein Problem für ihn, wenn ich mit einziehen würde. Gott, du bist so gut! Noch am selben Tag besichtige ich die kleine Wohnung. Oh, hier muss ich erst einmal richtig aufräumen! Der junge Mann beobachtet mich und kann wohl meine Gedanken lesen: „Du kannst sofort einziehen!", lacht er und überreicht mir den Schlüssel. Am nächsten Tag hole ich meine wenigen Habseligkeiten, richte mir einen Schlafplatz ein und säubere zwei Tage lang die Wohnung. Zur Wohnung gehört ein Balkon, den ich nach getaner Arbeit in Besitz nehme und zu meiner Gebetsecke mache. Zufrieden kann ich nun die Beine baumeln lassen.
Die Gebetsecke wird ein oft aufgesuchter Ort. Jesus ist mir in den Gebeten ganz nahe. Seine Liebe fließt immer tiefer in mich hinein. Sie bewegt etwas in meinem Herzen. Eines Tages, ich bin wieder im Gebet, geschieht etwas Besonderes: Mein Gebet wird intensiver. Ich habe den Drang, in einer mir unbekannten Sprache zu beten. Während ich dies tue, verlässt auf einmal ein

Schatten meinen Körper. Der Schatten bewegt sich von innen weg nach außen. Ich kann die Umrisse klar und deutlich erkennen. Während er aus meinem Blickwinkel verschwindet, frage ich mich, was das denn war. Leider erhalte ich keine Antwort auf meine Frage.

Als ich mich am Abend ins Bett lege, verspüre ich eine starke Unruhe in mir, die ich so noch nie erlebt habe. Dennoch finde ich nach einiger Zeit Schlaf. Mitten in der Nacht erwache ich und sehe viele Schatten, die sich auf und in mir befinden. Diese Schatten wollen mich daran hindern, zu meiner Gebetsecke zu gehen. Panik überkommt mich: Werden die Dinger mich besetzen, Herrschaft über mich bekommen, und ich kann nichts dagegen tun? In meiner Verzweiflung und Angst rufe ich: „Jesus! Jesus!" Unverzüglich verschwinden die Schatten, und ich fühle mich wieder frei. So etwas will ich nie wieder erleben!

Die Schutzmauer bröckelt

Meine Gebetszeiten verändern vor allem mich. Ich kann nicht genau sagen, was sie bewirken, doch ich werde fröhlicher und zugänglicher. Die Gemeindeleitung wird auf mich aufmerksam und lädt mich ein, die Gottesdienste mit vorzubereiten. Zu meiner eigenen Überraschung sage ich spontan zu.

Ich habe mich auch einem Hauskreis angeschlossen. Einmal in der Woche treffen wir uns als Gemeindemitglieder, singen Lieder, beten und studieren die Bibel. Inzwischen habe ich einige tiefere Freundschaften geknüpft. Ich liebe die Gemeinschaft, das Miteinander-Reden, das Füreinander-Dasein und das gemeinsame Beten. Bei einem unserer Hauskreistreffen werden Gebetsanliegen gesammelt. Diesmal brennt die Frage, wie ich meinen Sohn Stefan von Norderney abholen kann, auf meinem Herzen. Ich habe kein Auto, um zu fahren, und Geld für die Zugfahrt habe ich auch nicht. Kaum habe ich es ausgesprochen, wird mir ein Auto angeboten und zusätzlich noch Geld gesammelt, so dass ich in Frieden fahren kann. Wieder einmal bin ich von der Liebe von Gottes Bodenpersonal, die mir entgegengebracht wird, freudig überrascht. Meine innere Schutzmauer bekommt immer mehr Risse durch diese Liebe und Freundlichkeit.

Rückzug

So sehr ich das Gute und Positive erlebe und inzwischen viel mehr genießen kann, spüre ich doch gleichzeitig, dass ich auch weiterhin depressive Phasen erlebe, in denen ich mich sehr häufig zurückziehe. Dann kann mich niemand erreichen, und ich bin kaum zu bewegen, mit anderen in Kontakt zu treten. Ich hatte gedacht, dass diese Phasen endlich vorbei wären. Doch Pustekuchen! Sie schleichen sich immer wieder ein.

In verschiedenen Predigten hörte ich: „Du musst nur glauben, und alles wird dir zuteil!", oder: „Mit der Wiedergeburt bist du ein neuer Mensch, das Alte ist unwiederbringlich vorbei." In den depressiven Phasen habe ich aber das Gefühl, dass sich nichts verändert hat. Ich bewege mich wieder so unsicher wie vorher durch mein Leben und habe mit den gleichen Sünden zu kämpfen wie vor meiner Bekehrung. Diese Art Rückfall in alte Muster ist zum Verzweifeln. In Gesprächen versuche ich herauszufinden, was los ist. Doch danach bleibt der Eindruck zurück, dass ich zu wenig Glauben habe.

Als ob das nicht schon schlimm genug wäre, höre ich in einer Predigt, die ein bekannter Mann Gottes hält, dass jede Sünde, die ich begehe, die Nägel in die Hände Jesu am Kreuz noch tiefer treibt. Das erschüttert mich, und ich reagiere mit Rückzug. Keine Mitarbeit mehr, keine Hauskreisbesuche: Lasst mich einfach alle in Ruhe! Solch einen starken Glauben, wie Jesus ihn scheinbar von mir fordert, habe ich nicht.

Mein Glaube genügt scheinbar nicht, und ich will Jesus nicht noch mehr Schmerzen zufügen! Dann kehre ich doch besser in mein altes Leben zurück! Aber da stecke ich in der nächsten Zwickmühle, denn das hatte mir ja auch nicht gefallen. Das will ich nicht mehr leben! Welche Alternative ist denn jetzt besser: Der ungenügende Glaube, bei dem klar ist, dass ich ein Sünder bin und auch bleibe, oder das alte Leben mit all seinen Tücken und Schwächen? Ich treffe die Entscheidung, lieber Christ zu bleiben. Aber es muss sich eindeutig etwas verändern! „Jesus!", schreie ich in meinem Herzen, „ich werde darauf vertrauen, dass du mich heilst. Ich kann das nicht, aber du kannst es tun. Du kennst meine tiefsten Gedanken und weißt, wo ich falsch liege. Heile mich von den Auswirkungen meiner Vergangenheit und lehre mich, dir in allem zu vertrauen!"

Diese hart erkämpfte Entscheidung bringt weitaus größere und tiefgreifendere Veränderungen mit sich, als ich mir zu diesem Zeitpunkt vorzustellen wage.

Kapitel 15

Glaubensschritte

In der Zeitung springt mir eine Anzeige ins Auge: Die Bahn bietet für relativ wenig Geld eine Fahrt nach Norderney an. Das könnte ich mir gerade noch leisten, überlege ich. Stefan würde sich sicher auch freuen, wenn ich ihn spontan besuchen komme. Aber dann schiebe ich den Gedanken wieder weg: Ich muss doch jeden Pfennig umdrehen, damit ich einigermaßen über die Runden komme! Während ich noch am Überlegen bin, spricht Jesus zu mir: „Nutze dieses Angebot, denn ich möchte durch dich jemanden ansprechen!"

Jetzt sitze ich im Zug und genieße die Fahrt. Es hat mir immer schon Freude bereitet, mit der Bahn zu fahren. Bis Norddeich-Mole am Fährhafen sitze ich ganz alleine im Abteil. Auch auf der Schifffahrt nach Norderney komme ich mit keinem Menschen ins Gespräch. Obwohl ich schon viele Male die Fähre benutzt habe, genieße ich die Überfahrt in vollen Zügen. Auch darin hat sich in meinem Herzen etwas verändert, stelle ich zu meiner Freude fest.

Stefan und ich verbringen einen schönen Tag zusammen. Ich bin immer wachsam: Wen möchte Jesus ansprechen? Auf der Rückfahrt mit dem Schiff komme ich mit einem jungen Mann ins Gespräch, der gesehen hat, dass ich ein christliches Buch lese. Schnell merke ich aber, dass er eine sehr eigensinnige Auslegung der Bibel hat, und ziehe mich zurück. Auf sinnlose Diskussionen habe ich nun wirklich keine Lust!

Im Zug setzt sich eine ältere Dame zu mir ins Abteil. Wir kommen ins Gespräch. Die Dame ist sehr interessiert, als ich den Glauben anspreche. Aber dennoch merke ich, das ist nicht die Person, die Jesus besonders ansprechen möchte.

Bis zu meinem Zielbahnhof sind es noch drei Stationen. Da kommt eine junge Frau zu uns ins Abteil. Es entwickelt sich ein angeregtes Gespräch. Die ältere Dame unterhält sich gerne, wie sie sagt und wie ich auf der Fahrt bisher ja gemerkt habe: „Dieser junge Mann hier hat mir viel über den Glauben erzählt!", zeigt sie auf mich. Die junge Frau ist sehr interessiert und möchte gerne mehr hören. Ich erzähle ihr, dass ich Jesus erlebt habe, dass er sie sehr liebt und sie einlädt, ihn in ihr Leben aufzunehmen. Aber auch, dass er mich beauftragt hat, ihr diese Botschaft zu überbringen. Leider habe ich keine Zeit mehr, weil ich am Zielbahnhof angekommen bin. „Ich könnte noch stundenlang mit Ihnen weiterfahren und mehr hören!", reicht sie mir zum Abschied die Hand. Leider habe ich sie bis heute nicht wiedergesehen.

Eine Überraschung

Nach einigen Wochen der Arbeitslosigkeit nehme ich eine Arbeit in einer Zeitarbeitsfirma an. Ich werde dabei bei verschiedenen Firmen eingesetzt. Als die Firma einen Fahrer sucht, der die Kolleginnen und Kollegen zur Arbeit fährt, melde ich mich. Der Chef ist sehr erfreut und bietet mir an, den VW-Bus auch für private Zwecke zu nutzen. „Das ist ja super!", freue ich mich.

Ich arbeite mich in der Firma gut ein. Der Lohn ist nicht sehr hoch, reicht mir aber zum Leben. Ich kann sogar anfangen, Schulden zurückzuzahlen. Es geht langsam wieder aufwärts.

„Harald, ich möchte, dass du deine Arbeit aufgibst!", spricht Jesus zu mir, als ich wieder im Gebet bin. Ich bin erschüttert: „Du willst was, Herr?" Mehrmals muss ich schlucken: War das wirklich Jesus? Aber die Stimme ist mir inzwischen zu vertraut: Es gibt keinen Zweifel. Ich bin vollends verwirrt. Viele Gedanken jagen mir durch den Kopf, und ich bete: „Gerade fange ich an, mein Leben einigermaßen wieder in den Griff zu bekommen, Herr, und du sagst, dass ich alles wieder hinwerfen soll? Das kann doch nicht dein Ernst sein!" Ich spüre aber in meinem Herzen, dass wieder ein Glaubensschritt erforderlich ist.

Mit mulmigem Gefühl gehe ich zu meinem Chef und sage ihm, dass ich kündigen möchte. Er ist nicht sonderlich erfreut darüber, kommt mir aber entgegen: Er schreibt in meine Kündigung hinein, dass diese einvernehmlich geschehen ist. So bekomme ich vom ersten Tag an Arbeitslosengeld. Wir vereinbaren auch, dass ich noch eine Zeit lang die Kollegen zur Arbeit fahre und wieder abhole. Dafür darf ich den Bus weiter privat benutzen.

Eine offene Tür

Jetzt bin ich also wieder arbeitslos. Zugegeben, ich genieße die Zeit, um mal wieder lesen oder faulenzen zu können. Aber auf Dauer liegt es mir nicht, auf der faulen Haut zu liegen. Ich fange an, mich nach einer Tätigkeit umzusehen. Da meldet sich das Arbeitsamt bei mir: Ich soll meinen Sachbearbeiter kontaktieren.

„Wir führen gerade eine berufsbildende Maßnahme durch", erklärt mir der Sachbearbeiter, als ich ihm gegenüber sitze. „Ich möchte, dass Sie an dieser Maßnahme teilnehmen. Seien Sie bitte am kommenden Montag um acht Uhr in der Schulung!" Was soll das denn, fährt es mir durch den Kopf. Wollen die mich hier auf Trab halten?

Als ich wieder im Bus sitze, überlege ich, was ich tun soll. Ich habe überhaupt keine Lust, an so einer blöden Maßnahme teilzunehmen! Ich lasse mich einfach krankschreiben, nehme ich mir vor. Aber irgendwie stellt sich bei diesem Gedanken eine starke Unruhe ein: Ich spüre in meinem Herzen, dass es nicht richtig ist, sich krankschreiben zu lassen.

In dieser Nacht habe ich einen Traum: Ich komme in meine alte Firma, in der ich als Bandstahlschneider gearbeitet habe, und will kündigen. Mein Meister spricht mich an: „Harald, wenn du jetzt gehst, kann ich nichts mehr für dich tun!" Unbeeindruckt gehe ich zu meinem Spind und will meine Arbeitssachen in die mitgebrachte Tasche einräumen. Zu meiner Überraschung liegt alles fein säuberlich gewaschen, gebügelt und zusammengelegt in meinem Spind. Ich packe alles in meine Tasche. Auf dem Weg zum Ausgang treffe ich wieder meinen Meister, der mich erneut anspricht: „Wenn du jetzt gehst, kann ich dir nicht mehr helfen!"

Einen Tag später treffen wir uns als Gemeinde zu einer Gebetsnacht. Ich nutze eine Gelegenheit, meinem Pastor den Traum aus der letzten Nacht zu erzählen. Seine Antwort kommt wie aus der Pistole geschossen: „Jesus hat für dich etwas vorbereitet, und du sollst das annehmen!" Mich durchzuckt es: Sofort ist mir klar, dass es um das Seminar geht, an dem ich teilnehmen soll.

Das Seminar

Am Montag bin ich pünktlich auf dem Seminar, das sechs Monate dauern soll. Ich komme in den Seminarraum und schaue mich um. Vorne ist noch ein Tisch frei und hinten zwei. Ganz selbstverständlich setze ich mich an den vorderen. Im nächsten Moment muss ich über mich selbst schmunzeln. Vor gar nicht langer Zeit hätte ich mit Sicherheit einen der hinteren Tische genommen, um bloß nicht in die Situation zu kommen, dass man mir zu viel Aufmerksamkeit schenkt. Der Seminarleiter, der den Kurs schon eine Woche leitet, hält kurz inne und stellt mich den anderen Teilnehmern vor. Der Mann ist mir überaus sympathisch. In der Pause setzt er sich zu mir an den Tisch. Neugierig fragt er, was ich so mache und wie ich zu diesem Seminar gekommen bin. Im Gegenzug frage ich ihn, wofür dieses Seminar gut ist. „Ihr bekommt die Gelegenheit, euch verschiedene Betriebe, etwa in der Altenpflege, Krankenpflege, als Lagerist, Berufskraftfahrer und noch einige andere Berufssparten anzuschauen", erklärt er mir. „Das dient der Möglichkeit, sich für eine Ausbildung zu entscheiden. Auf diesem Wege sind schon viele zu einer Ausbildung gekommen."

Wir spüren beide eine starke Sympathie füreinander und nutzen viele Gelegenheiten, um gemeinsam in den Pausen essen zu gehen. Der Glaube ist in unseren Gesprächen immer wieder ein Thema. Carsten, so heißt mein neuer Freund, ist aus der Landeskirche. „Ich habe mich einer freien Kirche angeschlossen", erwidere ich, als er mich fragt, welcher Kirche ich zugehöre. Neugierig möchte er mehr darüber erfahren.

In einer Mittagspause haben wir uns wieder zum Essen verabredet. Letzten Sonntag habe ich einen Missionar kennengelernt, der mich sehr beeindruckt hat. So dreht sich unser Gespräch um diesen Mann und wie Gott ihn gebraucht, um Menschen seine Liebe zu zeigen. Mir ist schon während unseres Gespräches ein Mann aufgefallen, der unsicheren Ganges in die Imbissstube gekommen ist, schenke ihm aber weiter keine Beachtung. Dieser Mann kommt nun auf unseren Tisch zu: „Das stimmt nicht, dass Gott ein Gott der Liebe ist!", schimpft er. Sofort will ich ihm entsprechend antworten und klarstellen, dass das nicht stimmt. Da höre ich wieder die vertraute Stimme Jesu: „Harald, sei einfach nur still und hör ihm zu!" Dann habe ich das Gefühl, dass wir in eine Glocke eingehüllt werden: Wir werden buchstäblich abgeschirmt.

Der Mann erzählt, dass seine Frau durch eine eigentlich einfache Operation ums Leben gekommen ist. Das Jugendamt hat ihm in der Folgezeit die Kinder weggenommen. Aus Frust über dieses ungerechte Leben hat er mit dem Trinken angefangen. Mir stehen die Tränen in den Augen bei diesem schweren Schicksal. Jetzt verstehe ich auch, warum Jesus mich ermahnt hat.

Der Mann sieht erleichtert aus, dass er sein Herz ausschütten konnte. Dann reicht er mir die Hand: „Ich gehe jetzt nach Hause, schlafe meinen Rausch aus und werde mir dann Ihr Traktat über die Liebe Gottes ansehen, das Sie mir gegeben haben. Mal sehen, was dann wird!" Meinem Freund und mir ist klar, dass Gott selbst diese Situation herbeigeführt hat, um diesen Mann anzusprechen.

Fehlentscheidung

Im Laufe des Seminars habe ich mich entschlossen, Altenpfleger zu werden. Als guter Christ muss man einen sozialen Beruf ergreifen, bin ich überzeugt. Wir sollen ja Nächstenliebe üben, habe ich immer wieder gehört und gelesen. Die Kursleiter befürworten gegenüber dem Arbeitsamt meine Entscheidung. Einige Tage nach Ende des Seminars bekomme ich eine Einladung zur Pflegeschule. Inzwischen bin ich mir aber nicht mehr sicher, ob ich wirklich die richtige Entscheidung getroffen habe: Ich und Altenpfleger? So richtig vorstellen kann ich mir das eigentlich nicht.

Der Tag rückt näher, an dem ich mich vorstellen soll. Als ich an diesem Morgen wach werde, verspüre ich eine starke Unruhe. Der Tag wird mir nichts Gutes bringen, spüre ich im Herzen. Mit einem sehr unbehaglichen Gefühl im Magen mache ich mich auf den Weg. In der Pflegeschule werde ich freundlich von der Leiterin begrüßt. Sie bietet mir einen Kaffee an, und wir plaudern eine gute halbe Stunde miteinander. „Warum möchten Sie Altenpfleger werden?", schaut sie mich dann unvermittelt an. Ich zögere etwas: Soll ich ihr die Wahrheit sagen? „Na ja", lächle ich, „das ist von den Ausbildungsstellen, die uns vorgestellt wurden, noch die, die mir am meisten zusagt." Sie schaut mich sehr direkt an: „So, wie ich Sie hier kennengelernt habe, kann ich mir wirklich nicht vorstellen, dass Sie Altenpfleger werden. Dieser Beruf passt nicht zu Ihnen!" Im ersten Moment bin ich erschrocken, muss aber zugeben, dass sie im Grunde nur ausgesprochen hat, was ich schon seit Tagen im Herzen gespürt habe: Dieser Job ist einfach nichts für mich! Wieder zu Hause überlege ich: Was soll ich jetzt machen? Das Seminar ist zu Ende. Jetzt kann ich mich nicht einfach für eine andere Ausbildung entscheiden. Ich stöhne auf. Schon wieder eine falsche Entscheidung getroffen! Ich rufe Carsten an, aber der ist zur Zeit im Urlaub. Mist! Jetzt könnte ich ihn wirklich gut gebrauchen! Was mache ich jetzt? Ich muss mich bei Herrn Schelling, dem anderen Seminarleiter melden. Ich rufe ihn an. „Kommen Sie vorbei!", bietet er mir an. „Dann besprechen wir, was wir für Möglichkeiten haben." Als ich ihm gegenüber sitze und erzähle, wie es mir in der Pflegeschule ergangen ist, schüttelt er den Kopf: „Wenn Sie wollen", bietet er mir an, „dann melde ich mich dort." „Nein, nein!" Diesmal bin ich derjenige, der den Kopf schüttelt: „Die Leiterin hat ja vollkommen recht. Ich bin ihr sogar dankbar, dass sie so ehrlich war. Aber jetzt frage ich mich, wie es weitergeht. Habe ich noch die Möglichkeit, mich für eine andere Ausbildung zu entscheiden?" Herr Schelling lächelt: „Was könnten Sie sich denn vorstellen?" Diese Frage habe ich mir auch schon gestellt, deswegen kann ich spontan sagen: „Berufskraftfahrer! Es war immer schon mein Wunsch, LKW-Fahrer oder Busfahrer zu werden. Aber ich habe mir die Bildungsstätte nicht ansehen können, weil ich gerade am Tag der Besichtigung einen wichtigen Termin hatte!" „Wenn das so ist, können wir das dem Arbeitsamt gegenüber doch gut begründen!", freut er sich. „Stellen Sie sich doch einfach in der Ausbildungsstätte vor!" „Was denn, einfach so?" Er lacht: „Wenn Sie ernsthaft interessiert sind, wird Ihnen die Schule helfen." Ich verabschiede mich mit dem Versprechen, mich so schnell wie möglich in der Ausbildungsstätte zu melden.

Am nächsten Morgen bin ich als Erster da. Eine nette Mitarbeiterin fragt mich, was ich möchte. Ich erkläre ihr meine Situation. „Kommen Sie einfach nächsten Montag zum Unterricht! Wir kümmern uns um alles andere", lächelt sie. Ich sehe sie erstaunt an: „Geht das denn so einfach?" Sie lacht über mein verdutztes Gesicht: „Wir haben Erfahrung darin. Kommen Sie einfach am Montag." Nicht ganz überzeugt verabschiede ich mich bis kommenden Montag. Als ich die Bildungsstätte verlasse und am Tor stehe, hole ich tief Luft und blicke zum Himmel: „Jesus, ist das jetzt der Weg, den ich gehen soll?" Im gleichen Moment spüre ich, wie ein Schauer nach dem anderen meinen Körper durchströmt und sich ein tiefer Friede einstellt: Das ist deutlich!

Was mache ich jetzt?

Am Montag darauf stehe ich wieder im Büro der Ausbildungsstätte. Die Mitarbeiterin begrüßt mich freundlich und nimmt meine Daten auf: „Ich brauche von Ihnen noch ein Führungszeugnis und die Bescheinigung, dass Sie hier gemeldet sind." Sie überreicht mir eine Kopie des Vertrages mit der Bildungsstätte: „Lesen Sie sich alles in Ruhe durch! In zwei Tagen können Sie schon am Unterricht teilnehmen, wenn Sie möchten." „Und ob ich möchte!", rufe ich erfreut aus. Ich verabschiede mich eilig und mache mich auf den Weg zum Amt, um die notwendigen Papiere zu besorgen. Gerade noch rechtzeitig komme ich an, bevor das Amt schließt. Eine Mitarbeiterin nimmt meine Daten auf. Als sie mich nach meiner Adresse fragt, fährt mir der Schrecken in die Glieder: Ich bin doch zur Zeit nirgends gemeldet! In meiner Freude habe ich das ganz übersehen! Die Mitarbeiterin überlegt einen Moment, als ich ihr meine Situation schildere. „Es gibt eine Möglichkeit", lächelt sie. Sie gibt mir eine Adresse: „Dort im Haus können sich obdachlose Menschen anmelden, damit sie eine Anschrift haben und ihre Post bekommen." Ich bedanke mich und mache mich sofort auf den Weg. Tatsächlich kann ich mich in der Einrichtung anmelden. Ein Mitarbeiter gibt mir eine Bescheinigung, dass ich jetzt bei ihnen gemeldet bin.

Am nächsten Morgen bin ich wieder auf dem Amt. „Na, hat es geklappt mit der Adresse, die ich Ihnen gegeben habe?" Fragend sieht mich die Mitarbeiterin an. „Noch mal ganz, ganz herzlichen Dank!", bedanke ich mich bei ihr und überreiche ihr einen Blumenstrauß und die Bescheinigung. In einer Woche kann ich die Papiere abholen, versichert sie mir.

Was soll das?

Ich bin jetzt zwei Wochen in der Ausbildung, und das Arbeitsamt hat sich nicht gemeldet. Ich atme erleichtert auf: Scheinbar geht wirklich alles seinen Gang, und ich muss mir keine Sorgen machen! Dann aber halte ich einen Brief des Arbeitsamtes in der Hand: „Da Sie weder einen Schulabschluss noch eine Ausbildung besitzen, dürften Sie nicht an der Ausbildung für Berufskraftfahrer teilnehmen", lese ich. „Sie müssen sich einem psychologischen Test unterziehen, ob Sie für diese Ausbildung geeignet sind." Der Test soll in drei Tagen beim psychologischen Dienst im Arbeitsamt stattfinden. Mir fährt der

Schrecken in die Knochen: Ich sehe meine Felle schon wieder davonschwimmen. Ich habe von Psychologen nicht viel Gutes gehört, und jetzt soll ich ausgerechnet zu so einem Psychologen gehen und mich testen lassen? Das gefällt mit überhaupt nicht! Aber wieder höre ich die leise Stimme in mir: „Du schaffst das, ich bin bei dir!" Sofort spüre ich, wie ich mich entspanne.

Pünktlich bin ich im Arbeitsamt. Der Psychologe stellt sich vor und erklärt mir, welche Tests ich machen soll. Innerlich spüre ich immer noch eine große Gelassenheit und die Gewissheit: Ich schaffe das! Als ich dann die einzelnen Testreihen vor mir liegen habe, bin ich erstaunt: Das hatte ich mir viel schlimmer vorgestellt! Schnell habe ich die Testreihen ausgefüllt. Der Psychologe sieht mich fragend an, als ich ihm die Unterlagen reiche: „Sie sind aber schnell fertig!" Dann sieht er auf die Uhr: „In einer Stunde habe ich mir alles in Ruhe angesehen, dann können Sie wiederkommen."

Nach einer Stunde bin ich wieder da. Freundlich reicht er mir die Hand: „Sie haben alle Tests mit Bravour bestanden!" Dann sieht er mich durchdringend an: „Sagen Sie bitte, warum haben Sie aus Ihren Möglichkeiten nicht mehr gemacht?" „Das hat etwas mit meiner Biografie zu tun!", lächle ich erleichtert. „Dann will ich nicht weiter nach bohren!", schmunzelt er. „Sie dürfen auf jeden Fall die Ausbildung zum Berufskraftfahrer weitermachen. Ich bin überzeugt davon, dass Sie die Ausbildung schaffen werden. Dazu wünsche ich Ihnen viel Glück!" Ich bedanke mich und habe es eilig, zur Schule zu kommen.

Das erste Mal auf einem LKW

Ich habe meine erste Fahrstunde auf einem LKW. Der Fahrlehrer erklärt mir das Fahrzeug und die Bedienung: „Besonders beachten müssen Sie die Kurven, ein LKW hat einen sehr großen Wendekreis. Sie müssen immer weit ausholen und nicht zu schnell in die Kurven fahren!" Dann darf ich hinter dem Steuer Platz nehmen. Als ich hinter dem Lenkrad sitze, überkommt mich ein Glücksgefühl: Ich darf endlich einen Lastzug fahren! Das, was ich mir immer schon gewünscht habe, ist jetzt Realität. Ich fahre los. Schon nach wenigen Kilometern stellt der Fahrlehrer fest: „Sie sitzen aber auch nicht das erste Mal am Steuer eines LKW." „Ich habe im Leben noch keinen LKW gefahren!", lache ich. „Das können Sie mir jetzt nicht erzählen!", sieht er mich neugierig an. Ich belasse es dabei und konzentriere mich auf das Fahren.

Im Laufe der Fahrt entwickelt sich zwischen uns ein angeregtes Gespräch. Ich habe ihm erzählt, dass ich zum Glauben gefunden habe. Darüber möchte er mehr erfahren. Bei meinen weiteren Fahrten ist der Glaube immer wieder ein Thema.

Die Führerscheinprüfung schaffe ich mit Bravour. Aber ich habe mich inzwischen entschieden, weiterzumachen: Ich möchte gerne Busfahrer werden. Die Lehrkräfte unterstützen mich in meiner Entscheidung. Als ich meine erste Fahrstunde auf einem Bus absolvieren soll, stellt der Fahrlehrer fest, dass die Schule vergessen hat, mir einen Praktikumsplatz zu besorgen. Ohne diesen wird der weitere Führerschein vom Arbeitsamt aber nicht übernommen. Im Büro überlegen sie hin und her: „Am besten wird es sein, wenn Sie beim Arbeitsamt nachfragen", schlägt mir der Fahrlehrer vor. „Sie können sich sofort frei nehmen und zum Arbeitsamt fahren." Eilig mache ich mich auf den Weg.

Beim Arbeitsamt verlange ich, mit dem Leiter zu sprechen. Tatsächlich nimmt er sich Zeit für mich: „Womit kann ich Ihnen dienen?", sieht er mich neugierig an, als ich das Büro betrete. „Ich bin in der Ausbildung zum Berufskraftfahrer", erkläre ich ihm. „Das ist eine tolle Sache, und ich bin dem Arbeitsamt gegenüber sehr dankbar, diese Ausbildung machen zu dürfen. Ich wäre später aber gerne Busfahrer und möchte Sie bitten, dass Sie mir den Personenbeförderungsschein auch bewilligen." Nachdenklich sieht er mich an: „Da muss ich Ihnen leider eine Absage erteilen. Intern haben wir vor Kurzem beschlossen, dass zur Zeit nur Frauen die Ausbildung zum Busfahrer genehmigt bekommen." Mit Engelszungen versuche ich, ihm klarzumachen, dass ich doch so gerne Busfahrer werden möchte. Er bleibt hart. Enttäuscht fahre ich wieder zur Schule zurück. Wenigstens kann ich die Ausbildung zum Berufskraftfahrer machen, beruhige ich mich während der Fahrt.

Immer noch frustriert komme ich ins Büro: „Ich darf leider..." Bevor ich den Satz zu Ende bringen kann, kommt die Mitarbeiterin auf mich zu und drückt mir die Hand: „Das Arbeitsamt hat gerade angerufen und uns mitgeteilt, dass sie die zusätzlichen Kosten übernehmen. Sie dürfen Busfahrer werden!" Als ich wieder im Unterrichtsraum auf meinem Platz sitze, danke ich Jesus im Stillen, dass er mir so sehr zur Seite steht.

156

Naturtalent

„Wer möchte zuerst fahren?", fragt der Fahrlehrer, als wir den Bus betreten. Fünf Männer und eine Frau sehen ihn erschrocken an. Einen kurzen Moment überlege ich, ob ich mich melden soll. Aber der Mut ist genauso schnell wieder weg, wie er gekommen ist. Der Fahrlehrer lacht: „Das habe ich mir schon gedacht, dass keiner der Erste sein will." „Wir können doch das Los entscheiden lassen", schlägt einer der anderen Fahrschüler vor. Der Vorschlag wird in die Tat umgesetzt. Das Los geht zu meiner Erleichterung zunächst an mir vorbei.

Wir fahren durch mehrere Ortschaften, über die Autobahn, über Land und Bundesstraßen und kommen nach Köln. „Wer möchte jetzt fahren?" Der Fahrlehrer schaut in die Runde. „Mitten durch Köln?", ertönt es vielstimmig. „Meine Herrschaften", schüttelt der Fahrlehrer den Kopf, „Sie werden im Zuge Ihrer Tätigkeit als Busfahrer noch ganz andere Schwierigkeiten zu bewältigen haben. Da braucht es etwas mehr Mut!" Ich nehme meinen Mut zusammen und melde mich. Nachdem ich die Spiegel und den Sitz eingestellt habe, fahre ich los. Das ist ein schönes Gefühl! So ein Bus ist doch noch etwas anderes als ein LKW.

Bedingt durch den Bau der U-Bahn sind die Straßen in Köln sehr schmal abgesteckt. Ich muss sehr konzentriert fahren. Gleichzeitig spüre ich eine große Gelassenheit. Das kenne ich eigentlich gar nicht von mir. Der Fahrlehrer lobt mich: „Sie fahren schon fast wie ein alter Hase!" Als wir einmal an einer roten Ampel stehen, kommen zwei Bedienstete der Kölner Verkehrsbetriebe auf den Bus zu. „Haben Sie nicht Lust, bei uns anzufangen?", lacht der eine, als ich die Scheibe herunterlasse. „Wir haben Sie beobachtet und könnten Sie bei uns gut gebrauchen." Leider springt die Ampel gerade um, und ich muss los. Als ich das Steuer einem anderen Kollegen übergebe und mich setze, denke ich mit Staunen, dass ich vor gar nicht langer Zeit das Selbstvertrauen und den Mut nicht gehabt hätte, mich freiwillig zu melden, um einen Bus mitten durch Köln zu lenken. Jesus ist ganz schön am Arbeiten an, und in mir!

In den nächsten Wochen fahren wir durch ganz NRW. Wir brauchen eine bestimmte Zeit an Fahrstunden. Ich genieße jede einzelne Fahrt. Busfahren ist mein Ding! Als ich wieder einmal hinter dem Steuer sitze, während wir im Sauerland unterwegs sind, kommen Mitschüler auf mich zu: „Wenn du hinter dem Steuer sitzt, haben wir das Gefühl, in einem Reisebus zu sitzen", klopfen sie mir anerkennend auf die Schulter. Ich bedanke mich für die Anerkennung.

Ein Geschenk

Leider muss ich die Wohnung verlassen, die mir der junge Mann aus der Gemeinde zur Verfügung gestellt hat. Andere Mieter haben sich beschwert, dass ich schon mehr als drei Monate bei ihm wohne. Ich komme eine kurze Zeit bei meinem Pastor und seiner Frau unter. Dann wechsle ich immer wieder zu lieben Menschen aus der Gemeinde. Es frustriert mich aber, dass ich noch keine eigene Wohnung gefunden habe. Mit jeder Woche wird der Frust größer. Dann habe ich wieder einen Traum: Ich träume, dass Jesus mir ein Geschenk überreicht.

Am gleichen Nachmittag bringe ich Margit, eine Freundin (heute meine Frau), die ich in der Gemeinde kennengelernt habe, zur S-Bahn-Haltestelle. Unterwegs erzählt sie mir, dass ihr ein Appartement angeboten worden ist. Sie will aber in keine andere Stadt ziehen. Dann sieht sie mich neugierig an: „Sag mal, du hast doch immer noch keine Wohnung, melde du dich doch für das Appartement!" „Warum nicht?", erwidere ich nachdenklich. „Ein Versuch kann ja nicht schaden!"

Wieder zu Hause nehme ich das Telefon und rufe die Nummer an, die Margit mir gegeben hat. Tatsächlich erreiche ich sofort den Vermieter. Wir verabreden, dass ich mir das Appartement morgen Mittag ansehen kann. Mit etwas bangem Herzen fahre ich am nächsten Tag hin. Der Vermieter macht auf mich einen sehr sympathischen Eindruck, das nimmt mir etwas den Druck von der Seele. „Was machst du denn zur Zeit?" Fragend sieht er mich an, nachdem er mir das Appartement gezeigt hat. „Ich bin zur Zeit in einer Schulung des Arbeitsamtes, lebe getrennt von meiner Frau und habe keine Wohnung vorzuweisen", gebe ich ehrlich Auskunft. Das war es dann wohl, denke ich. Bei diesen Referenzen werde ich die Wohnung sicher nicht bekommen. Nachdenklich sieht er mich an: „Ich sehe, dass du eine ehrliche Haut bist und scheinbar viel Pech hattest. Du bekommst das Appartement!" Ein tiefes Glücksgefühl durchströmt mich. Zwei Tage später halte ich den Mietvertrag in der Hand.

Kapitel 16

Die Wolken lichten sich

„Ihre Frau reicht die Scheidung ein", lese ich in dem Brief, den ich gerade aus dem Briefkasten genommen habe. Ich wusste ja, dass dieser Brief irgendwann kommen wird. Aber jetzt bin ich doch erschrocken. Was mache ich jetzt, überlege ich. Ich beschließe, sie anzurufen: Vielleicht lässt sich meine Ehe ja doch noch retten! Ich nehme das Telefon und rufe Gisela, die inzwischen wieder in der Nähe wohnt, an. Wider Erwarten scheint sie sich über meinen Anruf zu freuen. Wir verabreden, dass ich sie am kommenden Samstag besuche.

In der Nacht habe ich wieder einen Traum: Mir steht eine Wüstenwanderung bevor, auf die ich Gisela gerne mitnehmen möchte. Aber sie winkt ab. Sie will nicht mit, es ist ihr zu mühsam. Ich habe es mir aber in den Kopf gesetzt, sie mitzunehmen. Darum mache ich ihr den Vorschlag, einen Bollerwagen zu besorgen, auf den sie sich setzen kann. Ich werde sie dann ziehen. Widerwillig lässt sie sich darauf ein. Ich besorge einen Bollerwagen und ein Wasserfass, damit wir unterwegs genug zu trinken haben. Nach langem Zureden ist Gisela bereit, sich auf den Wagen zu setzen. Als ich dann das Wasserfass auf den Wagen hebe, steht sie auf und geht mit stolzem Blick davon. Ich muss mich alleine auf den Weg machen. Der Traum müsste mir eigentlich schon eine Warnung sein, aber ich will dennoch nichts unversucht lassen.

Als der Tag unserer Verabredung da ist, besorge ich mir einen schönen Blumenstrauß. Wie wird das Treffen wohl ablaufen, überlege ich unterwegs. Wird sie mich wieder mit Vorwürfen überhäufen? Mit einem unguten Gefühl schelle ich bei ihr an. Sie öffnet die Tür und nimmt mich herzlich in den Arm. Ich bin verwirrt: Nach den Schwierigkeiten, die wir hinter uns haben, hätte ich eigentlich mit solch einer freudigen Begrüßung nicht gerechnet. Wir setzen uns gemütlich ins Wohnzimmer, trinken Kaffee und plaudern. Als ob es nie Probleme gegeben hätte, fährt es mir durch den Kopf, und ich bin irgendwie auf der Hut: Das geht mir zu einfach! Ich erzähle ihr, dass ich zum Glauben gefunden habe und seitdem große Veränderungen erfahre. „Ich spüre schon die ganze Zeit, dass du dich irgendwie verändert hast!", sieht sie mich nachdenklich an.

Am Abend will ich nach Hause fahren, aber sie hält mich auf: „Ich möchte gerne mit dir schlafen!" Damit hatte ich jetzt nicht gerechnet, sage jedoch sofort zu. Schnell merke ich aber, dass von der Harmonie, die wir zumindest beim Sex immer hatten, nicht mehr viel zu spüren ist. Es ist für uns beide kein schönes Erlebnis. Selbst darüber beschwert sie sich nicht, wie das sonst ihre Art gewesen ist. Wir sind uns einfach fremd geworden, stelle ich fest. Auf der Fahrt nach Hause beschleicht mich eine starke Unruhe. Ich spüre im Herzen, dass ich heute noch eine unangenehme Überraschung erleben werde. So kommt es auch: Ich habe kaum die Jacke ausgezogen, da klingelt das Telefon. Gisela ist am anderen Ende der Leitung: „Weißt du, du hast dich als Christ so sehr verändert, dass ich dich nicht mehr einschätzen kann. Ich möchte mich doch scheiden lassen!" Ohne eine Antwort abzuwarten, legt sie auf. Eine tiefe Traurigkeit überfällt mich. Ich spüre, das ist jetzt wirklich das Ende der Beziehung.

Die Vision

Während die Scheidung läuft, werde ich eines Morgens mit einer Vision wach: Ich sehe Gisela mit einem Baby auf dem Arm. Was mag das wohl bedeuten, frage ich mich.

Bei einem Stadtbummel einige Tage später treffe ich die Lebensgefährtin von Giselas Bruder. Erfreut nehmen wir uns in den Arm. Wir mochten uns schon immer und freuen uns, dass wir uns nach so langer Zeit wieder begegnen. Wir setzen uns in einen Biergarten, bestellen uns ein großes Alster und erzählen, wie es uns in den Jahren, die wir uns nicht gesehen haben, so ergangen ist. Dabei erfahre ich, dass Gisela im Urlaub einen Mann kennengelernt hat und jetzt von ihm schwanger ist. Jetzt weiß ich auch, was die Vision, die ich einige Tage zuvor hatte, zu bedeuten hat. Ein paar Tage später bekomme ich Post vom Familiengericht: „Ihre Frau bekommt ein Kind", schreiben sie. Jetzt wollen sie prüfen, ob ich zum Unterhalt verpflichtet bin. Weiter schreiben sie, dass Gisela ihnen versichert hat, dass das Kind nicht von mir ist. Aber sie möchten meine Stellungnahme dazu. Wieder einmal muss ich über Gottes Fürsorge staunen: Hätte er mich durch die Vision und das Treffen mit Giselas Schwägerin nicht vorgewarnt, wäre ich vermutlich aus allen Wolken gefallen.

Gisela und ich treffen uns im Gericht wieder. Der Richter glaubt unseren Beteuerungen, dass ich nicht der Vater des Kindes bin. Anschließend versuche ich mit ihr zu sprechen. Aber sie winkt nur ab und verschwindet.

Zwei Monate später ist der Scheidungstermin. Ich habe vorher noch einmal Zeit, mit ihr zu sprechen: „Möchtest du es dir nicht doch noch einmal überlegen?" Sie schüttelt den Kopf: „Ich habe einen neuen Partner, mit dem ich zusammenlebe." „In Ordnung!", erwidere ich ihr. „Ich kann dich sogar verstehen. Ich lege dir keine Steine in den Weg!" Eine Stunde später sind wir geschieden.

Wie geht es weiter?

Wie gehe ich jetzt damit um, frage ich mich. In der Bibel habe ich gelesen, dass wir uns nicht scheiden lassen sollen. Muss ich jetzt den Rest meines Lebens alleine bleiben? Der Gedanke behagt mir überhaupt nicht! In Gesprächen mit anderen Christen versuche ich, herauszufinden, was Gott dazu sagt. Auch jetzt stelle ich wieder fest, dass es ganz unterschiedliche Ansichten dazu gibt. Die einen erklären mir, ich muss alleine bleiben, andere, ich darf wieder heiraten. Das hilft mir alles nicht weiter. Auch in der Bibel finde ich zunächst keine Antwort, die mir Klarheit schenken würde. Dann lese ich 1.Korinther 7,15: *„Wenn sich der Ungläubige scheiden lassen will, so lasse er sich scheiden. Der Bruder oder die Schwester ist in solch einem Fall nicht gebunden."* Ich nehme das für mich so an. Dass Gisela mit dem Glauben nicht viel im Sinn hat, hat sie mir ja gesagt.

Das Praktikum

Die Prüfung ist geschafft! „Alle Achtung!", lächelt der Fahrprüfer. „Die Fahrgäste, die Sie einmal befördern werden, dürfen sich freuen." Ich bedanke mich und habe es eilig, in die Firma zu kommen, in der ich mein Praktikum absolvieren werde. Sechs Monate lang soll ich Fahrpraxis sammeln. Danach muss ich einen Monat lang zurück zur Schule, um die Ausbildung zum Berufskraftfahrer abzuschließen. „Das ist super, dass Sie da sind!", freut sich der Betriebsleiter, bei dem ich mich vorstelle. „Ihr Fahrlehrer hat sich schon bei uns gemeldet und uns nahegelegt, Sie einzustellen. Wir können im Moment auch jeden Fahrer gebrauchen. Morgen können Sie anfangen."

Am nächsten Morgen erscheine ich pünktlich zum Dienst. Eine Kollegin kommt auf mich zu und stellt sich lachend vor: „Du bist also der Praktikant!" Sie schüttelt mir kräftig die Hand. „Der Chef hat angeordnet, dass ich dich einweisen soll." Dann stellt sie mich den anderen Kollegen vor und zeigt mir die Firma. Als alle anderen Linienbusse den Betriebshof verlassen haben, bereitet sie unser Fahrzeug für den Dienst vor. Geduldig beantwortet sie dabei alle meine Fragen. Dann fahren wir los. Ich schaue mir aufmerksam alle Abläufe an und präge mir die Haltestellen gut ein.

Drei Tage fahre ich jetzt schon mit, da fordert die Kollegin mich auf, das Steuer zu übernehmen. „Was denn, jetzt schon?", sehe ich sie erschrocken an. Aber dann setze ich mich hinter das Steuer, richte den Sitz und die Spiegel ein und fahre los. Entgegen meiner Sorgen klappt es gut mit dem Fahren. Ich muss auch nicht so viele Fahrscheine verkaufen und kann mich hauptsächlich auf das Fahren konzentrieren.

Nach einer Woche ruft mich der Betriebsleiter ins Büro: „Na, wie läuft es?" Fragend sieht er mich an. „Ich bin ganz zufrieden!" „Prima, dann können Sie ja morgen schon einen Dienst übernehmen!" Jetzt muss ich doch schlucken: „Was denn, so schnell schon?" „Ich denke, dass das für Sie kein so großes Problem sein wird", lacht er. „Von Ihrer Kollegin habe ich nur Gutes gehört." Mit Unbehagen fahre ich nach Hause. Wie wird es wohl werden, frage ich mich immer wieder. Bisher konnte ich mich immer an die Kollegin wenden, wenn ich mit etwas nicht klarkam. Werde ich das auch alleine schaffen?

Mit leicht zitternden Knien mache ich am nächsten Morgen das Fahrzeug fertig. Das erste Mal bin ich auf mich allein gestellt. Als ich losfahre, stellt sich eine tiefe Ruhe ein: Ich bin in meinem Element!

Ich schaffe das nicht

Das Busfahren macht mir richtig Spaß, und ich freue mich, jeden Tag hinter dem Steuer zu sitzen. Aber der Umgang mit den Fahrgästen macht mir sehr zu schaffen. Ich verhalte mich manchmal noch ziemlich ruppig, besonders, wenn sich jemand unfreundlich benimmt oder ich sehr viel Verspätung habe. Das ärgert mich, und ich nehme mir im Herzen vor: Das muss sich ändern! Das ist aber gar nicht so einfach, stelle ich immer wieder fest.

Nachdem ich wieder einmal mit einem Fahrgast aneinandergeraten bin, nehme ich mir vor, doch lieber LKW-Fahrer zu werden. Ich komme nach wie vor mit anderen Menschen nicht zurecht. Dann will ich doch lieber eine Tätigkeit, bei der ich alleine bin: Für mich als Einzelgänger genau das Richtige! Im Gebet bringe ich mein Problem und die Entscheidung, die ich im Herzen getroffen habe, zu Jesus. „Ich schaffe das im Leben nicht!", klage ich. Und wieder einmal höre ich die sanfte Stimme Jesu: „Hab Mut, ich bringe dich da durch! Ich weiß sehr wohl, dass das für dich eine große Herausforderung ist, aber ich bin bei dir!" Tatsächlich wird es mit den Wochen immer besser, und ich schließe sogar mit Fahrgästen die ersten Freundschaften.

Ich bin jetzt zwei Monate in der Firma, da ruft mich der Chef in sein Büro. Freundlich begrüßt er mich: „Wie gefällt Ihnen die Arbeit bei uns?" Fragend sieht er mich an. „Ich bin sehr zufrieden!", erwidere ich und frage mich, was der Chef von mir möchte. „Sie machen Ihre Arbeit so gut, dass ich mich entschlossen habe, Ihnen zehn D-Mark die Stunde zu geben!", fährt er fort und überreicht mir 1800 D-Mark. Ich bin überwältigt und sage spontan: „Das habe ich in meinem Leben selten erlebt, dass mir von sich aus jemand etwas Gutes tut, ohne dass er das müsste. Ich werde später ziemlich sicher in Ihrer Firma anfangen!" Gleichzeitig überlege ich mir schon, welche Schulden ich abtragen kann.

Endlich eine Ausbildung

Nach sechs Monaten muss ich wieder zur Schule, um die Ausbildung zum Berufskraftfahrer abzuschließen. Mit dem schriftlichen Teil der Prüfung habe ich wenig Probleme. Die technischen Fragen beantworte ich auch zufriedenstellend. Aber ich muss auch noch einen LKW mit Anhänger rückwärts in eine Parkbucht bewegen! Als Busfahrer gelingt mir das nur mäßig. Der Prüfer, den ich aus der Schule kenne, drückt beide Augen zu: „Ich weiß ja, dass Sie das können!", schmunzelt er und unterschreibt die Urkunde, die vor ihm liegt. Er gratuliert mir zur bestandenen Prüfung und reicht mir die

Urkunde: „Ein schönes Datum" lacht er. „Ab 12.12.1992 Berufskraftfahrer, dass Datum kann man sich gut merken."

Ich bedanke mich überschwänglich. Innerlich bin ich fast am Platzen: Endlich, mit inzwischen 41 Jahren, habe ich einen anerkannten Berufsabschluss! Ich bin schier überwältigt. Danke, Jesus!

Voller Freude stelle ich mich am nächsten Tag in der Firma vor. Alle freuen sich mit mir, dass ich die Prüfung geschafft habe. „Wie soll es jetzt weitergehen?", schaue ich den Betriebsleiter an. Er überlegt einen Moment: „Wir haben zur Zeit genug Fahrer im Liniendienst. Ich würde Sie gerne im Reisedienst einsetzen!" „Nein, das werde ich nicht machen!", platze ich heraus. Verdutzt schaut mich der Betriebsleiter an: „Was spricht dagegen?" „Ich bin gerade dabei, mir ein neues Leben aufzubauen", schaue ich ihn ernst an. „Nach vielen Jahren habe ich erste Freundschaften und bin in einer Gemeinde aktiv. Das werfe ich nicht alles weg." Aber der Mann hat es sich in den Kopf gesetzt, dass ich Reisebus fahren soll. Dann bin ich es leid: „Ich werde jetzt nach Hause gehen und mich eine Woche auf die faule Haut legen. Sie können sich ja überlegen, ob Sie mich weiter beschäftigen wollen. Wenn nicht, suche ich mir einen anderen Arbeitgeber."

Kaum bin ich zu Hause, ruft mich der Chef persönlich an: „Wir haben noch einmal über alles gesprochen. Sie sind ein guter Busfahrer, und wir würden Sie ungern verlieren. Bleiben Sie diese Woche zu Hause und genießen Sie die Zeit. Bis dahin haben wir sicher etwas für Sie gefunden!" Noch während wir miteinander telefonieren, bekommt er die Nachricht, dass sich ein Kollege krank gemeldet hat: Ich kann sofort wieder anfangen.

Eine besondere Herausforderung

Bei einer kirchlichen Veranstaltung einige Monate später lerne ich eine Gruppe Christen kennen. Ich komme mit einem jungen Mann ins Gespräch. Zu meiner Freude stelle ich fest, dass er auch Busfahrer ist. Er wird oft zu Hilfseinsätzen gerufen, erzählt er. Schnell überlege ich, ob ich auch so etwas machen soll, spüre aber, dass es nicht meine Aufgabe ist. Zum Abschied drücke ich dem Kollegen einen Zettel mit meiner Telefonnummer in die Hand:

„Vielleicht kannst du sie ja irgendwann gebrauchen, wenn nicht, wirf sie einfach weg!"

Seit dieser Begegnung ist ein gutes Jahr vergangen, und ich habe sie schon fast vergessen. An einem Vormittag sitze ich im Sessel und bin in ein Buch vertieft. Auf einmal klingelt das Telefon. Ich schaue auf die Telefonnummer, aber sie ist mir nicht bekannt. „Hier ist Matthias K.", stellt sich ein Mann am anderen Ende der Leitung vor. „Wir suchen für eine christliche Jugendfreizeit in Griechenland einen Busfahrer." „Und warum rufen Sie ausgerechnet mich an?", frage ich irritiert. „Sie haben vor einiger Zeit einem Kollegen von Ihnen diese Telefonnummer zukommen lassen", erwidert mein Gesprächspartner. „Der war mit seiner Gruppe bei uns und hat mir Ihre Nummer gegeben." Ah…, jetzt kann ich mich wieder erinnern. „Das ist schön, aber was möchten Sie jetzt von mir?", frage ich vorsichtig nach. Matthias erzählt, dass sie jedes Jahr eine christliche Jugendfreizeit nach Griechenland organisieren. In diesem Jahr fehlt ihnen aber ein Busfahrer. „Können Sie sich vorstellen, so eine Freizeit zu fahren?" „Ich bin mir nicht sicher", erwidere ich. „Ich bin noch nicht so lange Busfahrer, habe keine Erfahrung mit einem Reisebus und war auch noch nie in einem anderen Land!" Er macht mir Mut: „Ich habe diese Freizeit schon mehrmals als Leiter mitgemacht und kenne die Strecken, die wir fahren müssen." Nebenbei wirft er noch ein, dass ein weiterer Fahrer eingeplant ist. Das gibt für mich den Ausschlag. Der andere Fahrer wird sicher die Erfahrung mitbringen, die mir fehlt, überlege ich.

Ich rufe meinen Betriebsleiter an und erzähle ihm von dem Gespräch, das ich gerade hatte. „Wann soll denn diese Freizeit stattfinden?" Ich nenne ihm das Datum. „Das geht gar nicht!", erwidert er. „Zu diesem Zeitpunkt sind schon zwei Kollegen im Urlaub." Ich atme tief durch. „Na gut, da kann man nichts machen." Da ich Matthias um drei Tage Bedenkzeit gebeten habe, lasse ich mir Zeit, ihn anzurufen.

Am nächsten Mittag muss ich ins Büro, weil ich noch einige Fahrscheinblöcke brauche. „Ich habe eine freudige Nachricht für Sie!", werde ich von meinem Betriebsleiter begrüßt. „Ich habe einen Kollegen gefunden, der seinen Urlaub mit Ihnen tauschen würde." Ich bin überwältigt und bedanke mich herzlich bei ihm. Nach Feierabend rufe ich Matthias an. Er ist erfreut, als er hört, dass ich als Fahrer zur Verfügung stehe. Dabei erfahre ich, dass ich doch die ganze Freizeit alleine fahren muss. Der zweite Fahrer wird den Bus erst auf dem Rückweg von der italienischen Grenze nach Deutschland übernehmen, weil meine Lenkzeit sonst überschritten würde. Mir fährt der Schrecken in die Glieder, und ich würde meine Zusage am liebsten wieder zurücknehmen. Hatte ich doch so sehr darauf vertraut, dass ich vom anderen Fahrer lernen kann. Jetzt soll ich die ganze Fahrt alleine machen? Was wird mich erwarten? Wie sieht es im Ausland aus? Was ist mit der Sprache? Viele Fragen schießen mir in diesem Moment durch den Kopf. Aber ich habe die Zusage gegeben, und es ist nicht meine Art, sie einfach zurückzunehmen. Aber wohl ist mir bei dem Gedanken wirklich nicht!

In den Wochen bis zur Freizeit mache ich mir viele Gedanken. Ich stehe vor etwas vollkommen Unbekanntem, das macht mir Angst. Immer wieder gehe ich ins Gebet und spüre, dass ich innerlich gestärkt werde. Seit ich gläubig bin, mache ich so viele Sachen, die ich früher im Leben nicht angefangen hätte. Jesus traut mir scheinbar mehr zu als ich selbst. Aber dennoch wird meine Unruhe größer, je näher die Freizeit kommt.

Es ist so weit

Dann ist es so weit: Ich setze mich in meinen alten Wagen, den ich einem Freund für wenig Geld abgekauft habe. Der Wagen hat so seine Macken, und ich bin nicht sicher, ob er mich ans Ziel bringen wird. Aber wider Erwarten schafft er die 450 Kilometer ohne Probleme. Matthias begrüßt mich freudig, als ich ankomme. Dann stellt er mich den anderen Mitarbeitern vor. Nachdem wir zu Mittag gegessen haben, setzen wir uns zusammen und besprechen, wie der weitere Ablauf sein wird. Matthias und ich werden den Bus abholen. Anschließend werden die hinteren Sitze ausgebaut, um Stauraum für die Koffer zu gewinnen. Im eigentlichen Stauraum müssen Tische, Bänke, Zelte und die Lebensmittel für fast zwei Wochen verstaut werden.

Wir machen uns auf den Weg, um den Bus abzuholen. Im Büro erledigt Matthias die schriftlichen Sachen. Dann werden uns die Schlüssel und Tachoscheiben für den Bus ausgehändigt. Leider hat niemand Zeit, mir den Bus genauer zu zeigen. Ich muss alleine klarkommen. Als ich den Bus sehe und betrete, stelle ich dankbar fest, dass ich mit dem Vorgängermodell dieses Busses schon einige Male im Werksverkehr gefahren bin. Alles ist mir weitgehend vertraut, auch wenn es viele Veränderungen gibt.

Wieder zurück, bauen wir den Bus um und laden alles ein. Der Bus wird immer voller. Ich spreche Matthias an: „Du weißt, dass wir auf das Gewicht zu achten haben?" Er lacht: „Wir haben alles genau durchgerechnet." Na, so ganz sicher bin ich mir nicht, dass sie richtig gerechnet haben. Aber ich muss ihnen vertrauen. Am Abend haben wir alles fertig. Der Bus steht abfahrbereit. Jetzt sitzen wir in einer gemütlichen Runde zusammen. Einige Mitarbeiter waren schon im letzten Jahr bei der Freizeit dabei und haben viel Schönes zu berichten. Meine Neugierde steigt.

In der Nacht schlafe ich sehr unruhig und werde immer wieder wach. Das ist nicht so gut, weil ich sehr früh aufstehen und die Teilnehmer der Freizeit am Bahnhof in Stuttgart abholen muss. Als ich wach werde, spüre ich, dass ich leichtes Fieber habe. Um Gottes willen, was mache ich jetzt? So ein leichtes Fieber bringt mich ja nicht um, aber was ist, wenn es noch stärker wird? Ich nehme eine fiebersenkende Tablette, und einige Minuten später wird es schon besser. Die Fahrt zum Stuttgarter Hauptbahnhof verläuft gut. Alle Teilnehmer der Freizeit sind am Bahnhof eingetroffen. Gerade dabei hatten wir die meisten Bedenken, ob alle Teilnehmer auch da sein werden. Wir laden das Gepäck ein und machen uns auf die Rückfahrt.

Wieder zurück werden die letzten Vorbereitungen getroffen, dann geht die Fahrt los. Unterwegs spüre ich, dass das Fieber sich wieder durchkämpft. Aber eine Tablette will ich während der Fahrt nicht nehmen. Ich bin nicht sicher, ob sie nicht doch meine Reaktionen beeinflussen würde. Bis zur italienischen Grenze geht alles gut, sieht man davon ab, dass ich durch das Fieber körperlich angegriffen bin. Aber ich fahre hochkonzentriert. An der Grenze müssen wir anhalten, weil wir kontrolliert werden. Matthias' Frau Susanne nimmt sich eine Gitarre und singt Lobpreis-Lieder. Kurze Zeit später ist der Bus vom Gesang vieler Stimmen erfüllt. Als Susanne mein Lieblingslied „Jesus, dein Licht füll' dies Land mit des Vaters Ehre" anstimmt, spüre ich, wie neue Kraft in mich hineinfließt. Diese reicht aus, uns sicher zum Gardasee zu bringen. Dort machen wir die erste Rast, bevor es am nächsten Morgen weiter nach Ancona (Italien) zum Fährhafen geht.

Mir wird ein Laderaum freigeräumt, damit ich in Ruhe etwas schlafen kann. Aber richtig schlafen kann ich nicht. Mitten in der Nacht wache ich wegen der Wärme auf und kann nicht wieder einschlafen. Vielen aus der Gruppe geht es auch so. Wir setzen uns zusammen und plaudern. Nach einem erfrischenden Bad im See und dem Frühstück fahren wir weiter nach Ancona zum Fährhafen.

Dort checken wir auf die Fähre nach Griechenland ein. Das Einchecken ist noch einmal eine große Herausforderung: Der Bus muss sehr dicht an die Bordwand gestellt werden. Das ist Zentimeter-Arbeit. Aber dann ist es geschafft. Ich gehe ans Oberdeck und genieße das Ablegen aus dem Hafen. Es tut mir gut, einfach mal nichts zu tun. Mein Körper entspannt sich merklich. Während ich im Liegestuhl sitze und das Ablegen der Fähre beobachte, schlafe ich ein.

Als ich wieder wach werde, sind glatt zehn Stunden vergangen! Zu meiner Freude ist das Fieber weg, und ich fühle mich wie neugeboren. Nach einer ausgiebigen Dusche erscheine ich gut gelaunt zum Frühstück. Allen Teilnehmern ist im Gesicht abzulesen, wie erleichtert sie sind, dass ihr Busfahrer wieder fit ist.

Kapitel 17

Eine ereignisreiche Zeit

In Griechenland angekommen muss ich mit dem Bus rückwärts aus dem Schiff herausfahren. Von der Gruppe ist leider noch niemand da, der mir helfen könnte, sicher vom Schiff herunterzukommen. Die Angestellten der Fähre haben genug damit zu tun, alle Autos von der Fähre zu leiten. Vorsichtig rangiere ich den Bus von der Fähre herunter. Dabei läuft mir beinahe eine Frau vor den Bus. Erleichtert, dass nichts Ernstes passiert ist, drehe ich den Bus und warte auf die Gruppe.

Als alle eingestiegen sind, fahren wir los, Richtung Kalambaka zu den Meteora-Klöstern. Der Pass, den wir fahren müssen, ist teilweise so eng, kurvenreich und unübersichtlich, dass ich oft zum Hupen gezwungen bin, um andere Fahrzeuge zu warnen, dass ein größeres Fahrzeug ihren Weg kreuzt. Mein fahrerisches Können wird immer wieder auf eine harte Probe gestellt. Endlich erreichen wir den Campingplatz, auf dem wir zwei Tage bleiben wollen.

Vor dem Frühstück am nächsten Morgen halten wir eine Andacht, und dann langen wir alle mächtig zu. In so einer Gemeinschaft habe ich das letzte Mal vor 30 Jahren im Heim gesessen. Ich genieße die Atmosphäre, die tollen lockeren Gespräche und die Gemeinschaft. Hier bin ich nicht nur der Busfahrer, sondern ein Teil der Gemeinschaft. Nach dem Frühstück machen wir uns auf den Weg, um die Klöster zu besichtigen. Die Meteora-Klöster sehen sehr beeindruckend aus, wie sie da auf den fast schwarzen Felsen stehen. Alle Materialien für die Klöster sind per Hand auf die Felsen geschafft worden, erfahren wir. Ich bin tief beeindruckt von der Leistung der Menschen damals.

Von Kalambaka aus fahren wir weiter nach Volos an die Ägäis, wo wir eine Woche bleiben werden. Bei dem Gedanken, eine Woche mal keinen Bus lenken zu müssen, sondern einfach nur zu faulenzen, wird es mir im Herzen wärmer. Ich überlasse der Gruppe das Aufbauen der Zelte, als wir angekommen sind: Mich lockt das Meer! Ich schwimme schön weit raus und genieße es. Das Wasser ist so klar, dass ich sogar die Fische unter mir sehen kann. Während ich gemütlich meine Bahnen ziehe, bestaune ich die Landschaft um mich herum. Besonders ein Hügel hat es mir angetan, von dem ich mir einen schönen Blick verspreche. Den werde ich morgen erklimmen, nehme ich mir vor.

Hornissen

Ich nehme mir am nächsten Morgen meinen Rucksack, packe etwas zu trinken ein und mache mich auf den Weg. Auf dem Weg nach oben muss ich mich durch einige Hecken kämpfen. Die sind so dicht zusammengewachsen, dass ich oft Minuten brauche, um einen Durchschlupf zu finden. Aber dann stehe ich oben und genieße den herrlichen Ausblick, der weit über das Meer reicht. Die Schiffe, die ich vorher nur verschwommen sehen konnte, bekommen jetzt Konturen. Dafür hat sich die Mühe gelohnt! Nur schwer kann ich mich von diesem tollen Anblick lösen, aber dann mache ich mich wieder auf den Rückweg.

Das gestaltet sich schwieriger als erwartet: Von oben scheinen die Hecken noch undurchdringlicher zu sein. Minutenlang laufe ich jede Hecke ab, bis ich einen Durchgang gefunden habe. Fast an der Straße angekommen, fährt mir ein Schauer den Rücken herunter. Hinter mir ist das Summen großer Insekten zu hören. Erschrocken sehe ich mich um: Da kommen Hornissen angeflogen, die mich ganz offensichtlich als Feind sehen! Du musst dich sammeln und ruhig bleiben, fährt es mir durch den Kopf. Die erste Hornisse hat mich fast erreicht, da schlage ich sie mit der Hand zu Boden und zertrete sie. Mit den anderen mache ich es ebenso. Ich weiß gar nicht, wie viele es am Ende waren, aber dann ist auf einmal Ruhe. Schnell laufe ich das letzte Stück nach unten. Erleichtert komme ich auf der Straße an und atme einige Male tief durch. Das muss ich erst einmal verdauen! Ich will gerade loslaufen, da höre ich schon wieder dieses Summen hinter mir. Erschrocken sehe ich mich um: Drei Hornissen haben sich scheinbar entschieden, nicht einfach aufzugeben! Eine nach der anderen schlage ich zu Boden und zertrete sie. Zu meiner Erleichterung höre ich danach kein Summen mehr.

Meine Lust, alleine Ausflüge zu machen, hat einen gewaltigen Dämpfer erhalten. In den nächsten Tagen genieße ich einfach die Sonne, die Gemeinschaft und die vielen Gespräche. Diese Zeit wird mir sicher lange in Erinnerung bleiben. Als es dann heißt, wir müssen wieder los, kann ich mich nur schwer trennen.

Wir fahren weiter nach Athen und sehen uns die Akropolis an. Eine Nacht bleiben wir auf einem Campingplatz an der Ägäis, dann fahren wir weiter nach Korinth. Von dort geht es nach Patras, auf die Fähre zurück nach Italien. Mit den Abläufen auf der Fähre inzwischen vertraut, habe ich den Bus schnell an der Bordwand abgestellt und kann mich zu den anderen gesellen. Zurück in Italien fahre ich den Bus bis zur Grenze. Dort übernimmt ein anderer Fahrer das Fahrzeug. Die Gruppe bedankt sich mit einem großen Applaus für die schöne Fahrt und die Gemeinschaft, die wir alle sehr genossen haben. Den Rest der Fahrt kann ich entspannt genießen. Voller Dankbarkeit denke ich daran, wer mir dieses schöne Erlebnis ermöglicht hat: Danke, Jesus, das war ein tolles Abenteuer!

Was nun?

Kaum zu Hause angekommen, ruft mich die Klinik von Norderney an: Stefan hat angefangen zu rauchen und kann deswegen nicht in der Klinik bleiben. „So ein Esel!", schimpfe ich, als ich den Hörer auflege. Was mache ich jetzt? Zu zweit hier in diesem kleinen Appartement? Das wird sicher nicht einfach werden! Ich baue Stefan ein Hochbett, damit wir den wenigen Platz, den wir haben, gut nutzen können. Dann überlege ich, wie es jetzt weitergehen soll. Kann ich Stefan alleine lassen, während ich zum Dienst unterwegs bin? Alt genug ist er ja. Zur Sicherheit rufe ich einige Freunde aus der Gemeinde an und bitte sie, mich zu unterstützen. Das machen sie gerne und wollen darüber hinaus noch mit Stefan Hausaufgaben machen und, wenn nötig, ihm Nachhilfe geben. Dankbar für solche Freunde entspanne ich mich und blicke etwas zuversichtlicher in die Zukunft.

Als Stefan dann bei mir ist, freut er sich sehr über das Hochbett. Unter dem Bett richtet er sich eine gemütliche Ecke ein. Wir genießen die Zeit miteinander. Er zeigt sich sehr selbstständig und will mir zeigen, dass ich mich auf ihn verlassen kann. Erleichtert kann ich meiner Tätigkeit als Busfahrer nachgehen. Die Freunde stehen uns hilfreich zur Seite. Sie halten ihr

Versprechen, das sie mir gegeben haben. Wenn ich nicht zu Hause bin, ist immer jemand da, der sich um Stefan kümmert.

Einige Monate später nehmen die Freunde ihn mit zu einem Gottesdienst, in dem ein bekannter Mann Gottes predigt. Stefan lässt für sich beten, damit er mit dem Rauchen aufhört. Ab diesem Zeitpunkt rührt er keine Zigarette mehr an.

Meine Tochter

Gedankenverloren sitze ich im Gottesdienst und versuche, dem Gastprediger zuzuhören. Diese Woche war sehr anstrengend, und ich muss viel nachdenken, deshalb kann ich der Predigt nicht richtig folgen. Unter anderem habe ich gehört, dass Christa in der Bibelschule einen Mann aus der Schweiz kennengelernt hat und diesen heiraten will. Ich hoffe, dass sie einen treuen Mann und Matthias einen guten Stiefvater gefunden hat. Plötzlich schrecke ich auf: „Wir haben Autorität im Namen Jesu!", höre ich gerade noch. Jetzt auf einmal hellwach, höre ich aufmerksam zu: „Durch Jesus haben wir Autorität über die Mächte der Finsternis!", führt der Prediger aus. „Lasst uns diese Autorität nutzen, damit Menschen freigesetzt werden!"

Sofort fällt mir meine Tochter ein. Durch die vielen Ereignisse in den letzten Jahren habe ich den Kontakt zu ihr und ihrer Mutter verloren. Ich muss allerdings auch gestehen, dass ich mir nicht viel Mühe gegeben habe, den Kontakt zu suchen. Mit mir und den ständigen Problemen beschäftigt, war für sie nicht viel Platz. Kann ich trotzdem für sie beten, dass wir wieder in Kontakt kommen? Ich versuche es, beschließe ich, und gehe auf die Knie, als ich wieder zu Hause bin: „Teufel, als ich noch nicht Christ war, hattest du Anrecht auf mich und meine Familie. Aber jetzt gehöre ich Jesus, und in seinem wunderbaren Namen beanspruche ich meine Tochter Patricia, die ich jetzt schon so lange nicht mehr gesehen habe, für das Reich Gottes!"

Drei Tage nach diesem Gebet klingelt bei uns das Telefon. Ich nehme ab. „Hier ist Patricia!", ertönt es aus der Muschel. „Das gibt es doch gar nicht!", entfährt es mir, und ich denke an mein Gebet zurück. Gott ist wirklich treu!

Wir verabreden uns für kommenden Samstag in Paderborn. Sie gibt uns die Adresse eines Parkplatzes, an dem wir uns treffen können. Als Stefan und ich am Parkplatz ankommen, sind alle Plätze belegt. „Mist!", stöhne ich, „was machen wir jetzt?" Im selben Moment fährt ein Fahrzeug aus einer Parkbucht heraus. Schnell belegen wir sie und stehen genau vor meiner Tochter, die ihrer Mutter so ähnlich sieht. Stefan und ich schauen uns an und müssen lachen: Uns ist sofort klar, das war wieder mal Führung von oben!

So sehr ich mich auch über meine Tochter freue, ist diese Beziehung zunächst nicht ganz einfach: In ihren Augen bin ich Schuld, weil ich, wie sie sagt, die Familie verlassen habe. Das lässt sie mich auch spüren. Es braucht viele Gespräche, bis sie versteht, dass es gar nicht darum geht, wer die Familie verlassen hat. Ihre Mutter und ich waren damals einfach nicht reif für die Ehe und eine Familie.

Wir haben das klären können und genießen heute die Zeiten, die wir miteinander verbringen können.

Zweite Griechenland-Freizeit

Ich bin wieder einmal in ein Buch vertieft. Meine Gedanken schweifen dabei immer wieder ab: Die schöne Freizeit im letzten Jahr geht mir durch den Kopf. Wie gerne hätte ich sie noch einmal mitgemacht! Aber Matthias hat mir mitgeteilt, dass er für die Freizeit in diesem Jahr schon einen Fahrer gefunden hat.

Einige Tage später klingelt unser Telefon. Matthias ist am anderen Ende der Leitung: „Kannst du dir vorstellen, die Fahrt nach Griechenland noch einmal zu fahren? Der andere Fahrer ist schwer erkrankt, und wir werden vermutlich so schnell keinen Ersatz finden." „Ich würde das sehr gerne machen!", schmunzle ich und denke an meinen Wunsch zurück. „Aber die Urlaubsplanung in unserer Firma wird das kaum zulassen. Ich werde aber nachfragen!", versichere ich ihm. Er will gerade auflegen, da fällt mir heiß ein, dass mein Sohn ja auch noch da ist! Ich spreche Matthias auf Stefan an. „Den kannst du natürlich mitnehmen!", erwidert Matthias. „Er kann sogar kostenlos mitreisen, wenn du die Freizeit als Fahrer mitmachst."

Vor meinem Dienst gehe ich zur Firma und spreche mit meinem Betriebsleiter. Der schaut mich ungläubig an: „Sie wollen was?" „Ich möchte diese Freizeit nach Griechenland gerne wieder fahren!" „Sie haben vielleicht Nerven!" Er ist sichtlich geladen: „Hier kann doch nicht jeder machen, was er will!", schimpft er. Ich bleibe entspannt, denn ich spüre im Herzen, dass ich doch noch teilnehmen werde. Ich habe Matthias zugesagt, dass ich mich in zwei Tagen bei ihm melden werde, hoffe aber, dass ich schon vorher Bescheid bekomme. Noch während des Dienstes ruft mich mein Betriebsleiter in der Pause an: „Sie haben wirklich Hilfe von oben!", lacht er (er weiß, dass ich Christ bin). „Ich habe gerade einen Kollegen hier im Büro, der genau zu dem Zeitpunkt Urlaub hat, den Sie brauchen. Der Kollege ist gerne bereit, den Urlaub mit Ihnen zu tauschen!" Ich bin wieder einmal sprachlos! Nach Feierabend habe ich es eilig, Matthias die freudige Nachricht mitzuteilen.

Erfreut und voller Erwartung machen Stefan und ich uns einige Wochen später auf den Weg. Weil ich die Abläufe vom letzten Jahr her kenne, bin ich dieses Mal ganz entspannt. Gut und sicher erreichen wir unsere Ziele. Für Stefan ist es ein großes Abenteuer.

Als wir von der Freizeit zurückkommen, hat Stefan drei Angebote für eine Lehrstelle im Briefkasten. Er entscheidet sich, die Ausbildung zum Bus-Mechaniker bei einem Busbetrieb in unserer Nähe zu machen. Eine Freundin bietet uns einige Wochen später eine kleine Wohnung in ihrem Haus an. Die Wohnung hat zwei Zimmer und eine Küche. Erfreut und dankbar drücke ich sie und nehme das Angebot gerne an. Endlich hat jeder von uns sein eigenes Zimmer! Enge, ade!

Auf den Hund gekommen

Freunde aus der Gemeinde besuchen eine Mission in Frankreich. Von dort erreicht uns ein Anruf: Die Hündin auf dem Hof hat so viele Welpen geworfen, dass wahrscheinlich nicht alle überleben werden. Ob wir uns vorstellen können, einen der Welpen zu übernehmen? Ich zögere: Stefan hat sich schon immer einen Hund gewünscht, aber bisher habe ich es abgelehnt. Wie sollen wir uns zeitlich neben Schule und Arbeit noch um einen Hund kümmern?

Die Freunde, denen ich meine Bedenken mitteile, zerstreuen sie, indem sie versprechen, sich für den Hund mitverantwortlich zu zeigen. So zieht eine Handvoll Hund bei uns ein, den wir auch noch mit der Flasche großziehen müssen. Stefan gibt ihm den Namen Puh.

Puh bereitet uns viel Freude, auch wenn er sich als Jagdhund gerne mal selbstständig macht und wir ihn im Tierheim abholen müssen. Uns fehlt die Hundeerfahrung, sonst würden wir den Hund nicht von der Hundeleine lassen, oder wir würden ihn entsprechend erziehen, dass er immer in unserer Nähe bleibt. Von seinem Charakter her ist er ein Anfängerhund, der alles tut, um seinen Menschen zu gefallen. Wenn Puh einen Menschen sieht, den er kennt, kann man sein Jauchzen sehr weit hören. Der Hund überschlägt sich in seiner Freude oft. Ich habe es nie bedauert, ihn aufgenommen zu haben.

Ein freudiges Wiedersehen

Als ich wieder einmal eine Veranstaltung in unserer Gemeinde vorbereite, klopft mir jemand auf die Schulter. Ich drehe mich um und sehe zu meiner Freude, dass es Margit ist. „Das ist ja toll, dass ich dich auch mal wiedersehe!", freue ich mich. Herzlich nehme ich sie in den Arm: „Wie lange ist das her, dass wir uns nicht gesehen haben?" „Das müssen jetzt etwa zwei Jahre sein!" Leider haben wir nicht mehr Zeit, weil der Gottesdienst beginnt. Aber danach haben wir uns viel zu erzählen.

In den nächsten Monaten treffe ich sie immer wieder. „Das kann doch kein Zufall sein!", schmunzle ich, als sie vor dem Gottesdienst wieder einmal auf mich zukommt. „Du läufst mir doch bestimmt nach!" Freudig drückt sie mich: „Zu euch in die Gemeinde komme ich am besten mit öffentlichen Verkehrsmitteln. Der Bus hält fast vor eurer Haustür." „Ich freue mich aber, dich zu sehen!", lache ich und drücke sie herzlich. Ich überlege einen Moment: „Ich habe heute keinen Dienst. Was hältst du davon, wenn wir nach dem Gottesdienst wieder essen gehen?"

Während der Gottesdienst stattfindet, schweifen meine Gedanken immer wieder ab: Das kann doch wirklich kein Zufall mehr sein, dass ich Margit immer öfter treffe! Nach jedem Treffen wird sie mir vertrauter.

Der Gottesdienst ist zu Ende, und wir machen uns auf den Weg ins Restaurant. Heute haben wir uns entschlossen, chinesisch essen zu gehen. Das Essen schmeckt vorzüglich. Im Gespräch erwähnt sie, dass sie unbedingt einige Sachen in ihrer Wohnung verändert haben müsste. Ich biete ihr an, mich darum zu kümmern.

Pünktlich bin ich einige Tage später bei ihr. Sicherheitshalber habe ich mein ganzes Werkzeug mitgenommen, sollten noch andere Arbeiten nötig sein. Das ist auch gut so: Schnell habe ich einige Sachen umgestellt, zwei Bilder angebracht und einen tropfenden Wasserhahn repariert. Dann setzen wir uns zusammen, trinken Kaffee und plaudern. Als sie mir Kaffee nachgießt, setzt sie sich wie selbstverständlich auf meinen Schoß. Mir wird heiß und kalt: Was mache ich jetzt? Bevor ich weiterdenken kann, hat sie die Kanne auf den Tisch gestellt und gibt mir einen Kuss auf den Mund! Jetzt kann ich mich auch nicht mehr zurückhalten: Ich drücke sie an mich, und wir küssen uns. „Oh!", stöhne ich, als wir wieder Luft bekommen. „Was war das denn?" Sie strahlt mich auf ihre unbekümmerte Art an: „Ich konnte einfach nicht widerstehen!" „Das war offensichtlich!", lache ich. „Aber wie geht es jetzt weiter? Belassen wir es dabei, oder...?" Bevor ich noch weiterreden kann, bekomme ich den nächsten Kuss. „Ich könnte mir gut vorstellen, deine Partnerin zu werden!", strahlt sie mich an, als wir wieder Luft holen. Jetzt muss ich doch schlucken: Bin ich so weit, dass ich mir eine Partnerschaft vorstellen kann? Auch der Altersunterschied von 16 Jahren behagt mir nicht. Margit ist ein lieber Mensch, und ich mag sie sehr. Ich hatte mir aber vorgenommen, erst einmal keine Partnerschaft mehr einzugehen. Ich bin schließlich oft genug in einer Partnerschaft gelandet, weil ich nicht alleine leben wollte. Jetzt ist das anders: Das Leben alleine macht mir sogar Freude. Warum sollte ich also...? „Lass uns sehen, wie es weitergeht!", weiche ich einer Antwort aus. Ich brauche Ruhe und Zeit zum Nachdenken. Sie bleibt ganz entspannt: „Du musst dich doch nicht sofort entscheiden. Lass dir Zeit!"

Wieder zu Hause rufe ich eine gute Freundin an und bitte sie um ein Gespräch: Ich brauche jetzt eine Ratgeberin! Sie bietet mir an, dass ich vorbeikomme. Jetzt sitzen wir uns gegenüber: „Kannst du dir denn eine Partnerschaft mit Margit vorstellen?" Fragend sieht sie mich an. „Sie ist wirklich lieb", antworte ich, „und ganz anders als meine bisherigen Partnerinnen. Aber sie ist auch sehr jung!" Meine Freundin lacht hell auf: „Die meisten Männer wären froh, eine junge Frau als Partnerin zu gewinnen. Aber du hast damit Probleme!" Dann wird sie ernster: „Ich würde mir an deiner Stelle keine Gedanken machen!" Vielleicht hat sie ja recht, überlege ich. Aber dann dauert es doch zwei Monate, bis ich bereit bin, ja zu sagen. Dann geht alles ganz schnell: Wir sind ein halbes Jahr zusammen, da beschließen wir, zu heiraten.

Wir kaufen uns eine Eigentumswohnung in Hagen, in die wir nach der Hochzeit zusammen einziehen wollen. Stefan wird mit Puh in der jetzigen Wohnung bleiben.

Hochzeitsreise nach Israel

Die Hochzeit wird von der Gemeinde ausgerichtet. Wir brauchen uns um nichts, aber auch gar nichts zu kümmern. Die Liebe, die wir die ganze Zeit in der Gemeinde erfahren haben, erleben wir auch jetzt. Beim Standesamt gibt es einen großen Andrang. Viele wollen dieses Ereignis mit uns zusammen feiern. Die Standesbeamtin lacht herzhaft, als sie uns gratuliert: „Bei so vielen Freunden mache ich mir um Ihre Zukunft keine Sorgen!"

Wir haben uns vor der Hochzeit Gedanken gemacht, wohin unsere Hochzeitsreise gehen soll: „Ich würde gerne mal nach Israel reisen. Ich möchte das Land, von dem die Bibel spricht und in dem Jesus gelebt und gelehrt hat, mal kennenlernen!", habe ich vorgeschlagen, und Margit fand die Idee gut. Wegen meiner Schuppenflechte beschließen wir, ans Tote Meer zu fahren. Für mich ist das wieder ein riesiger Glaubensschritt, über den ich viel beten muss: Mir ist schlichtweg bange vor dem Fliegen. Als es dann so weit ist, steige ich relativ gelassen in den Flieger ein und kann den Flug sogar genießen.

In Tel Aviv (Israel) angekommen schlägt uns sehr warme Luft entgegen. Wir wussten ja, dass selbst jetzt, Ende Oktober, die Temperaturen in Israel sehr hoch sind. Aber es überrascht uns dann doch. Als wir mit dem Bus am Toten Meer ankommen, ist es noch wärmer. Wir melden uns im Hotel an und bekommen die Zimmerschlüssel. „Koffer auspacken können wir später!", lache ich, als wir auf dem Zimmer sind. „Lass uns erst mal das Tote Meer genießen!" Wir ziehen uns die Badesachen an und laufen ans Meer. Als wir ins Wasser gehen, merken wir schnell, dass uns das Wasser trägt. Jetzt erleben wir, was wir sonst nur im Fernsehen gesehen haben: Wir können uns einfach mit ausgebreiteten Armen auf das Wasser legen und werden getragen. Leider geht auch schon die Sonne unter, und es wird ungemütlich kalt. Zurück im Hotel schauen wir uns Prospekte an, die Ausflüge, etwa nach Jerusalem, anbieten. Wir buchen einige Ausflüge.

Jerusalem

Zwei Tage später sind wir in Jerusalem. Das ist also die Heilige Stadt, von der ich so viel in der Bibel gelesen habe, denke ich, als wir oberhalb der Stadt mit dem Bus entlang fahren. Tief beeindruckt schaue ich aus dem Fenster: Die ganzen hellen Häuser oder der Felsendom, der in der Sonne golden glänzt, das ist ein wirklich überwältigender Anblick! In Jerusalem sehen wir uns die Altstadt, die Grabeskirche, die Klagemauer und den Felsendom an. Am Eingang zum Tempelberg werden wir zunächst gestoppt. Man deutet uns an, dass wir nicht Hand in Hand auf den Tempelberg gehen dürfen: Der Ort ist zu heilig. Verwundert schüttele ich den Kopf: Was ist das denn für eine Ansicht? Wie sind die Menschen denn hier drauf? Weil wir uns aber die Moschee ansehen wollen, gehen wir schön getrennt weiter.

Anschließend fahren wir weiter nach Bethlehem. Als wir in die Stadt kommen, bin ich überrascht: Die Menschen hier scheinen teilweise noch wie vor 2000 Jahren zu leben. In Bethlehem sehen wir uns die Geburtskirche Jesu an.

Wir machen in den nächsten Tagen noch einige Ausflüge. Es ist für uns unglaublich, was dieses kleine Land alles zu bieten hat.

Blühende Wüste

Unser Bus fährt dieses Mal entlang des Toten Meeres nach En Gedi. Auf einmal fängt Margit herzhaft an zu lachen. Sie kriegt sich gar nicht wieder ein. „Was ist denn mit dir los?", frage ich sie erstaunt. „Da steht ein Kamel an der Tankstelle und ist am Saufen!", prustet sie. Als wir En Gedi ansteuern, laufen uns Steinböcke über den Weg. Sie haben vor uns Menschen keinerlei Scheu. Wir wandern weiter und staunen: Hier am Rande der Wüste erleben wir teilweise blühendes Leben. Wasser kommt aus den Felsen und sammelt sich in einem kleinen Becken. Um das Becken herum ist alles grün.

Wir fahren weiter zur Festung Masada. Mit der Seilbahn fahren wir nach oben zur Festung. Es gibt auch einen Weg, der sich Schlangenweg nennt. Aber bei der Wärme haben wir alle keine Lust, diesen Weg zu benutzen. Auf der Festung staune ich wieder einmal: Wir haben auf unseren Ausflügen einige Projekte gesehen, die König Herodes hat bauen lassen. Ich habe einmal gehört, dass Genie und Wahnsinn oft dicht zusammenliegen. Bei diesem Mann war das offensichtlich so. Er hat die Kinder in Bethlehem töten lassen, weil der künftige König Israels laut Prophetie aus Bethlehem kommen sollte. Dieser Mann hat seine eigene Frau und zwei seiner Söhne hinrichten lassen, weil er um seine Macht fürchtete. Ein römischer Feldherr und späterer römischer Kaiser sagte einmal über ihn: „Es ist besser, ein Schwein in Herodes' Stall zu sein als sein Sohn!" Selbst die Römer, die nicht sehr zimperlich waren, hatten mit dem Tun dieses Mannes so ihre Probleme. Als Baumeister war er aber ein Genie. Hier auf Masada finde ich das wieder bestätigt. Besonders der Sommerpalast am anderen Ende des Felsens beeindruckt mich: Er scheint einfach an den Felsen angeklebt worden zu sein.

Unser Fremdenführer erzählt, dass zur Zeit der Römer ein Aufstand in Judäa stattgefunden hat. Die Römer hatten das ganze Land wieder unter ihre Kontrolle gebracht, nur die Festung Masada nicht. Etwa 200 Zeloten (Eiferer für Gott) hatten in einem Handstreich die Festung eingenommen. Die Römer brauchten ein ganzes Heer und eine monatelange Belagerung, um die Zeloten und ihre Familien zu besiegen. Zum Triumphieren hatten sie aber keinen Anlass: Die Verteidiger der Festung hatten sich alle gegenseitig umgebracht, als sie feststellten, dass sie keine Chance mehr hatten, die Festung zu verteidigen. Lediglich einige Frauen, die sich versteckt hatten, haben überlebt.

Nur ungern trennen wir uns von diesem schönen Land. Wir müssen wieder nach Hause. Ein Bus bringt uns nach Tel Aviv zum Flughafen. Dort müssen wir uns einer sehr strengen Kontrolle unterziehen, bevor wir in den Flieger steigen dürfen. Wohlbehalten kommen wir in Düsseldorf an und haben noch genug Zeit, den Zug zu erreichen. „Der Urlaub war wirklich schön!", sinniere ich im Zug. „Aber ich bin doch froh, wieder zu Hause zu sein." Margit lacht: „Mir geht es auch so!"

Kapitel 18

Besondere Herausforderungen

Margit und ich sind jetzt über drei Jahre verheiratet. Mein Arbeitspensum hat merklich zugenommen. Seit einigen Monaten muss ich auch an den Wochenenden Dienste übernehmen, das macht mir sehr zu schaffen. Besonders, weil die Firma mit der Begründung, dass es zu teuer ist, keine neuen Mitarbeiter einstellt. Dennoch schaffen Margit und ich es, einen Hauskreis ins Leben zu rufen. Der findet jeden Montag bei uns statt. Meine Aufgabe als Leiter ist es, die Abende zu leiten und das Bibelthema vorzubereiten.

Beim Studieren in der Bibel und beim Nachschlagen in verschiedenen Büchern beschäftige ich mich besonders mit der Zeit, in der Jesus lebte. In manchen Predigten, die ich höre, habe ich den Eindruck, dass man die Worte Jesu, die für die Menschen zu seiner Zeit gedacht waren, einfach in die heutige Zeit übertragen will, was dann zu Verständnis-Problemen führt. Die Kultur damals war eine ganz andere als unsere heutige. Mir ist es auch wichtig, nicht zu viel in Aussagen der Bibel hinein zu interpretieren. Gerade die Entstehung vieler Sekten, die manchmal einzelne Passagen aus dem Wort Gottes genommen, und ihre ganze Lehre darauf aufgebaut haben, mahnt mich, vorsichtig zu sein.

In der Gemeinde fühlen wir uns wohl und schließen viele Freundschaften. Ich spüre, dass der Herr mein Herz immer mehr verändert. In vielen Situationen denke oder verhalte ich mich ganz anders, als ich das früher getan hätte. Auch, dass ich mich so auf andere Menschen einlassen kann, hätte ich im Leben nicht für möglich gehalten. Jetzt leite ich auch noch einen Hauskreis, der immer mehr wächst. Nicht ohne Stolz (so ganz habe ich die Minderwertigkeitsgefühle noch nicht abschütteln können) lasse ich das andere gerne wissen, wenn sich eine Gelegenheit ergibt. Ich mag dieses Gefühl nicht, aber es ist leider da. „Herr, ändere das bitte!", ist mein ehrliches Gebet. „Ich will mich nicht mehr wie in der Vergangenheit vor anderen Menschen aufplustern, um angesehen zu sein!" Mit diesem einfachen Gebet beginnt für mich ein nicht immer einfacher Lernprozess. Immer wieder bin ich dabei gefordert, mein Vertrauen auf Jesus zu setzen. Schritt für Schritt lässt er mich immer wieder Situationen erleben, in denen ich herausgefordert werde.

Führerscheinprüfung einer Freundin

Ich stehe gerade mit meinem Linienbus an der Endhaltestelle und freue mich auf meine Pause. Spontan habe ich beschlossen, in der Stadt etwas essen zu gehen. Schnell sind Geldwechsler und Fahrscheinblock eingesteckt. In Vorfreude schließe ich den Bus ab und will mich auf den Weg machen. Da klopft mir jemand auf die Schulter. Erschrocken drehe ich mich um: Ich hatte gar nicht bemerkt, dass jemand hinter mir steht! Gott sei Dank ist es nur Claudia (Name geändert). „Uff, hast du mich erschreckt!", stöhne ich auf und nehme sie in den Arm. „Was treibt dich denn hierher?" „Ich möchte gerne mit dir sprechen!", erwidert sie. Schnell überlege ich, was ich jetzt mache. An ihrem Gesichtsausdruck kann ich sehen, dass es für sie dringend ist. Ich schließe den Bus wieder auf und bitte sie herein. „Was kann ich für dich tun?", will ich gerade ansetzen, sie zu fragen, aber da bricht sie schon in Tränen aus: „Ich habe gestern das zweite Mal meine theoretische Führerscheinprüfung versemmelt!", erzählt sie unter Schluchzen. Verwundert schaue ich sie an. Ich kenne Claudia nun schon längere Zeit. Ich weiß, dass sie bestimmt nicht dumm ist. Im Stillen bete ich: „Jesus, was ist das Problem, dass sie die Aufgaben nicht schafft?" Im gleichen Moment weiß ich es: „Kann es sein, dass du deinen Fragebogen ausfüllst, dir dann aber nicht sicher bist, ob du alles richtig ausgefüllt hast, und dir die Bögen dann noch einmal vornimmst?" Erstaunt sieht sie mich an: „Woher weißt du das?" Lächelnd erwidere ich: „Du weißt doch, dass ich Christ bin und mit Jesus spreche. Mach beim nächsten Prüfungstermin Folgendes", fahre ich fort. „Wenn du deine Fragebögen ausgefüllt hast, gib sie ab, ohne sie noch einmal zu prüfen und zu korrigieren. Ich bin sicher, dann wirst du die Prüfung bestehen!"

Vier Wochen später steht eine strahlende Claudia vor mir: „Ich habe es dank deiner Hilfe geschafft!", jubelt sie und winkt mit dem Führerschein. „Bedanke dich lieber bei Jesus!", erwidere ich. „Er hat mir die Eingebung gegeben." Leider habe ich sie danach aus den Augen verloren.

Das geht gar nicht

„Ich möchte, dass du deine Mutter aufsuchst!", spricht Jesus zu mir, als ich wieder am Beten bin. „Du willst was, Herr?", halte ich erschrocken inne. Wieder bekomme ich zur Antwort, dass ich meine Mutter aufsuchen soll. Mich durchströmt es heiß und kalt. Innerlich aufgewühlt frage ich noch mal nach: „Jesus, das ist jetzt nicht dein Ernst! Ich will mit dieser Frau, die mir ein Leben lang gezeigt hat, dass ich ihr egal bin, nichts mehr zu tun haben! Du weißt auch genau, wie sie und ihr Mann mich behandelt haben, wie bemüht sie waren, meine Ehe zu zerstören. Das kannst du nicht von mir erwarten!" „Doch, das kann ich!", bekomme ich zur Antwort. Er erinnert mich daran, dass ich selbst Gnade von ihm erfahren habe. Die soll ich auch meiner Mutter zugestehen.

Alles in mir sträubt sich: Nur zu gut habe ich noch die Situationen vor Augen, wie Mutter und ihr Mann alles taten, um meine Frau und mich auseinanderzubringen. Nein, mit denen will ich wirklich nichts mehr zu tun haben! Das kann Jesus nicht von mir verlangen! Wochenlang schiebe ich die Entscheidung auf. Immer wieder werde ich von Jesus daran erinnert, dass ich noch einen Schritt zu tun habe.

Als ich wieder einmal im Gebet bin, spüre ich, wie er sich zurückzieht und der Friede nicht mehr da ist. Jetzt wird es für mich ernst, merke ich und gebe mir einen Ruck: Ich rufe meine Mutter an. Sie ist überrascht über meinen Anruf, das merke ich ihr an. Kurz und knapp, wie es ihre Art ist, verabreden wir uns für den kommenden Sonntag.

Ich bleibe ganz entspannt, als der Tag da ist. Immer wieder schüttele ich den Kopf: Früher wäre ich innerlich total aufgewühlt losgefahren. Unsinn, muss ich mich korrigieren. Früher wäre ich gar nicht erst gefahren! Jesus ist gründlich dabei, mein Herz zu verändern.

Margit und ich setzen uns ins Auto und fahren los. Wir schellen bei Mutter an und werden freundlich begrüßt. Sie führt uns ins Wohnzimmer, in dem ihr Mann sitzt. Sein hartes Gesicht erhellt sich sofort, als wir ins Wohnzimmer kommen. Das ist meiner hübschen, jungen Frau zu verdanken, ist mir sofort klar. Sonst habe ich den Mann nicht so freundlich erlebt. Wie schon in der Vergangenheit versucht er sofort, das Gespräch an sich zu reißen und mit seinem Wissen zu prahlen.

Früher war ich, unerfahren wie ich war, ihm nicht gewachsen. Aber das ist jetzt anders: Wir führen ein Gespräch auf Augenhöhe. Immer wieder mustert er mich verstohlen. Ich spüre, dass ihn meine Veränderung irritiert. Ich erzähle ihm und Mutter, dass ich zum Glauben gefunden habe und jetzt Christ bin. Das Thema scheint ihn sehr zu interessieren. Das weitere Gespräch dreht sich um den Glauben. Er versucht dabei, mich mit Aussagen der Bibel, die angeblich widersprüchlich sind, zu konfrontieren. Während ich ihm antworte und alle seine Aussagen korrigieren muss, spüre ich, dass sich dabei keine Schadenfreude einstellt, wie das früher sicher der Fall gewesen wäre. Staunend nehme ich einmal mehr zur Kenntnis, dass sich in meinem Herzen auch da wieder etwas verändert hat. Der Abschied von Mutter und ihrem Mann ist dann schon fast herzlich.

In den folgenden Wochen und Monaten treffen wir uns regelmäßig, mal bei uns, mal bei ihnen. Bei allen Gesprächen kommt der Mann sehr schnell auf den Glauben zu sprechen. Sein Interesse scheint sehr groß zu sein. Mutter und mein Halbbruder, der noch in ihrem Haushalt lebt und sie immer fährt, halten sich im Hintergrund. Wenn Mutter doch einmal etwas sagen will, erntet sie schon mal einen vernichtenden Blick ihres Mannes. Aber mit der Zeit spüren wir, wie auch er angerührt wird und bei Weitem nicht mehr so aggressiv reagiert.

Als wir uns wieder einmal verabredet haben, spricht Jesus morgens im Gebet zu mir: „Sage dem Mann deiner Mutter, dass ich ihn liebe!" „Herr, das kann nicht dein Ernst sein!", stöhne ich auf. „Solch einen harten Menschen kann man doch nicht lieben!" „Das lass mal meine Sorge sein!", bekomme ich zur Antwort. Als wir einige Stunden später zusammensitzen, entwickelt sich wieder ein Gespräch über den Glauben. Mutters Mann ist inzwischen überaus neugierig geworden: „Weißt du", meinte er einmal in einem Gespräch: „kein Mensch kann sich alleine so verändern, wie ich das bei dir sehe. Da muss eine höhere Macht im Spiel sein!" Wow, fuhr es mir da durch den Kopf, jetzt schnallt er es langsam!

Jetzt sitzen wir uns wieder gegenüber und sprechen über den Glauben. Während wir diskutieren, kommen wir auf Jesus zu sprechen. „Ich war heute Morgen im Gebet", platze ich heraus. „Jesus hat mich ausdrücklich aufgefordert, dir zu sagen, dass er dich liebt!" Neugierig warte ich auf seine Reaktion. Er zuckt zusammen, als ich ihm diese Botschaft mitteile: Das hat ihn scheinbar in Mark und Bein getroffen. Ich juble innerlich und habe die Hoffnung, dass er auch den Glauben an Jesus, den Sohn Gottes, annimmt.

Vier Wochen später treffen wir uns wieder. Wie in den vergangenen Gesprächen kommen wir sofort auf den Glauben zu sprechen. „Weißt du was?", sieht er mich mit einem harten Blick, den ich so schon lange nicht mehr bei ihm gesehen habe, an: „Ich könnte bei euch Christen so dreinschlagen!" Ich bin wie vor den Kopf geschlagen: Bei unserem letzten Gespräch sah doch alles noch so gut aus! Jetzt aber spüre ich, dass er eine Entscheidung gegen Jesus getroffen hat. Das macht mich zutiefst betroffen.

Eine ganze Zeit lang hören wir nichts von ihnen. Wir machen uns nach dem Erlebnis letztes Mal große Sorgen und hoffen, dass der Mann nicht wieder in alte Strukturen zurückfällt und seiner Familie das Leben unnötig schwer macht. Dann bekommen wir die Nachricht, dass er im Krankenhaus liegt und um sein Leben kämpft. Wir beten, dass Jesus ihn bewahrt. Aber er stirbt einige Wochen später.

Warum?

Warum? „Diese Frage ist wohl die schwierigste, die sich uns Menschen stellt!", hörte ich einmal in einem Vortrag. Ich konnte dem Redner nur zustimmen. „Warum?" Wie oft habe ich diese Frage selbst gestellt: Warum immer ich? Warum geschieht so viel Unrecht? Warum können die Menschen nicht in Frieden miteinander leben? Warum gibt es so viel Not? Warum lässt Gott das alles zu? Diese Liste ließe sich lange weiterführen. Auf viele Fragen habe ich auch heute keine Antwort. Aber manchmal kann ich sehen, dass Situationen, in denen ich diese „Warum"- Frage gestellt habe, etwas Gutes hervorgebracht haben. Ich konnte es zu diesem Zeitpunkt nur noch nicht sehen.

Margit und ich spüren zur gleichen Zeit, dass wir unsere Gemeinde verlassen und den Hauskreis aufgeben sollen. Wir sind beide erschüttert und machen uns Gedanken, ob wir das auch wirklich richtig interpretieren, ob das wirklich Gottes Wille ist: Alles läuft zu unserer Zufriedenheit. Wir haben Freunde in der Gemeinde, einen tollen Hauskreis und fühlen uns in der Gemeinde wohl. Warum sollten wir dann die Gemeinde verlassen? In den nächsten Wochen und Monaten merken wir, dass wir kaum noch Freude an den Gottesdiensten haben. Manchmal sind wir regelrecht frustriert. Ich spüre in meinem Herzen, dass jetzt wieder ein Glaubensschritt nötig ist. Im Gebet frage ich Jesus, warum wir das machen sollen. Aber dieses Mal bekomme ich keine Antwort. Ich bin verwirrt, merke aber, dass es der richtige Schritt ist. Schweren Herzens bereiten Margit und ich uns darauf vor, eine andere Gemeinde zu suchen. Vorher prüfen wir unsere Herzen: Haben wir etwas gegen Menschen in der Gemeinde? Sind wir unzufrieden? Wir wollen sicher sein, dass unsere Motive sauber sind und wir später nicht schlecht über die Gemeinde oder einzelne Menschen sprechen, wie ich das bei anderen erlebt habe. Sie haben ihre Gemeinde im Groll verlassen und sprechen nur schlecht über sie. Da ist viel böses Blut vergossen worden. Das soll uns auf keinen Fall passieren!

Wir machen uns auf die Suche nach einer neuen Gemeinde für uns. Dabei lernen wir ganz unterschiedliche Gemeinden kennen. Aber es ist keine dabei, die uns zusagt. Schließlich besuchen wir eine Pfingstgemeinde am Ende unserer Stadt. Wir werden liebevoll willkommen geheißen, als wir da sind. Das gefällt uns gut, das haben wir nicht überall erlebt. Der Gottesdienst gefällt uns, und der Prediger strahlt eine große Liebe aus. Auch der Lobpreis sagt uns zu, und wir können von Herzen mitsingen. Die nächsten Wochen besuchen wir diese Gemeinde und erleben, dass wir uns hier wohlfühlen. Als ich Jesus frage, ob das die Gemeinde ist, in die wir gehen sollen, spüre ich einen tiefen Frieden.

Unserer jetzigen Gemeinde teilen wir mit, dass wir uns einer anderen Gemeinde anschließen wollen und bitten sie, dass wir uns offiziell in einem Gottesdienst verabschieden dürfen. Leider wird uns diese Bitte verwehrt, weil die Leitung Angst hat, dass es innerhalb der Gemeinde zu viel Unruhe geben könnte. Entgeistert schaue ich von einem zum anderen: „Das ist jetzt nicht euer Ernst, oder?" Der Pastor bestätigt aber die Einstellung der Gemeinde-leiter. Frustriert ziehen wir ab und machen uns auf den Heimweg.

Nur von einigen Freunden verabschieden wir uns. Ich bin ziemlich erschüttert und ärgerlich darüber. Ich war überzeugt, nachdem wir uns so viele Jahre in der Gemeinde eingebracht hatten, würden sie uns mit ihrem Segen gehen lassen. Dem ist leider nicht so. Ich merke in den nächsten Wochen immer wieder, wie Groll darüber in mir aufsteigt. Immer wieder bringe ich es im Gebet vor Jesus und bitte ihn, mich freizusetzen. Nach wenigen Monaten ist es tatsächlich vorbei.

Die neue Gemeinde

In unserer neuen Gemeinde fühlen wir uns schnell wohl. Der Pastor und wir schließen Freundschaft und verbringen viel Zeit miteinander. Ich mag seine liebevolle Art im Umgang mit anderen Menschen. Er wird mir darin ein echtes Vorbild. Regelmäßig treffen wir uns zum Frühstück und Austausch. Als wir wieder einmal beim Frühstück zusammensitzen, brennt mir eine Frage auf dem Herzen: „Warum gibt es in dieser Gemeinde keine Hauskreise?" Er wird ernst: „Bevor ich hier den Dienst übernommen habe, hatte die Gemeinde einen Hauskreis. Von diesem ist aber eine Spaltung ausgegangen, und viele haben die Gemeinde verlassen bzw. eine neue Gemeinde gegründet. Jetzt tut die Leiterschaft sich schwer, wieder einem Hauskreis zuzustimmen!" „Oh, das ist ja nicht sehr schön!", schüttele ich betrübt den Kopf, nehme mir aber vor, mit den Gemeindeleitern zu sprechen.

Es dauert dann ein ganzes Jahr, bevor ich die Gemeindeleitung überzeugt habe. Inzwischen sind Margit und ich in eine Wohnung, die der Gemeinde gehört, gezogen. Unsere eigene Wohnung haben wir vermietet.

Mit drei Ehepaaren gründen wir den ersten Hauskreis. Wegen meiner Erfahrung als Hauskreisleiter werde ich auch jetzt wieder zum Leiter berufen. Wir beschließen außerdem, uns jede Woche am Montagabend zu treffen. Leider hört ein Paar schon nach wenigen Wochen wieder auf. Aber es spricht sich schnell herum, dass es in der Gemeinde wieder einen Hauskreis gibt. Immer mehr Menschen schließen sich uns an. Die Abende beginnen in der Regel mit einer Lobpreis-Zeit. Wir haben eine liebe Gitarrenspielerin gewinnen können, die uns im Lobpreis begleitet. Anschließend beten wir füreinander und für das, was der Herr uns aufs Herz legt. Als Leiter habe ich die Aufgabe übernommen, die Bibelarbeiten vorzubereiten. Mittlerweile bin ich recht entspannt dabei. Das war aber nicht immer so.

Als ich mit der Hauskreisarbeit in der früheren Gemeinde anfing, hatte ich mit der Bibelarbeit so meine Sorgen. Weil ich den Ehrgeiz hatte, nichts Falsches weiterzugeben, studierte ich oft mehrere Tage in der Bibel und in verschiedenen Kommentaren. Das nahm viel Zeit in Anspruch. Als ich wieder einmal im Forschen und Nachschlagen vertieft war, hörte ich die sanfte Stimme Jesu: „Harald, was machst du da?" Verdutzt hielt ich inne: „Ich bereite die nächste Bibelarbeit vor!", entfuhr es mir nicht ganz ohne Stolz. „Warum überlässt du das nicht mir?", erwiderte Jesus. Ich zuckte innerlich zusammen: Auf den Gedanken, das einfach Jesus anzuvertrauen, war ich gar nicht gekommen! In der nächsten Zeit lernte ich, mich seiner Führung anzuvertrauen. Das Ergebnis überraschte mich dann immer wieder. Manchmal bekam ich erst wenige Stunden, bevor der Abend begann, das Thema ins Herz gelegt. Aber es war immer treffend und sprach oft sehr direkt zu anderen oder beantwortete Fragen, die jemandem auf dem Herzen brannten.

Der jetzige Hauskreis findet immer mehr Zulauf. Die Leitung der Gemeinde stellt zu ihrer Freude fest, dass viel Segen auf dieser Arbeit liegt, wie sie mir bestätigen. Ich bekomme den Auftrag, einen weiteren Hauskreis zu gründen. Gerne komme ich dem nach. Unser Hauskreis ist inzwischen so groß geworden, dass wir manchmal Mühe haben, alle Menschen unterzubringen. Wir beschließen, den Kreis zu teilen.

Der Durchbruch

In der Duisburger Mercator-Halle (da stand sie noch) findet ein Glaubenstag statt, bei dem unser Pastor die Leitung hat. Wir laden Mutter zu diesem Ereignis ein. Sie sagt auch sofort freudig zu.

Als wir in die Halle kommen, ist diese schon gut gefüllt. In den hinteren Reihen finden wir noch einige Plätze, so dass wir zusammenbleiben können. Die ganze Atmosphäre ist wie elektrisiert, und man spürt, dass dies ein besonderer Tag ist. Gott selbst ist spürbar gegenwärtig. Nach dem Lobpreis und der Predigt werden wir dazu aufgerufen, füreinander zu beten. Margit und ich nehmen Mutter zwischen uns und wollen für sie beten, zum einen, dass sie zum Glauben findet, zum anderen, dass eine Herz-Operation, die in wenigen Tagen bevorsteht, gut verläuft. Wir wollen gerade anfangen, für Mutter zu beten, da stehen um uns herum mehrere junge Leute auf und schließen sich unserem Gebet an. Dankbar nehme ich das zur Kenntnis. Wir spüren die Kraft und die Liebe Gottes, die wirksam ist. Während des Gebets bricht Mutter in Tränen aus, und wir müssen sie stützen. Sie nimmt an diesem Nachmittag Jesus in ihr Leben auf. Wir sind überwältigt von der Liebe, die uns alle erfüllt.

Margit und ich finden für Mutter eine Gemeinde in ihrer Stadt. Schon kurze Zeit später lässt sie sich zusammen mit meinem Halbbruder taufen. Beide bekunden bei der Taufe, dass sie angerührt worden sind, weil sie gesehen haben, wie sehr der Glaube mich verändert hat.

Während sie das Zeugnis vor der Gemeinde ablegen, schweifen meine Gedanken ab: Als ich selbst zum Glauben gekommen bin, habe ich Jesus einmal gefragt, was er von mir erwartet. Ich hatte viel von großen Männern und Frauen gehört, die Großes im Reich Gottes bewegt haben. Gerne wurden diese Menschen als leuchtende Beispiele in Predigten dargestellt, um zu zeigen, was man alles bewegen kann, wenn man genug Glauben hat. Mich erfüllten solche Predigten immer mit einem gewissen Unbehagen: Verlangt Gott das von uns? Müssen wir so einen starken Glauben haben, dass er uns überall gebrauchen kann? Aus diesem Unbehagen heraus habe ich Gott die Frage gestellt, was er von mir erwartet. Jesus erinnerte mich an eine Begebenheit in der Bibel, sie steht in *Markus 5,18 – 19*: Ein besessener Mann wird von Jesus geheilt und spricht zu ihm: „Herr, ich will dir nachfolgen!" Jesus aber spricht zu ihm: „Gehe hin in dein Haus zu den Deinen und verkünde, was der Herr an dir getan hat und wie er sich deiner erbarmt hat!" Jetzt erlebe ich genau das, dass der Herr Großes an meiner Familie tut und dass ich ein Teil seines Plans bin.

In den folgenden Monaten erleben Margit und ich voller Freude, wie Mutter sich verändert. Wieder einmal staunen wir zu sehen, wie sich ein Mensch verändert, der zum Glauben an Jesus gekommen ist. Aber Jesus hat scheinbar erst angefangen, meine Familie zu heilen, wie wir zu unserer Freude einige Zeit später erleben dürfen.

Marion

Ich stehe mit meinem Linienbus an der Endhaltestelle und genieße meine Pause. Die Pause ist um, und ich fahre los. An der nächsten Ampel muss ich anhalten. Gedankenverloren betrachte ich eine Frau auf der anderen Straßenseite. Zwei Kinder laufen an ihren Händen. Als sie auf gleicher Höhe mit dem Bus ist, schaltet die Ampel um. Ich will gerade losfahren, da durchfährt es mich: Das ist ja Marion! Schnell kurbele ich die Scheiben herunter und spreche sie an. Das Hupen der Autofahrer hinter mir ist mir im Moment egal. Marion kann man die Freude im Gesicht ablesen, als sie mich sieht. Wir unterhalten uns kurz, und sie erzählt, dass sie hier ganz in der Nähe wohnt. Dann muss ich los.

Einige Wochen später stehe ich an der gleichen Haltestelle und lese in der Zeitung. Heftiges Klopfen an der Fahrertür reißt mich aus meinen Gedanken: Marion steht mit den Kindern und ihrem Mann am Bus! Erfreut öffne ich die Tür. Sie hatte gehofft, erzählt sie, dass ich mal wieder diesen Bus fahre und sie mich besuchen kann. Jetzt haben sie gesehen, dass ich an ihnen vorbei-gefahren bin, und sich eilig auf den Weg gemacht, um mich noch anzutreffen. Der Mann ist derselbe, den ich bei ihrem Besuch vor einigen Jahren als nicht so angenehme Persönlichkeit erfahren habe. Wir plaudern ein wenig, bis meine Pause vorbei ist. Zum Abschied tauschen wir die Telefonnummern aus.

Einen Tag später ruft sie mich an, und wir verabreden ein Treffen bei ihnen zu Hause. Dieses Treffen ist weit entspannter als das erste. Marion hat eine bewegte Zeit hinter sich: Einige Male musste sie in eine Klinik, weil sie schwere psychische Probleme hatte. In der Klinik hat sie auch ihren jetzigen Mann kennengelernt. Als ich sie damals besuchte, war er gerade bei ihr eingezogen. „Wir haben über all die Jahre immer wieder an dich gedacht", erzählt sie. „Die Begegnung damals war echt krass! Du hast uns ständig etwas von Jesus erzählt, und wir haben ernsthaft gedacht, der ist ziemlich durchgedreht. Aber dennoch, dieses Erlebnis ist uns immer wieder durch den Kopf gegangen. Jetzt freue ich mich, dass du hier bist!", fährt sie fort. Ihr Mann mischt sich ein: „Das war damals doch bestimmt nur eine verdrehte Sicht, und du hast inzwischen selbst gemerkt, dass du auf dem Holzweg warst!" „Da bist du gewaltig im Irrtum!", wende ich mich ihm zu. „Ich bin ruhiger geworden, das ja. Aber der Glaube ist mir noch wichtiger geworden, und ich bin sogar aktiv in der Gemeindearbeit tätig!" Wir unterhalten uns noch ein wenig, und ich muss erzählen, wie es mir zwischenzeitlich ergangen ist. Vor allem, wie ich es geschafft habe, Busfahrer zu werden. Zum Abschied drücken Marion und ich uns herzlich, und ich mache mich wieder auf den Weg.

In den folgenden Wochen und Monaten treffen wir uns regelmäßig. Jetzt ist auch Margit dabei. Unsere Gespräche drehen sich oft um den Glauben. Marion hat sehr viele Fragen auf dem Herzen, die wir ihr beantworten, so gut wir können. Bei einem Treffen fragen wir die beiden, ob sie nicht am kommenden Sonntag mit in die Gemeinde kommen möchten. Marion sagt spontan zu. Ihr Mann zögert und will offensichtlich nicht. Aber er wird von seiner Frau und den Kindern umgestimmt.

Nach dem Gottesdienst sitzen wir zusammen: „Na, wie hat es euch gefallen?", schaue ich sie fragend an. Die Kinder sind begeistert über die Kinderstunde. Marion hat es auch sehr gut gefallen. Ihr Mann ist nach wie vor skeptisch. Dennoch kommen sie in den folgenden Wochen zu jedem Gottesdienst mit. Bei einer Veranstaltung von Pro Christ kommen sie zum Glauben. Die Gesichter, die sonst abgespannt und unzufrieden mit dem Leben waren, strahlen auf einmal. Wir freuen uns mit ihnen.

Die Renovierungen

Unser Pastor hat eine neue Aufgabe in einem Missionswerk übernommen. Zusammen mit einem Freund kauft er ein Haus, in das sie mit ihren Familien einziehen. Jetzt, wo das Wohnhaus der Gemeinde frei ist, nutzt die Gemeinde die Gelegenheit und renoviert das Haus von innen und außen. Marions Mann ist bei den Arbeiten mit Eifer dabei. Unser junger Pastor, der vor einigen Wochen ordiniert worden ist, packt auch begeistert mit an. Margit und ich stellen ihm, seiner Frau und den Kindern unsere Mietwohnung zur Verfügung. Unsere Eigentumswohnung ist frei geworden, und wir haben beschlossen, selbst dort einzuziehen.

Die Arbeiten am Haus der Gemeinde schreiten gut voran. Nach dem Abschluss der Renovierung überlegt die Gemeinde, was sie jetzt mit dem Haus anstellen soll. Jemand schlägt vor, das Haus auszuschreiben und zur Miete freizugeben. Das will die Mehrheit aber nicht. Das Haus soll an eine christliche Familie vermietet werden, wird beschlossen. Dafür ist man auch bereit, bei der Miete Abstriche zu machen. Die Wahl fällt auf Marion und ihre Familie. Inzwischen sind sie ein Teil der Gemeinde geworden, übernehmen Aufgaben und bringen sich ein. So ziehen Marion, ihr Mann und die beiden Kinder in das Haus ein. Sie übernehmen als Gegenleistung dafür, dass sie weniger Miete bezahlen müssen, Hausmeistertätigkeiten.

Fasten

An einem Morgen bin ich im Gebet. Auf einmal spüre ich ein Drängen in meinem Herzen: Ich soll drei Wochen fasten. Inzwischen bin ich das Fasten gewohnt und habe auch schon längere Zeit gefastet. Drei Wochen sind aber auch für mich eine große Herausforderung. Aber dann nehme mir doch vor, in der kommenden Woche mit dem Fasten anzufangen. Das wird mir sicher auch gut tun, zumal ich etwas zu viel Gewicht bekommen habe. Und wer weiß, warum ich diesen Impuls im Herzen habe. Am folgenden Montag fange ich mit dem Fasten an, nehme ich mir vor.

Fasten nach Dr. Buchinger

Vor einiger Zeit habe ich ein Buch über Heilfasten nach Dr. Buchinger in die Hand bekommen. Das hat mich sehr beeindruckt. Mit Fasten kann man dem Körper viel Gutes tun, und auch der Geist wird erfrischt, wie ich bei jedem Fasten selbst gemerkt habe. Ich habe mich seitdem für das Buchinger-Fasten mit Gemüsebrühe und Säften entschieden. Auch meine Frau hat an einigen Fastenzeiten teilgenommen. Der Einstieg in das Fasten ist mir inzwischen zur Gewohnheit geworden. Der erste Tag ohne Nahrung ist ganz entspannt. Am zweiten und dritten Tag grummelt der Magen ein wenig. Aber dann ist der Hunger weg. Der Körper hat sich auf innere Ernährung umgestellt. Ich bin immer wieder erstaunt, wie leicht das geht und wie viel Energie der Körper auch während des Fastens hat. Ich kann in dieser Zeit fast alles weiter machen, auch Sport treiben.

Ich schaffe die drei Wochen gut. An zwei Tagen brauchte ich meine Willenskraft, um nicht eine Kleinigkeit zu essen. Aber ich halte es durch. In den drei Wochen habe ich sechs Kilo an Gewicht verloren und fühle mich innerlich richtig erfrischt.

Ich muss kürzer treten

Ein paar Wochen nach dem Fasten gehe ich joggen. Margit begleitet mich mit dem Fahrrad, unseren Hund an der Leine führend. Ich komme aber nur wenige Meter weit: Ein stechender Schmerz in der Brust hindert mich am Weiterlaufen. Ich hole einige Male tief Luft und versuche es noch einmal. Aber dieses Mal ist der Schmerz noch schlimmer. Stöhnend presse ich meine Faust gegen die Brust. Menschen, die meine Situation erfasst haben, rufen einen Rettungswagen. Meine Frau und ich haben leider kein Handy mitgenommen. Der Rettungswagen bringt mich sofort ins Krankenhaus. Am nächsten Tag werde ich in eine andere Klinik verlegt, weil ich vermutlich Probleme mit dem Herzen habe, wie sie annehmen. Bei der Herzkatheter-Untersuchung wird festgestellt, dass sich in den Adern geringe Ablagerungen gebildet haben und dass es im Herzen selbst zwei hochgradige Verschlüsse gibt, die aber schwer zugänglich sind und ohne Risiko nicht geöffnet werden können. Mich durchfährt es, weil mir klar ist, dass das Fasten mich vermutlich vor Schlimmerem bewahrt hat. Das Blut verdünnt sich während des Fastens, weil der Fettgehalt im Blut abnimmt, habe ich in Fachbüchern gelesen. Mit meinem leichten Übergewicht und dem Fett im Blut hätte das für mich böse enden können. Nach drei Tagen werde ich mit dem Rat, mich viel an der frischen Luft zu bewegen und Medikamente einzunehmen, wieder entlassen.

Mein Hausarzt empfiehlt mir, Stress abzubauen und mich viel an der frischen Luft zu bewegen. Im Krankenhaus hatte ich mir über diesen Punkt auch schon einige Gedanken gemacht. So, wie das Arbeitspensum und der damit verbundene Stress zur Zeit ist, kann es unmöglich weitergehen. Ich habe inzwischen kaum noch freie Tage.

Ich suche meinen Chef und den Betriebsleiter auf: „Mein Arzt hat gesagt, dass ich nicht mehr so viel arbeiten soll!", eröffne ich das Gespräch. Sofort erhalte ich Gegenwind: „Wer soll denn dann die Dienste übernehmen?", knurrt mich der Betriebsleiter an. „Dann stellen Sie doch Mitarbeiter ein!", schüttele ich den Kopf. „Das kommt überhaupt nicht in Frage!", mischt sich mein Chef ein. „Nun gut, dann suche ich mir etwas anderes!" Entschlossen blicke ich die beiden an.

Scheinbar haben sie es nicht für möglich gehalten, dass ich es ernst meine. Ich bekomme weiterhin lange Dienste und muss viele Wochen am Stück arbeiten. Noch einmal gehe ich zur Firma und spreche mit dem Betriebsleiter. Aber es ändert sich nichts. Ich suche mir eine andere Arbeit und kündige. Der Betriebsleiter ist fassungslos, als ich ihm die Kündigung reiche.

Dummerweise habe ich einen Job als Handelsvertreter angenommen. Schnell merke ich aber, dass diese Tätigkeit nichts für mich ist. Nach vier Wochen muss ich wieder in meine alte Firma, um meine Papiere abzuholen. „Wollen Sie nicht wieder bei uns anfangen?", schaut mich der Betriebsleiter an. „Gerne", erwidere ich, „aber nur, wenn das Arbeitspensum heruntergeschraubt wird und ich sonntags nicht mehr fahren muss!" Nach einigem Zögern sagt er mir das zu. Eine Woche später fange ich wieder an.

Mein Leben wird merklich entspannter. Margit und ich haben jetzt auch mehr Zeit füreinander. Das tut uns beiden gut. Wir können endlich wieder regelmäßig die Gottesdienste besuchen oder an anderen Veranstaltungen in der Gemeinde teilnehmen. Ich bin zufrieden. Alles läuft zur Zeit rund. Aber Jesus hat noch einige Überraschungen im Gepäck.

Kapitel 19

Familienzusammenführung

Was ist denn jetzt los? Ich bin im Gebet und spüre plötzlich sehr intensiv, dass ich für meine Geschwister beten soll. Überrascht unterbreche ich das Gebet. Was ist das denn jetzt, überlege ich. Innerlich habe ich mich schon damit abgefunden, dass ich meine Geschwister nie wiedersehen werde: 40 Jahre Trennung sind einfach eine zu lange Zeit. Auch Mutter weiß nicht, wo die Geschwister leben, hat sie mich wissen lassen, als ich sie einmal nach ihnen gefragt habe.

In den nächsten Tagen habe ich immer ein starkes Drängen, für meine Geschwister zu beten. Ich spreche mit Margit darüber. Jetzt beten wir gemeinsam und haben den Eindruck, dass Gott dabei ist, etwas vorzubereiten.

An einem Abend treffen wir uns als Hauskreis. Der Abend bereitet uns viel Freude, und wir können uns anschließend kaum trennen. Als wir zusammensitzen, erzählen Margit und ich von unseren Gebeten für meine Geschwister. Unser junger Pastor lacht auf einmal: „Was ist dir denn Lustiges eingefallen?", schaue ich ihn fragend an. „Wenn ich eher davon erfahren hätte", schmunzelt er, „dann hätte ich euch vielleicht schon früher helfen können." „Wie das?", schaue ich ihn verdutzt an. „Ich habe zu Hause eine CD, auf der alle Adressen in Deutschland gespeichert sind", lächelt er. „Vielleicht finden wir deine Geschwister ja!" Schnell überlege ich: Meine Schwestern werden sicher alle verheiratet sein und andere Namen haben. Aber meinen Bruder könnten wir schon wegen des Namens finden.

Schon am nächsten Morgen ruft er uns erfreut an: „Ich habe tatsächlich in Frankfurt jemanden mit dem Namen deines Bruders gefunden!", erklärt er voller Freude. Er gibt uns die Telefonnummer. Aufgeregt rufen wir sofort an. Am anderen Ende der Leitung meldet sich tatsächlich die geschiedene Frau meines Bruders. Sie weiß aber nicht, wo er zur Zeit lebt, versichert sie uns mit Bedauern. Enttäuscht legen wir auf und gehen ins Gebet. Sofort spüren wir, dass wir uns nicht entmutigen lassen sollen.

Die geschiedene Frau meines Bruders hatte uns die neuen Nachnamen meiner Schwestern gegeben. Wir telefonieren in den folgenden Wochen durch ganz Deutschland in der Hoffnung auf einen Zufallstreffer: Leider ohne Erfolg. Als wir wieder einmal im Gebet sind, habe ich spontan den Gedanken, wir sollen noch mal bei der geschiedenen Frau meines Bruders anrufen. Zu unserer Freude teilt sie uns mit, dass sie vor einigen Tagen mit meinem Bruder telefoniert hat und sie sich in der kommenden Woche treffen wollen. Wir bitten sie, ihm unsere Telefonnummer zu geben. Sie verspricht es uns. Aber in den nächsten Wochen passiert nichts. Wir machen uns schon Sorgen, ob die Frau meinem Bruder wirklich unsere Telefonnummer gegeben hat. Auf unser Nachfrage bestätigt sie aber, ihm die Nummer gegeben zu haben. In den nächsten Wochen lauern wir darauf, dass mein Bruder sich endlich bei uns meldet. Aber es kommt einfach nichts. Inzwischen sind mehrere Monate vergangen, ohne dass er sich gemeldet hat. Die Suche nach meinen Schwestern brachte auch keinen Erfolg. Frustriert geben wir langsam die Hoffnung auf.

Der erlösende Anruf

Bei uns klingelt das Telefon. Ich schaue mir die Nummer auf dem Display an. Wer mag das wohl sein, überlege ich. Diese Nummer kenne ich nicht. Ich nehme den Hörer ab. „Hier ist Lothar!", ertönt am anderen Ende eine Männerstimme. Fast wäre mir herausgeplatzt: „Welcher Lothar?" In unserem Freundes- und Bekanntenkreis haben wir niemanden mit dem Namen Lothar. Dann überfällt mich ein Schrecken: Lothar? Das kann doch nur mein Bruder sein! Vor Freude fällt mir beinahe das Telefon aus der Hand: „Toll, dass du dich meldest!", kann ich nur stammeln. Mein Bruder scheint ein Mann weniger Worte zu sein, merke ich. Es kommt kein wirkliches Gespräch zustande. In der Hoffnung, dass es im persönlichen Gespräch besser ist, verabrede ich mich mit ihm in drei Tagen.

Als Margit und ich drei Tage später bei Lothar schellen, öffnet uns seine neue Frau. Er selbst ist mit dem Hund draußen, erklärt sie uns. Schmunzelnd erzählt sie, dass wir ihn bestimmt gesehen haben: Er wollte erst einmal sehen, wer denn da kommt. Tatsächlich hatten wir einen Mann gesehen, der uns mit einem Hund entgegenkam. Während wir uns setzen, kommt Lothar zur Tür herein. Freudig umarme ich meinen Bruder. Nach 40 Jahren halte ich ihn wieder im Arm! Ist das ein schönes Gefühl! Spontan muss ich daran denken, wem ich diese Begegnung wirklich zu verdanken habe: „Danke, Jesus!"

Wir setzen uns an den Tisch, den Lothars Frau schön gedeckt hat. „Wie ist es dir in den Jahren ergangen, seit wir getrennt wurden?", sprudele ich heraus. Lothar erzählt, wobei sein Gesicht hart wird. Ihm ist es nicht gut gegangen. Immer wieder musste er die Heime wechseln. Er ist geschlagen und gedemütigt worden. Ich bin erschüttert: Mir ging es schon nicht so gut, aber ihn hat es scheinbar noch viel schlimmer erwischt! „Sag mal, Bruder", denke ich an sein langes Zögern, sich bei uns zu melden. „Warum hast du dich erst so spät gemeldet, obwohl du schon lange unsere Telefonnummer hattest?"

„In Espelkamp", erzählt er, „haben sie mir gesagt, dass du Schuld bist, dass ich das Heim wechseln muss. Du bist so aufsässig gewesen, dass sie sich entschlossen haben, uns beide in andere Heime zu schicken. In meinen Augen warst du deswegen nicht ganz unschuldig an meiner Situation!" Ich bin erschüttert. Einmal wegen der Lügen, die sie ihm aufgetischt haben, zum anderen, weil wir in Espelkamp im gleichen Heim waren und ich es nicht einmal wusste! „Was waren das bloß für Menschen?", entfährt es mir erschüttert. „Aber wir wollen ja nicht der Vergangenheit nachtrauern, sondern uns lieber daran erfreuen, dass wir jetzt hier zusammen sitzen!" Zu meiner Freude hat Lothar Kontakt zu unseren Schwestern. Ulrike und Heike wohnen am Niederrhein, Elke aber nur wenige Kilometer entfernt.

Lothar scheint ein spontaner Mensch zu sein: Mitten im Gespräch ruft er aus, dass er eine gute Idee hat. Er nimmt das Telefon und ruft Ulrike an. Nach wenigen Klingelzeichen nimmt sie ab. „Hallo, Ulrike, rate mal, wer hier ist!", lacht Lothar und reicht mir den Hörer. Mich durchfährt es heiß und kalt: Was soll ich denn sagen? „Hallo, Ulrike", stottere ich, „hier ist dein Bruder Harald!" Stille am anderen Ende der Leitung! Ich will Lothar gerade den Hörer zurückgeben, weil ich den Eindruck habe, dass die Leitung unterbrochen ist, da höre ich eine leise Stimme: „Hallo, fremder Mann!" Das Eis ist gebrochen. Neugierig fragt Ulrike mich, inwieweit ich ihr Bruder bin. Niemand hatte ihr gesagt, dass sie noch einen Bruder hat. Wir unterhalten uns noch angeregt und verabreden uns in zwei Tagen. Margit und ich werden sie besuchen.

Lothar scheint gerade warm geworden zu sein. Er nimmt sich wieder das Telefon und ruft Elke an. Auch Elke erreicht er sofort. Als sie hört, dass ich bei ihm sitze, freut sie sich und sagt zu, gleich vorbeizukommen. Eine gute Stunde später halte ich meine Schwester im Arm: Ich bin überwältigt! Den ganzen restlichen Nachmittag sitzen wir zusammen und unterhalten uns. Ich bin fasziniert, wie unterschiedlich jeder von uns seinen Weg gegangen ist. Als Elke sich zum Aufbruch fertig macht, folgen wir ihr. Ich muss diesen Tag mit den vielen Informationen erst einmal gründlich verarbeiten.

Ulrike

Dann besuchen wir Ulrike. Auf sie bin ich besonders gespannt. Immer wieder habe ich Bilder vor Augen, wie ich sie als Baby versorgt habe und wie erschüttert ich war, als sie von uns getrennt worden ist. Aufgeregt kommen wir unserem Ziel näher. Dann stehen wir vor dem Haus, in dem sie mit ihrer Familie wohnt. Wir schellen an. Ulrike macht uns die Tür auf, und wir fallen uns in die Arme. Ich kämpfe mit meinen Gefühlen und versuche, die Tränen zurückzuhalten: Nie im Leben hätte ich das für möglich gehalten, dass ich diesen Augenblick noch einmal erleben würde!

Als wir am Tisch sitzen und genüsslich unseren Kaffee trinken, platzt die Neugierde aus Ulrike heraus: „Was ist denn damals passiert? Ich weiß nur das, was mir andere erzählt haben. Jetzt freue ich mich, von dir zu hören, wie es damals wirklich war, wie die Situation bei uns zu Hause war." Sie ist sichtlich erschüttert, als ich ihr erzähle, wie es bei uns zu Hause zuging, wie wir Kinder alleine waren und dann durch das Amt ins Kinderheim gebracht wurden. Wie erschüttert ich war, dass sie von uns getrennt wurde. Ich schildere ihr, wie mein Weg durch die Heime gewesen ist und welche Schwierigkeiten ich zu bewältigen hatte. Richtig verwundert ist sie nicht: Von den Geschwistern hat sie schon Ähnliches gehört.

„Wie ist es dir denn ergangen nach unserer Trennung?", sprudele ich heraus. „Ich bin wohl direkt ins Krankenhaus gekommen, als das Amt in unsere Wohnung eingebrochen ist", erzählt sie. „Unterernährt, wie ich war, brauchte ich schnelle Hilfe. Vom Krankenhaus kam ich in ein Heim und später in eine Pflegefamilie. Einerseits war das ein Vorrecht, in einer Pflegefamilie zu leben, aber es war auch nicht einfach" (in ihrem Buch: „Berufen zum Königskind" schreibt sie darüber). Erfreut stellen wir im weiteren Gespräch fest, dass wir alle Christen sind. Auf ihre Frage, ob wir wissen, wo unsere Mutter sich aufhält, erzählen wir, wie wir Mutter kennengelernt haben und dass sie zum Glauben gefunden hat.

Ulrike wird nachdenklich: „Ich bin seit einiger Zeit in Seelsorge. Vor einigen Monaten fragte mich meine Seelsorgerin, ob ich meiner Mutter vergeben kann. Das war für mich nicht leicht. Aber dann habe ich ihr von Herzen vergeben. Jetzt erzählt ihr mir, dass ihr Kontakt zu Mutter habt und sie auch noch Christin geworden ist? Das kann doch kein Zufall sein!" „Wenn du möchtest, bringe ich euch zusammen!", biete ich ihr an. Ohne zu zögern nimmt sie das Angebot an. Dann schaut sie auf die Uhr: „Wir müssen los!" Margit und ich bringen sie zu einer Jugendfreizeit, die sie als Mitarbeiterin begleitet. Zum Abschied drücken wir uns ganz herzlich. „Ich bin dankbar, so einen Bruder zu haben!", lacht Ulrike. „Und ich bin dankbar, so eine Schwester zu haben!", erwidere ich fröhlich. Wir verabreden uns noch für kommendes Wochenende, dann machen Margit und ich uns auf den Weg.

Mehrmals treffen wir uns in den nächsten Wochen. Ulrike und ich spüren, dass zwischen uns eine besondere Beziehung besteht. Manchmal sitzen wir zusammen und rätseln, ob das wohl mit unserer Beziehung als Kinder etwas zu tun hat. Wie dem auch sei, wir genießen die Gemeinschaft. Inzwischen habe ich auch meine Schwester Heike kennengelernt.

Das große Treffen

Als wir Ulrike und ihren Mann Klaus wieder einmal besuchen, kommt sie mit einer Idee: „Ich würde gerne Mutter und die Geschwister zu mir einladen, damit wir uns alle mal kennenlernen!" Wir besprechen zusammen mit Klaus, wie das Treffen stattfinden kann. Obwohl sie ein eigenes Haus mit einem kleinen Garten haben, wird es doch sehr eng werden, sollten wirklich alle kommen.

Einige Wochen später ist es so weit: Alle Geschwister haben zugesagt, dass sie kommen wollen. Besonders gespannt ist Ulrike auf ihre Halbbrüder, die später geboren sind. Mutter, ihre acht Kinder und deren Ehepartner mit ihren Kindern sitzen das erste Mal im Leben zusammen. Ich bin zutiefst bewegt, als ich mich in der Runde umsehe. Alle sind im emsigen Gespräch vertieft. Selbst Ulrikes Hündin Lena und unsere Hündin Sheela scheinen Freundschaft geschlossen zu haben. In einer ruhigen Minute ziehe ich mich etwas zurück und betrachte das Schauspiel. Ich bin überwältigt: Nie im Leben hätte ich das für möglich gehalten! Dankbar schaue ich zum Himmel auf: „Danke, Jesus!" Leider blieb es bis heute das einzige Mal, dass wir alle zusammengekommen sind.

Weltjugendtag

Einige Monate nach dem Familientreffen ruft mich mein Betriebsleiter ins Büro: „Wie Sie ja wissen", eröffnet er das Gespräch, „findet in zwei Wochen der Weltjugendtag in Köln statt. Es werden zu diesem Anlass sehr viele Menschen erwartet. Die Organisatoren haben das städtische Unternehmen um Fahrzeuge und Fahrer gebeten. Nun ist das Unternehmen an uns herangetreten, ob wir nicht Fahrer für diese Veranstaltung stellen wollen. Da haben wir sofort an Sie gedacht: Als Christ haben Sie doch sicher Freude daran, an dieser Veranstaltung teilzunehmen!" Ich lache still in mich hinein: Manchmal erinnert man sich doch daran, dass ich Christ bin! Spontan sage ich aber zu. Das ist bestimmt eine schöne Sache!

Zwei Wochen später ist es so weit: Das städtische Unternehmen stellte einige Fahrer und Gelenkbusse zur Verfügung. Wir machen uns als Kolonne auf den Weg nach Köln. Unterwegs halten wir eine Einsatzbesprechung. Uns allen ist klar, dass es alles andere als einfach werden wird. In den Nachrichten haben wir gehört, dass etwa eine Million Menschen erwartet werden. Der Einsatzleiter gibt uns Karten mit unserem Standort. Unsere Busse werden nahe der Residenz des Kardinals stehen. „Am Marienfeld werden unglaublich viele Menschen sein!", gibt er uns noch mit auf den Weg. „Seien Sie bitte vorsichtig!"

Als wir in Köln ankommen, werden wir gleich von der Polizei empfangen, die uns den Weg zu unserem Standort weist. Die ganze Stadt ist voller Menschen. Immer wieder müssen wir Straßenabsperrungen passieren. Das ist eine echte Geduldsprobe. Aber dann haben wir unser Ziel erreicht. Erwartungsvoll warten wir auf unseren Einsatz. Aber in der ersten Stunde tut sich nichts. Dann werden wir zum Bahnhof beordert, weil sich dort viele Menschen aufhalten, die zur Veranstaltung wollen. Ein Mitarbeiter der Organisation kommt zu uns und ist unser Lotse. Die Fahrt zum Bahnhof gestaltet sich überaus schwierig. Wie fahren teilweise Straßen, die so eng sind, dass sie ein

Gelenkbus normalerweise gar nicht befahren kann. Polizeibeamte, die in der Nähe sind, helfen uns und halten die Straßen frei, damit wir mir unseren großen Fahrzeugen überhaupt wenden können. Dann haben wir es geschafft. Aber wieder stehen wir tatenlos herum. Unser Einsatzleiter fängt an zu schimpfen: „Das ist aber eine ganz schlechte Organisation hier!" Wir stimmen ihm zu. Tatenlos herumstehen wollten wir eigentlich nicht. Als die Veranstaltung am Marienfeld beginnt, haben wir immer noch keinen Einsatzbefehl erhalten. Einige Fahrer fangen schon an zu murren: „Dann hätten wir auch zu Hause bleiben und uns einen schönen Tag machen können!"

Dann ist die Veranstaltung zu Ende. Wir werden mit unseren Fahrzeugen zum Marienfeld beordert, um die Menschen dort abzuholen und nach Köln zu bringen. Auf der Fahrt zum Marienfeld werden unsere Fahrzeuge getrennt. Jeder ist auf sich allein gestellt. Bus an Bus reiht sich auf, als ich ankomme. Aber dann bin ich auch dran. Als erstes Fahrzeug stehe ich bereit, hinter mir sechs weitere. Die Menschen strömen in die Fahrzeuge, und dann geht es los. Die Strecke zurück nach Köln habe ich mir gut gemerkt. In Köln angekommen, steht auf einer Straße, die wir eigentlich fahren sollen, ein Polizeibeamter und winkt alle Fahrzeuge, die diese Straße befahren wollen, weiter. Ich halte an und frage ihn, warum die Strecke gesperrt ist. „Der Papst kommt zurück nach Köln", lächelt er. „Deshalb sind die Strecken, die er benutzt, aus Sicherheitsgründen gesperrt. Sie müssen den Umleitungen folgen!"

„Das werde ich sicher nicht tun!", erwidere ich. „Ich werde nicht mit einem Gelenkbus in einer mir unbekannten Stadt herumkurven." „Ich kann Sie hier aber nicht durchlassen!", schüttelt er den Kopf. Mir platzt der Kragen: „Und wenn Sie sich auf den Kopf stellen", maule ich ihn an, „ich werde jetzt hier in die Straße fahren! Auch wenn ich warten muss, bis die Sperrung wieder aufgehoben ist." Bevor er Widerspruch einlegen kann, gebe ich Gas und fahre weiter. Hinter mir sechs weitere Busse, die sich angehängt haben.

Wir kommen an der Hauptstraße an, die komplett gesperrt ist. Ich spreche mit einem der Beamten, wie lange die Sperrung wohl dauern wird. Er schaut auf die Uhr: „In etwa einer halben Stunde wird das Papa-Mobil hier entlang fahren. Dann dauert es nur ein paar Minuten, bis die Straße wieder freigegeben wird." Ich wende mich meinen Fahrgästen zu und gebe ihnen die Information weiter. „Ich öffne jetzt die Türen", fahre ich fort. „Jeder, der möchte, kann aussteigen. Aber bitte steigen Sie wieder ein, sobald der Papst vorbeigefahren ist!" Kaum habe ich die Türen geöffnet, strömen die Menschen aus dem Fahrzeug. Die Fahrer der anderen Fahrzeuge öffnen auch die Türen und geben den Menschen Gelegenheit, dem Papst noch mal zuzuwinken, wenn er vorbeikommt. Die Menschen strömen alle zur Straße hoch. Nach einigen Minuten geht ein Aufschrei durch die Menge: „Benedetto, Benedetto...", jubeln sie mit offensichtlicher Freude.

Während ich diesem Schauspiel zusehe, habe ich ein Bild im Kopf: Genau so muss es ausgesehen haben, als Jesus in Jerusalem einzog und die Menschen ihm zugejubelt haben: „Halleluja, Halleluja dem Sohn Davids! Gelobt sei der, der da kommt im Namen des Herrn!" (*Matthäus 21,9*) Die Freude der Menschen hier ist wirklich ansteckend, schmunzle ich innerlich und warte darauf, dass sie alle wieder einsteigen. Als das Papa-Mobil vorbei ist, kommen sie alle zurück. Zu meiner Freude sehe ich, dass sich alle zu den Fahrzeugen bewegen, mit denen sie gekommen sind.

Ohne weitere Zwischenfälle bringe ich meine Fahrgäste zum Bahnhof. Als ich keinen weiteren Einsatzbefehl erhalte, mache ich mich auf den Rückweg.

Auch wenn nicht alles so gelaufen ist, wie es eigentlich geplant war: Es war ein schönes Abenteuer!

Kapitel 20

Übernommen

„Ich habe gehört, dass das Verkehrsunternehmen der Stadt unsere Firma übernehmen will!", spricht ein Kollege mich an. „Das glaube ich nicht!", schüttele ich nachdenklich den Kopf. „Warum sollten sie das tun?" Die Gerüchte verdichten sich immer mehr. Ich spreche, wann immer es möglich ist, die Kollegen an: „Lasst uns einen Betriebsrat ins Leben rufen, damit wir uns wehren können, wenn die neuen Eigentümer Einschnitte bei uns planen. Denn das werden sie mit Sicherheit vorhaben!" Die Kollegen stimmen mir zu. Ich spreche Horst, der Erfahrung als Betriebsrat hat, an: „Hast du nicht Lust, mitzumachen, bei deiner Erfahrung?" Er schüttelt den Kopf: „Nein, das mache ich nicht noch einmal. Das ist mir zu viel zusätzliche Arbeit und auch Stress!" Als ich merke, dass ich ihn nicht überreden kann, bitte ich ihn, wenigstens die Wahlen zu begleiten. Dazu ist er gerne bereit.

Wir hängen einen Aushang in den Fahrerraum und bitten die Kollegen, sich zur Vorbereitung der Wahl einzufinden. Die Resonanz ist sehr groß: Alle Kollegen außer denen, die gerade Dienst haben, sind anwesend. Horst eröffnet die Sitzung: „Wie ihr ja inzwischen alle wisst, hat uns das städtische Unternehmen aufgekauft und ihre eigenen Mitarbeiter als Geschäftsführer eingesetzt. Ich gehe mal davon aus, dass sie uns, wie das in anderen Städten inzwischen üblich ist, als billige Arbeitskräfte einsetzen wollen. Dagegen sollten wir uns wehren!" Zustimmendes Gemurmel. „Was können wir schon gegen dieses große Unternehmen ausrichten?", meldet sich Hans zu Wort. Ein Stimmengewirr erfüllt den Raum. Horst bittet um Ruhe: „Natürlich sind unsere Möglichkeiten begrenzt. Aber wir können zumindest einen Betriebsrat gründen, der unsere Interessen vertritt!" Horst fährt fort: „Ich würde die Wahlen gerne vorbereiten, wenn das für euch in Ordnung ist." Wir stimmen alle zu. „Jetzt kommt aber das Schwierigste!", lacht Horst. „Wer will sich denn aufstellen lassen?" Betretenes Schweigen im Raum. Ich melde mich zu Wort: „Leute, das kann doch nicht euer Ernst sein, dass keiner den Mut hat, sich zu melden! Ich wäre auf jeden Fall bereit dazu!", fahre ich fort. „Ich will nicht, dass man mit uns nach Gutdünken verfährt!" Peter, der früher selbst Unternehmer war, Sebastian und Mehmed melden sich. „Super!", freue ich mich. „Zumindest bekommen wir drei Betriebsräte mit Ersatzmann zusammen!" „Dann werde ich die neue Geschäftsführung informieren und die Wahlen vorbereiten!", lächelt Horst. Er steht auf und macht sich auf den Weg. Wir anderen diskutieren noch eine Weile.

Drei Wochen später ist es so weit: Horst hat alles vorbereitet, und wir gehen alle zum Wählen. Erfreut stellen wir fest, dass sich nicht ein Kollege enthalten hat. Bei Auszählung der Stimmen (meine war leider ungültig) steht fest, dass Peter die meisten Stimmen bekommen hat, dann kommt Sebastian, danach ich und als Letzter Mehmed. Horst gratuliert uns allen: „Ich informiere jetzt die Geschäftsführung. Ihr solltet euch überlegen, wann ihr eure erste Sitzung abhaltet. Die Firma muss euch für diese Tätigkeit freistellen, dafür sorge ich noch. Dann müsst ihr alles Weitere regeln!" Wir beschließen spontan, uns am kommenden Freitag zu treffen. „Dann kann ich das der Geschäftsführung so mitteilen!", freut sich Horst. „Damit ist meine Arbeit erledigt. Ich wünsche euch viel Erfolg! Wenn ihr Fragen habt, könnt ihr mich gerne ansprechen."

Die erste Sitzung

„Wer ist denn bereit, den Vorsitz zu übernehmen?", schaut Peter sich in der Runde um, als wir uns zur ersten Sitzung treffen. „Wie wäre es, wenn du deine Erfahrung einbringst?", melde ich mich. Sebastian stimmt mir zu. Peter überlegt einen Moment: „Ja, ich würde das machen, ich denke, dass ich das schon schaffen werde! Wir brauchen aber auch noch einen Schriftführer", schaut er Sebastian und mich an. Sebastian winkt ab. „Wie sieht es mit dir aus, Harald?" Ich bin in einer Zwickmühle: Soll ich den Kollegen sagen, dass ich die Rechtschreibung gar nicht richtig beherrsche, weil ich das Schreiben in der Schule nur zum Teil gelernt und mich später nicht mehr um Rechtschreibung gekümmert habe? Nein, dafür schäme ich mich zu sehr. „In Ordnung, ich mache das!", sage ich zu meinem eigenen Erstaunen. Im nächsten Moment hätte ich mir in den Hintern beißen können! Warum muss ich mich immer wieder überreden lassen? „Ich weiß aber gar nicht, wie man offizielle Schreiben aufsetzt!", versuche ich mich noch herauszureden. „Die meisten werde ich als Vorsitzender selbst schreiben", mischt sich Peter wieder ein. „Wir sollten uns aber Gedanken darüber machen, dass wir Seminare besuchen, damit wir mehr für unsere Tätigkeit zugerüstet werden. Als neu gegründetes Gremium dürfen wir laut Betriebsverfassungsgesetz mehr Seminare besuchen. Das sollten wir auf jeden Fall in Anspruch nehmen! Als Vorsitzender werde ich das erste Seminar besuchen. Ich habe euch auch schon einige Seminare ausgesucht." Damit legt er uns einige Prospekte hin. Neugierig sehen wir uns die Prospekte an und suchen passende Seminare für uns aus. Dann überlegen wir, wie wir das zeitlich regeln können, ohne dass es für die Firma eine zu große Belastung darstellt. Anschließend setzen wir uns mit der Geschäftsführung zusammen, um zu klären, ob sie Veränderungen planen. Sie versichern uns, dass sich am Ablauf in der Firma nichts ändern wird. „Wir nehmen Sie beim Wort!", erwidert Peter.

Es wird ernst

Inzwischen sind sechs Monate vergangen. Wir haben vier Sitzungen abgehalten, und jeder hat schon zwei Seminare besucht. Die Geschäftsleitung zeigt sich bisher kooperativ. Aber jetzt wollen sie Veränderungen im Arbeitsablauf vornehmen. Das erste Mal geraten wir mit ihnen richtig aneinander, weil uns klar ist, dass es für uns Kollegen sehr zum Nachteil ist. Besonders, dass es geteilte Dienste geben soll, gefällt uns gar nicht. Der erste Geschäftsführer erklärt uns, dass die bisherige Firmenleitung bei den Diensten ein Auge zugedrückt hat. Aber alle Kollegen sind länger gefahren, als sie laut Gesetz gedurft hätten. Die neue Firmenleitung wird das jetzt unterbinden. Deswegen ist es notwendig, die Dienste zu teilen, auch wenn es für die Kollegen nicht so schön ist. Zähneknirschend müssen wir nachgeben. Durch die Seminare, in denen auch die Arbeitszeiten thematisiert wurden, wissen wir, dass der Mann recht hat. „Wir werden unseren Mitarbeiter, der für die Fahrpläne zuständig ist, informieren", fährt der Geschäftsführer fort. „Er soll neue Dienstpläne schreiben. Diese werde ich Ihnen dann zur Prüfung vorlegen."

Einige Tage später haben wir die Dienstpläne vorliegen. Am liebsten würden wir sie zerreißen und in den Mülleimer werfen: Jeder Kollege muss mehrmals den Dienst und damit auch die Linie wechseln, damit die Fahrzeiten korrekt eingehalten werden. „Wir beschäftigen uns mit den Plänen!", schaut Peter den Geschäftsführer, der uns persönlich die Pläne gebracht hat, ernst an. Dann spricht er eine andere Sache an, die uns immer wieder berichtet worden ist:

„Ihre Leitstelle bevorzugt Ihre eigenen Mitarbeiter unverhältnismäßig. Das muss abgestellt werden! Unsere Kollegen sind keine Mitarbeiter zweiter Klasse, nur weil sie nicht bei Ihnen im städtischen Unternehmen angestellt sind!" Der Geschäftsführer verspricht, sich darum zu kümmern. Als er gegangen ist, schaut Peter uns ernst an: „Ich werde den Vorsitz abgeben, weil ich eine andere Tätigkeit übernehmen werde. Ihr werdet künftig ohne mich auskommen müssen!" Erschrocken sehen wir ihn an. Er hatte mit keiner Silbe erwähnt, dass er sich um eine andere Arbeit bemüht. „Wie geht es denn jetzt weiter?", platzen wir beide heraus. „Da wir nur ein Ersatzmitglied haben", lächelt er, „müsst ihr neu wählen lassen!" „Nicht schon wieder!", stöhne ich auf. Aber dann nehme ich mich zusammen: „In Ordnung, ich werde Horst bitten, dass er auch diese Wahl vorbereitet."

Betriebsratsvorsitz

Ich kann Horst tatsächlich dazu bewegen, auch diese Wahl durchzuführen. Dieses Mal haben sich mehrere Kollegen dazu bereit erklärt, sich aufstellen zu lassen. Jetzt warten wir gespannt auf das Ergebnis der Wahl. Als alle Stimmzettel ausgezählt sind, kommt Horst freudig auf mich zu: „Gratuliere!", reicht er mir die Hand. „Du hast mit Abstand die meisten Stimmen bekommen. Fast 100 Prozent." Auch Sebastian ist wieder in den Betriebsrat gewählt worden, dazu noch Mehmed.

Bei unserer ersten Sitzung meldet sich Mehmed zu Wort: „Ich möchte gerne den Vorsitz übernehmen!" Sebastian und ich sehen uns an: „Ich bin dagegen!", erwidere ich. „Du bist mir zu jung und auch etwas zu aufbrausend!" Sebastian stimmt mir zu. „Ich finde, bei so vielen Stimmen solltest du den Vorsitz übernehmen!", wendet er sich mir zu. So beschließen wir es dann auch. Sebastian ist diesmal bereit, die Schriftführung zu übernehmen. Mehmed ist mit der getroffenen Entscheidung nicht zufrieden und zeigt es uns deutlich. „Das ist genau das, was ich meinte", wende ich mich ihm zu, „du würdest mit deiner Art nur anecken und Probleme produzieren! Aber ich habe auch eine gute Nachricht für dich: Du wirst der Nächste sein, den wir zum Seminar schicken. Schau dir alles gut an, damit du lernst, was Betriebsratsarbeit wirklich ist!" So richtig zufrieden stellt ihn das nicht, wie ich an seinem Gesichtsausdruck erkennen kann. „Oh!", schüttele ich den Kopf, als Sebastian und ich alleine sind, „mit dem Jungen werden wir noch viel Ärger bekommen!"

Als ich wieder zu Hause bin, mache ich mir Gedanken, wie es jetzt weitergehen soll: Betriebsratsarbeit ist ja ehrenamtlich, aber wenn sie zu viel wird, und das wird bei uns ziemlich sicher der Fall sein, dann muss ich zusehen, dass ich teilweise freigestellt werde. Am besten wird es sein, wenn ich mir alles genau notiere. Das mache ich in den nächsten Wochen auch. Sehr bald merke ich, dass es so wirklich nicht geht. Es überfordert mich auf Dauer, wenn ich weiter meinen normalen Dienst als Busfahrer mache und daneben noch die Betriebsratsarbeit. In einem Seminar für Betriebsratsvorsitzende habe ich gehört, dass bei entsprechender Arbeitsbelastung eine Freistellung von der Arbeit möglich ist.

Ich suche den Geschäftsführer auf und lege ihm meine Notizen hin, wie viel Zeit ich als Vorsitzender brauche, um dem Amt gerecht zu werden. „Und was stellen Sie sich vor?", knurrt er mich an. „Darüber habe ich mir auch schon Gedanken gemacht!", erwidere ich ernst. „Ich werde nur noch kürzere Frühdienste übernehmen, damit ich nachmittags für die Kollegen im Büro sein kann." Wir einigen uns darauf, dass wir es künftig so handhaben werden. „Außerdem", sehe ich ihn ernst an, „werde ich die Dienstpläne, die Ihr Mitarbeiter geschrieben hat, ändern. Sie gefallen mir nicht und sind mir sehr zu Lasten meiner Kollegen." Begeistert ist er nicht, das kann ich seinem Gesichtsausdruck entnehmen. Aber inzwischen sind wir schon einige Male aneinander geraten, und er weiß, dass ich auch meine, was ich sage. Nachdem er seinen Einfluss als leitender Angestellter des städtischen Betriebes mehrmals ausgenutzt hat, um uns unter Druck zu setzen, bin ich innerlich auch ziemlich geladen: Sogar Kollegen mussten wir entlassen, weil er uns klein halten wollte! Das macht mir sehr zu schaffen, und ich habe viele schlaflose Nächte deswegen. Manchmal überlege ich sogar, ob ich mich nicht bei einem anderen Busunternehmen vorstellen soll. Ich habe eigentlich keine Lust auf so viel Stress, wie ich ihn zur Zeit erlebe. Aber dann denke ich an die Kollegen und verwerfe den Gedanken wieder.

Einige Monate später erwirbt die Firma einen neuen Betriebshof. Zu diesem Betriebshof gehört auch ein Wohnhaus mit Büros. Als Betriebsrat bekommen wir unser eigenes Büro. Margit und ich beziehen die große Wohnung unter dem Dach.

Ein neuer Tarifvertrag

Die Gewerkschaft kommt auf uns zu und will den Tarifvertrag für den Öffentlichen Dienst bei uns in der Firma einführen: „Der ist viel besser als der, den ihr zur Zeit habt!", schwärmen sie uns vor. „Wir werden das besprechen", entgegne ich ihnen, „dann melden wir uns bei euch."

„Was sagt ihr zu dem Angebot der Gewerkschaft?", schaue ich die Kollegen bei der nächsten Sitzung fragend an. Mehmed meldet sich zu Wort: „Der Tarifvertrag des Öffentlichen Dienstes ist doch bestimmt viel besser als der, den wir jetzt haben!" Wir stimmen ihm zu. Nach kurzer Diskussion beschließen wir, dass wir den Tarifvertrag bei uns in der Firma einführen wollen. Ich rufe die Gewerkschaft an und teile ihnen unsere Entscheidung mit.

Inzwischen sind zwei Monate vergangen. Ich bin innerlich am Kochen: „Die Gewerkschaft hat uns voll beim Bock getan!", schimpfe ich, als wir wieder eine Sitzung abhalten. Die Kollegen stimmen mir zu. „Diese ganzen Öffnungs-klauseln, die der neue Tarifvertrag beinhaltet, machen mich wahnsinnig!", stöhnt Mehmed. Dieses Mal kann ich ihm nicht widersprechen. „Ich trete sofort aus der Gewerkschaft aus!", mault Mehmed weiter. „Alle Kollegen, mit denen ich gesprochen habe, wollen das auch so machen!", fährt er fort. „Das Geld, das wir jetzt weniger haben, holen wir uns von denen wieder!" Ich stöhne innerlich auf, weil mir klar wird, dass ich in der nächsten Zeit richtig Probleme haben werde. Aber so einfach werde ich es der Geschäftsleitung nicht machen!

Wieder zu Hause überlege ich, wie ich weiter vorgehen kann. Zunächst muss ich mich weiter mit dem neuen Tarifvertrag beschäftigen, überlege ich. Das wird mich sicher manche Nacht kosten. Aber da muss ich jetzt durch.

In den nächsten Tagen studiere ich den Tarifvertrag. Wie das bei vielen Verträgen ist, sind manche Formulierungen sehr schwammig. Das führt, wie ich nachlesen kann, immer wieder zu Auseinandersetzungen bei Gerichten. Auch die Öffnungsklauseln in unserem Tarifvertrag sind Anlass zu immer neuen Gerichtsurteilen. Wobei Gerichte manchmal ganz unterschiedlich in der gleichen Sache urteilen, stelle ich entsetzt fest. Ich nehme mir die Urteile des Gerichts vor, das für uns zuständig ist: Zu meiner Freude stelle ich da fest, dass wir manche Öffnungsklausel, die die Geschäftsleitung zu unserem Nachteil ausgelegt hat, abändern können. Mit dieser Erkenntnis suche ich den Geschäftsführer auf und halte ihm die Fakten entgegen. Er beharrt aber auf seiner Sicht. „Nun gut, dann werden wir als Gremium einen Anwalt einschalten!", halte ich ihm entgegen.

Ich hole mir die Einwilligung der Kollegen und suche einen Anwalt für Arbeitsrecht auf. Er nimmt, nachdem ich ihm gezeigt habe, was ich inzwischen alles zusammengetragen habe, das Mandat an. Mit unserem Tarifvertrag ist er nicht vertraut, gesteht er mir.

Schon eine Woche später sitzen wir mit der Geschäftsleitung und ihrem Anwalt zusammen. Nach einigem Hin und Her kommen sie uns in vielen Punkten entgegen und nehmen Entscheidungen wieder zurück: Den Kollegen wird einiges an Lohn zurückerstattet. Aber der Ton wird ab diesem Zeitpunkt merklich rauer.

Mir platzt der Kragen

In einer Betriebsversammlung gerate ich wieder einmal mit der Geschäftsleitung aneinander. „Wir müssen mehr sparen!", fordern sie. „Der Krankenstand ist auch zu hoch und kostet die Firma zu viel Geld. Es ist keine gute Arbeitsmoral unter den Kollegen!", werfen sie uns zudem vor. Mir platzt der Kragen: „Was die Arbeitsmoral angeht", erwidere ich, „geht es immer von oben nach unten. Gehen Sie den Kollegen erst einmal mit gutem Beispiel voran, dann werden diese auch begeistert nachziehen! Was das Sparen betrifft", fahre ich fort, „sollten Sie vielleicht anfangen, wirtschaftlich zu denken und nicht immer alles auf die Kollegen abzuladen, die schon so viele Abstriche machen mussten!" Das nehmen sie mir als persönlichen Angriff übel.

Bei einer weiteren Betriebsversammlung lasse ich, wie es eigentlich üblich ist, die Geschäftsleitung unter den Kollegen sitzen. Jetzt sind es die Kollegen, aufgeheizt durch die Geschäftsleitung, die sich gegen mich stellen.

Ich merke immer mehr, dass ich an meine Grenzen komme. Oft fühle ich mich einfach ausgebrannt und würde am liebsten alles hinwerfen. Meine Ehe und auch meine Beziehung zu Jesus leiden unter der Belastung. Ich habe für beide nur noch wenig Zeit.

Wie mir Margit viele Jahre später erzählte, war sie in dieser Zeit so weit, sich von mir zu trennen. Sie hatte die Koffer schon gepackt und sich mit einer

Freundin verabredet, die ihr helfen wollte. Das Leben mit mir war einfach nur noch stressig und ich selbst ungenießbar. Zu meinem Schrecken muss ich gestehen, dass ich es noch nicht einmal bemerkt habe. Dass wir Spannungen in der Ehe hatten, das war wirklich nicht zu übersehen. Aber im Leben hätte ich mir nicht vorstellen können, dass meine Ehefrau diesen Schritt gehen könnte.

Wenn wir uns heute über diese Zeit unterhalten, müssen wir beide lachen. Es war eine harte Zeit, und wir hatten nicht viel Lebensfreude. Aber jetzt genießen wir die Früchte, die daraus erwachsen sind.

Das Seminar

In dieser für mich schwierigen Zeit bekomme ich die Zusage zu einem christlichen Seminar: „Heile Persönlichkeit – Heile Beziehung" von Team F. Ich hatte mich angemeldet, weil ich den Eindruck hatte, dass Jesus mich dazu auffordert, und weil mich meine Vergangenheit immer öfter beschäftigt. Auch meine wechselnden Gefühle machen mir sehr zu schaffen. Ein Freund hat es vor Kurzem auf den Punkt gebracht: „Man sieht dich, und du bist locker und entspannt. Trifft man dich etwas später wieder, scheint alles in dir verkrampft zu sein!" Mein Freund hat recht. Diese Veränderungen finden manchmal innerhalb weniger Stunden statt. Ich konnte mit Stress ja noch nie gut umgehen, aber der Stress, den ich zur Zeit erlebe, macht mir scheinbar unglaublich zu schaffen. Eigentlich habe ich geglaubt, dass ich als Christ nach allem, was ich erlebt und durchgemacht habe, stabiler geworden bin. Deswegen habe ich mich auf das Abenteuer als Betriebsrat überhaupt eingelassen. Aber da habe ich mich wohl überschätzt, zumindest, was solche harten Herausforderungen angeht.

Gespannt, was mich erwartet, mache ich mich einige Wochen später auf den Weg. Erleichtert, alles mal hinter mir lassen zu können, freue ich mich auf das Seminar, von dem ich so viel Gutes gehört habe. Schon am Nachmittag treffen sich alle Seminar-Teilnehmer in einem großen Raum zum Lobpreis und dem ersten Vortrag. Im Anschluss gehen wir in die Gruppen, denen wir zugeteilt sind. Jede Gruppe wird von zwei Seelsorgern geleitet. „Warum seid ihr hier?", werden wir von ihnen gefragt. Einer nach dem anderen erzählt, mit welchem Problem oder welchen Problemen er zu kämpfen hat. Behutsam gehen die

Seelsorger auf jeden einzelnen ein. Ich beobachte sie genau, ob ich von ihnen noch etwas lernen kann.

Die Themen

Die Schwerpunktthemen im Seminar sind bittere Wurzeln, innere Schwüre und Festlegungen. Bittere Wurzeln entstehen etwa, wenn wir tief verletzt wurden, besonders als Kinder. Innere Schwüre und Festlegungen treffen wir, wenn wir uns im Herzen vornehmen: „Ich werde anders als… !" Etwa bei Kindern, die von den Eltern geschlagen wurden, die nur Anerkennung bekommen haben, wenn sie sich angepasst verhalten haben, die von den Eltern für ihre Bedürfnisse missbraucht wurden, usw. Ich werde künftig anders handeln, nicht wie meine Eltern, treffen viele den Schwur.

Diese inneren Schwüre, die in jungen Jahren getroffen wurden, begleiten einen oft, ohne dass man es merkt. Wenn man gar nicht mehr daran denkt, schießen sie mit Wucht an die Oberfläche und haben das Potenzial, den Betroffenen völlig aus der Bahn zu werfen. Wer denkt schon daran, dass es der Schwur sein könnte, den er vor vielen, vielen Jahren als Kind getroffen hat? Wie ein Krebsgeschwür hat er sich in den Jahren weiterentwickelt und ist, wenn man es am wenigsten erwartet, ausgebrochen.

Gerade wenn ein Mensch zum Glauben gekommen ist, möchte er sich verändern, möchte Gott gefallen. Viele stellen aber zu ihrem Entsetzen fest, dass es Bereiche gibt, in denen sie keinerlei Veränderungen erleben. Wer denkt schon daran, dass es vielleicht die Einstellung zum Elternhaus sein könnte?

An einem Abend sitzen wir wieder als Gruppe zusammen. Jana (Name geändert), eine Frau aus der Gruppe, erzählt aus ihrem Leben. Während sie unter Tränen schlimme Dinge berichtet, laufen auch mir voller Mitgefühl die Tränen die Wange hinunter. Spontan habe ich den Gedanken, für sie zu beten. Zunächst zögere ich, aber dann frage ich das Seelsorge-Ehepaar, ob das in Ordnung wäre. Sie stimmen nach kurzem Überlegen beide zu. Ich gehe zu Jana, knie mich hin, nehme ihre Hände und bete für sie. Als ich mich wieder auf meinen Platz begebe, platzt eine andere Teilnehmerin heraus: „Jetzt verstehe ich es!" Verwirrt schauen wir sie an. Sie fährt fort: „Als Harald vor

Jana kniete und für sie gebetet hat, wusste ich auf einmal, wie der himmlische Vater ist. Jetzt werde ich Gott sicher mit anderen Augen sehen!" Wir alle sind überwältigt von der Gnade, die spürbar in unserer Mitte ist.

Die Vision

Am letzten Morgen des Seminars werde ich sehr früh wach. Die Tränen laufen mir die Wange hinunter. Ich kann den Fluss gar nicht stoppen. Mein ganzes Leben läuft im Zeitraffer vor mir ab. Die schlimme Zeit zu Hause, die Zeit im Heim, die Trennung von meinen Geschwistern, die schlimme Nachricht, dass ich das Heim verlassen muss, in dem ich mich so wohlfühlte.

Vor mir liegt ein Schreibblock. Ich nehme einen Kugelschreiber und beginne zu schreiben: Die Worte fließen ganz von alleine, Worte eines vierzehnjährigen, traumatisierten Jungen.

Missbraucht:

Zuerst ein Schrei: Warum hilft mir keiner? Ich bin einsam, verletzt, voller Scham, ungetröstet und weggeworfen – immer und immer wieder.

Wut kommt auf, Zorn kommt auf! Warum geschieht mir dieses Unrecht? Niemand, der hilft! Niemand!

Ich muss mir selbst helfen, mache mein kleines Herz zu. Ich werde geschlagen, dass ich nur noch wimmern kann. Es geht vorbei. Es trifft mein kleines Herz nicht mehr.

Wo ist unsere Mutter? Ich suche und suche, finde sie aber nicht! Sie ist nicht mehr da!

In unsere Wohnung wird mit Gewalt eingebrochen. Fremde Menschen zerren an mir, schieben mich in ein Auto, neben mir meine Geschwister. Entsetzen! Ulrike, unser Baby, was ist mit ihr? Warum ist sie nicht bei uns? Angst, einfach nur Angst. Niemand spricht mit uns.

Wir kommen in ein Kinderheim. Ich fühle mich bald wohl. Wage die ersten zaghaften Versuche über die Mauern meines Herzens – sehe Blumen und viele Bäume. Mein Herz öffnet sich, ich fange an zu fliegen!

Wo sind meine Schwestern? Ich suche und suche, finde sie aber nicht. Sie sind nicht mehr da. „Das Leben geht weiter!"

Wo ist mein Bruder? Ich suche ihn. Er ist auch nicht mehr da. „Das Leben geht weiter!"

Sie sagen mir, du kannst bei uns nicht bleiben, du musst in ein anderes Heim. Mein Herz wird zu Stein!

Ich muss das Schreiben immer wieder abbrechen, weil ich den Tränenfluss nicht zurückhalten kann. Nachdem ich mich einigermaßen erholt habe, mache ich mich frisch und gehe frühstücken.

Nach dem Frühstück treffen wir uns als Gruppe das letzte Mal. Jeder berichtet, wie er das Seminar erlebt hat. Als ich an der Reihe bin, schweige ich einen Moment: Soll ich sagen, was ich heute Morgen erlebt habe? Ich entschließe mich, mich einfach für die schöne Zeit zu bedanken. Auf einmal stutzt der Seelsorger: „Ich habe gerade den Eindruck, dass wir besonders für Harald noch einmal beten sollten." Unter Tränen erzähle ich, was ich heute Morgen erlebt habe. Ich werde aufgefordert, mich in die Mitte zu setzen, damit alle für mich beten können. Während alle beten, habe ich eine Vision: Ich bin in Bottrop im Kinderheim. Gerade habe ich die schlimme Nachricht bekommen, dass ich in ein anderes Heim komme. Ich sitze auf der Wiese und heule und heule. Dann spüre ich auf einmal eine Hand auf meiner Schulter. Verwundert drehe ich mich zur Seite: Jesus sitzt neben mir. Auch ihm laufen die Tränen die Wange herunter. Er weiß genau, wie es mir in diesem Moment geht. Mir wird eine Last von der Seele genommen. Erleichtert fahre ich nach Hause.

Wieder zu Hause geht mir das Seminar immer wieder durch den Kopf. Besonders erschüttert mich, dass ich bisher immer gedacht habe, dass meine schlimme Kindheit im Elternhaus mein Problem ist. Aber im Seminar hat der Herr mir die Augen geöffnet und gezeigt, dass vor allem der Schwur, den ich in Bottrop getroffen habe, mein Leben negativ beeinflusst hat.

Jetzt bin ich einfach mal gespannt, wie sich das in der Zukunft weiter entwickelt. Hat das, was ich im Seminar erlebt habe, Einfluss auf mein weiteres Leben? Bringt es mir die ersehnte Heilung?

Kapitel 21

In der Klinik

„Puh, ich bin langsam mit meinen Kräften am Ende!", stöhne ich, als meine Frau und ich wieder einmal bei Ulrike zu Besuch sind. Sie ist inzwischen meine Vertraute geworden. In den letzten Monaten hatte sie mich schon einige Male gewarnt, dass ich aufpassen muss. Jetzt wird sie noch konkreter: „Bruder, du steuerst auf einen Burnout zu!" Ernst sieht sie mich an. „Du solltest dir überlegen, ob du die Arbeit als Betriebsrat weiter machen kannst."

Ich fühle mich wirklich innerlich ausgebrannt. Die ständigen Herausforderungen in der Firma und die Auseinandersetzungen mit der Geschäftsleitung machen mir sehr zu schaffen. Ich bin wohl doch nicht der richtige Mann für diese Tätigkeit, muss ich mir selbst eingestehen. Das ist nicht einfach.

Als ob ich nicht schon genug Probleme hätte, merke ich, dass in unserer Gemeinde mit dem neuen Pastor, der seit kurzer Zeit bei uns ist, ein neuer Wind weht: Menschen werden auf einmal ausgegrenzt und fühlen sich in der Gemeinde nicht mehr wohl. Auch ich spüre ein großes Unbehagen.

Überfordert

Beim Besuch eines Seelsorge-Ehepaares breche ich vor ihrem Haus zusammen: Meine Beine versagen mir den Dienst. Eine mich untersuchende Ärztin im Krankenhaus schaut mich ernst an: „Sie haben vermutlich eine Panikattacke!" „Was ist denn eine Panikattacke?", sehe ich sie erstaunt an. „Sie stehen zur Zeit scheinbar unter einem sehr starken Druck und haben mehr Stress, als Sie vertragen können. Das verursacht solche Panikattacken." Sie rät mir, einen Neurologen oder Psychologen aufzusuchen. Bisher habe ich immer den Kopf geschüttelt, wenn man mir diesen Rat gab, aber jetzt bin ich das erste Mal bereit, darüber nachzudenken. Ohne Hilfe werde ich das jetzt nicht mehr schaffen, das ist mir klar. In meinem Kopf scheint alles durcheinander geraten zu sein. Wie ein aufgewühltes Meer fühlt es sich im Kopf an.

Gleich am nächsten Tag suche ich einen Neurologen und Psychologen auf. Dieser verschreibt mir, nachdem er einige Untersuchungen vorgenommen hat, Psychopharmaka. Damit wird es tatsächlich besser. Nach Einnahme der ersten Tablette habe ich das Gefühl, dass sich die hohen Wellen im Kopf legen und es merklich ruhiger wird. So ausgeglichen habe ich mich seit langer Zeit nicht mehr gefühlt. Aber die Medikamente haben auch Nebenwirkungen, wie ich bald merke: Meine Lust auf Sex lässt merklich nach. Aber ich bin erst einmal dankbar, dass der Kopf wieder klar arbeitet und dieses extreme Hoch und Runter meiner Gefühle beseitigt ist.

Auf Anraten des Neurologen beantrage ich nach einigen Monaten eine Reha in einer psychosomatischen Klinik. Diese wird schon einige Wochen später genehmigt. Von Ulrike erfahre ich, dass es ein Gesetz gibt, das es mir ermöglicht, eine christliche Klinik aufzusuchen. Ich berufe mich gegenüber der Rentenversicherung auf dieses Gesetz und darf eine christliche Klinik aufsuchen.

Einige Tage, bevor es losgeht, bin im Gebet, und Jesus spricht zu mir: „Ich will dich gebrauchen. Du sollst vielen lieben Menschen in der Klinik die Liebe des Vaters nahebringen. Viele sind durch andere Menschen verletzt worden, manchmal durch Menschen, die vorgaben, in meinem Auftrag zu handeln. Wenn sie aber in meinem Auftrag gehandelt hätten, wäre meine Liebe durch sie zu den Menschen geflossen. Ich will dich gebrauchen, dass du ihnen Heilung bringst, dass sie einen anderen Blick auf den himmlischen Vater bekommen!"

Verwundert halte ich inne: „Was soll das, Jesus? Ich bin selbst am Ende, wie soll ich da noch anderen Menschen helfen?" „Vertraue mir!", bekomme ich wieder einmal zur Antwort. Zudem fordert er mich auf, ein Tagebuch zu schreiben.

Die Reha

Gut gelaunt, weil ich den ganzen Stress mal hinter mir lassen kann, mache ich mich auf den Weg zur Klinik. Die Aufnahme in der Klinik ist sehr freundlich.

Um 13.30 Uhr habe ich ein Einführungsgespräch mit einer Therapeutin, die mich in den nächsten Wochen begleiten wird. Ich spüre sofort eine große Sympathie zu ihr, die offensichtlich erwidert wird. Sie stellt mir einige Fragen, besonders über den Glauben, z.B. wie ich zum Glauben gekommen bin und ihn lebe. Sie besitzt eine gute Beobachtungsgabe, stelle ich dabei zu meiner Freude fest. Dann bin ich erst einmal entlassen.

Nach dem Abendessen nimmt mich eine Teilnehmerin aus der Gruppe, der ich zugeteilt bin mit, und zeigt mir die ganze Einrichtung.

Am Abend lerne ich meinen Zimmerkollegen Markus, Pastor einer Gemeinde in Norddeutschland, kennen. Wir nehmen uns viel Zeit zum gemeinsamen Gebet. Dann gehen wir ins Bett.

Ausgeschlafen gehe ich am nächsten Morgen zum Frühstück. Nach dem Frühstück treffen sich alle Patienten zu einer Andacht.

Der Referent führt aus, dass wir uns nur einmal für Jesus entscheiden müssen, das reicht für die Ewigkeit, selbst wenn wir in Sünde fallen, und ist sie noch so schwer. An der Reaktion etlicher Teilnehmer merke ich, dass sie mit dieser Aussage ihre Probleme haben. Ich muss auch schlucken: Kann man das wirklich einfach so sagen? Ich denke dabei an eine Aussage des Apostels Paulus. Im Römerbrief, Kapitel 6, schreibt er: „Sollen wir nun sündigen, weil wir unter der Gnade sind? Das sei ferne!"

Es ist uns allen klar, dass der Referent nicht das absichtliche Sündigen meint, das uns Vorteile bringt. Aber ich denke auch, dass uns in diesem Moment allen noch einmal vor Augen geführt wurde, wie sehr wir alle mit der Sünde zu kämpfen haben.

Ich kenne diesen innerlichen Kampf selbst zur Genüge: So sehr ich mir auch vornehme, nicht mehr zu sündigen, passiert es mir doch immer wieder. Keine groben Sünden wie Mord etwa, aber so eine kleine Notlüge, damit ich anderen gegenüber gut dastehe, ein Zornesausbruch (natürlich nur dann, wenn es keiner sieht), usw. Der Widersacher, der Teufel, streckte und streckt immer wieder seine Fühler aus, etwas mehr, als mir lieb ist.

Was nun?

Entgegen meiner guten Vorsätze habe ich mich mit einer Frau getroffen, die ich als Busfahrer kennengelernt und viele Jahre begleitet habe. Sie lebte alleine, hat eine ganz schlimme Biographie und litt sehr darunter. Ich konnte ihr immer wieder mit Rat zur Seite stehen oder verhindern, dass sie Schritte unternahm, die für sie nicht gut waren. Bisher hielt ich immer einen Sicherheitsabstand, weil ich ja um meine Schwäche dem anderen Geschlecht gegenüber wusste. Wir trafen uns immer an neutralen Orten.

Durch den Stress als Betriebsrat, in dem ich steckte, und durch einige Entscheidungen meiner Frau, die Dinge blockierte, die mir wichtig waren, war ich innerlich nicht mehr so gewappnet, und ich ließ es zu, dass wir uns privat trafen. Dabei sind wir uns näher gekommen, als mir lieb war. Das Gewissen schaltete sich ein, und wir trennten uns ganz schnell wieder.

Wie gehe ich jetzt damit um, fragte ich mich danach. In der Situation hätte ich mir gewünscht, dass ich gelassen damit umgehen kann. Aber ich merkte in meinem Herzen, dass das nicht in Ordnung wäre. Ich musste Buße tun! Das war eine schwere Zeit, durch die ich gehen musste. Sie hat nicht unwesentlich zum Burnout, in dem ich jetzt stecke, beigetragen. Ich habe mich mit meiner Frau ausgesprochen, die Leitung der Hauskreisarbeit aufgeben müssen und mich aus Leitungsaufgaben zurückgezogen.

In dieser Zeit sprach Jesus zu mir: „Du wirst keinen Sieg über die Sünde haben, wenn du weiter aus eigener Kraft dagegen ankämpfst! Du wirst nur frustriert und enttäuscht am Glauben zweifeln. Setze aber dein ganzes Vertrauen in mich, dass ich dich freisetze, dann wirst du siegreich sein! Bevor du in Sünde gefallen bist, wusste ich das schon. Dennoch habe ich mich entschieden, dich zu lieben!"

Das Feedback

Nach dem Mittagessen setzt sich unsere Gruppe zum Feedback zusammen. Einige Teilnehmer werden in zwei Tagen entlassen und sollen erfahren, wie die Gruppe sie in der Zeit hier in der Klinik erlebt hat. Ich bin beeindruckt, mit welcher Liebe und Umsicht diese Beurteilungen ausgesprochen werden.

Für eine Teilnehmerin habe ich ein Bild im Geist. Ich warte aber, bis alle ihre Beurteilungen abgeschlossen haben. Ich sehe dabei die Frau, die Jesus kostbares Salböl auf sein Haupt gießt (*Markus 14, 3 - 9*). Sie stört sich dabei auch nicht an den umstehenden Menschen, sondern hat den Blick nur auf Jesus gerichtet. Als die Jünger darüber murren, weil sie das für eine Verschwendung halten, nimmt Jesus die Frau in Schutz.

Später, als ich ihr die Vision mitteile, sagt mir die liebe Schwester, dass diese Geschichte ihre Lieblingsgeschichte in der Bibel ist. Sie versteht, was Jesus ihr damit sagen will: Sie soll allein auf ihn schauen und sich nicht von Menschen beirren lassen.

Beim Abendbrot sind die Gespräche sehr intensiv. Es geht vor allem um die Andacht am Morgen und die Aussage des Referenten, dass wir uns nur einmal für Jesus entscheiden müssen. Er wird immer zu uns stehen, auch wenn wir in Sünde fallen. Über diese Aussage wird sehr kontrovers diskutiert. Wir kommen zu dem Ergebnis, dass Gott voller Gnade ist. Kein guter Vater würde sein Kind, auch wenn es sich auf einem falschen Weg befindet, aus seinem Herzen verbannen. Wie viel weniger wird Gott das tun, von dem Jesus sagt, dass er ein Vater ist, wie es auf Erden keinen anderen gibt. Aber wir müssen die Folgen der Sünden tragen.

Am Abend schließe ich mich einer kleinen Gebetsgruppe an. Wir beschließen, als Gebetsgruppe zusammenzubleiben, bis wir entlassen werden.

Klinikalltag

Im Folgenden einige Begebenheiten aus dem Klinikalltag (alle Namen sind verändert):

Wir sitzen als Gruppe beim Frühstück. Das Thema, über das wir uns unterhalten, ist, dass wir uns als Christen oft überfordern, und warum das so ist.

Mir fällt dabei eine Geschichte ein, die ich von Ulrike gehört habe: Ein Rennpferd läuft in der Rennbahn, es will immer das Erste sein. Berauscht von der Anerkennung und dem Jubel gibt es für das Pferd kein Halten. Es gibt alles und will um jeden Preis vorne sein. Es rennt und rennt und rennt. Hat es einmal einen weniger guten Tag erwischt, wird es vom Jockey mit der Peitsche getrieben. Auf einmal steht Jesus vor dem Pferd. Das Pferd stoppt. Jesus nimmt dem Pferd das Zaumzeug ab und geht in Richtung der Ställe. Das Pferd ist unschlüssig, was es jetzt machen soll, entschließt sich dann aber, Jesus zu folgen. In der Box nimmt er dem Pferd den Sattel ab und führt es anschließend auf eine sehr fruchtbare Weide, auf der schon viele andere Pferde grasen. Das Pferd ist immer noch unschlüssig, geht dann aber auf Jesus zu und legt den Kopf liebevoll auf seine Schulter. Jesus spricht zu ihm: „Ab jetzt bist du ein Pferd unter vielen anderen auf meiner Weide. Niemand wird dich mehr treiben!"

Als ich die Geschichte erzähle, bricht Julia neben mir in Tränen aus. Sie kann sich mit dem Rennpferd gut identifizieren und versteht, dass sie hier ist, weil Jesus sie zur Ruhe bringen will.

Am gleichen Nachmittag fahre ich los, um Matthias und seine Frau, die Leiter der Griechenland-Freizeit, zu besuchen. Ich fahre einfach auf gut Glück und hoffe, dass sie zu Hause sind. Als ich bei ihnen bin und schelle, öffnet mir Susanne und fragt, was ich möchte. Nach einigen Momenten sehe ich, wie es in ihren Augen aufblitzt: Jetzt hat sie mich erkannt! Wir fallen uns in den Arm und drücken uns ganz herzlich. Dann kommt Matthias dazu und ist total über-rascht: „Schön, dich mal wieder zu sehen!", freut er sich und nimmt mich kräftig in den Arm. Wir verbringen einen schönen Nachmittag zusammen und nehmen uns weitere Treffen vor, solange ich in der Klinik bin. Gut gelaunt fahre ich zurück.

Ermutigung

Am nächsten Morgen nach dem Frühstück habe ich ein Gespräch mit Jutta. Leider fährt sie morgen schon wieder nach Hause, und wir können uns nicht näher kennenlernen. Jutta hat ein besonderes Herz für Kinder und Jugendliche, die aus armen Verhältnissen stammen und oft wenig oder gar keine Liebe bekommen. Sie unterrichtet in einer Schule und hat Zweifel, ob diese Arbeit für sie das Richtige ist. „Weißt du", sagt sie mit Tränen in den Augen, „mir bricht es immer das Herz, wenn ich Kindern, von denen ich genau weiß, dass sie es nicht gut zu Hause haben, schlechte Noten geben muss!" „Oh!" entfährt es mir. „Wie sehr hätte ich mir als Kind so eine Lehrerin wie dich gewünscht!" Diese Aussage macht sie neugierig. Ich erzähle ihr, wie es mir in der Vergangenheit ergangen ist, wie Lehrer mich ohne Schutz gelassen haben. Wir beten gemeinsam um Weisheit, und sie ist ermutigt.

Das Wetter ist am nächsten Tag nicht so gut. Ich beschließe, auf meinem Zimmer zu bleiben und zu beten. Da spricht Jesus zu mir: „Ich freue mich, dass du mir erlaubt hast, dein Herz zu verändern. Es gibt aber immer noch Dinge, die der Buße bedürfen. Ich werde dir nach und nach zeigen, um welche es geht. Du hast von mir eine Berufung, die du jetzt noch nicht sehen kannst. Ich gebe dir aber Wegweiser, an denen du dich orientieren kannst."

Beim Lesen in der Bibel werden mir die Verse aus Römer 4, 4 - 8 groß: *„Dem aber, der mit Werken umgeht, wird der Lohn nicht aus Gnade zugerechnet, sondern aus Pflicht. Dem aber, der nicht mit Werken umgeht, glaubt aber an den, der die Gottlosen gerecht macht, dem wird sein Glaube gerechnet zur Gerechtigkeit. Wie auch David den Menschen selig preist, dem Gott die Gerechtigkeit ohne Werke zurechnet."*

Am nächsten Tag bringe ich Jutta zum Bahnhof. Sie drückt mich ganz herzlich: „Schade, dass wir nicht mehr Zeit miteinander verbringen können!", lächelt sie. „Du hast mir einige wichtige Impulse gegeben."

Zurück in der Klinik nehme ich mir mein Fahrrad und fahre zur nahegelegenen Talsperre. Ich genieße das warme Wetter und gehe einige Runden schwimmen.

Am Abend kommt eine Freundin von Jutta auf mich zu: „Jutta ist gut zu Hause angekommen!" Sie soll mir einen lieben Gruß bestellen. Dann zögert sie einen Moment. „Was ist los?", frage ich nach, als ich ihr Zögern wahrnehme. „Ich soll dir auch sagen, dass sie sich besonders freut, dass du ihr den himmlischen Vater so nahe gebracht hast!"

Zwei Tage später habe ich ein Gespräch mit meiner Therapeutin. Sie fragt mich, was ich erreichen möchte. Wir diskutieren über eine Therapiestunde, in der ich mich ein wenig wie ein Kind verhalten habe, wie sie sagt. „Mir ist das selbst auch schon aufgefallen, und ich bin dabei, meine Lehre daraus zu ziehen!", erwidere ich ernst. Sie bedankt sich für meine Offenheit. „Du legst ein unglaubliches Tempo vor!", lächelt sie mich an. „Was meinst du damit?", frage ich nach, weil ich die Aussage nicht verstehe. Sie schaut mich durchdringend an: „Man spürt, dass du heil werden willst!"

Am Nachmittag gehe ich in die Stadt und besorge mir in der Buchhandlung einige Bücher und Ansichtskarten. Dabei bestelle ich auch ein Exemplar des Buches „Geliebt" von Wayne Jacobsen, das mir Ulrike ans Herz gelegt hat. Den Rest des Tages verbringe ich damit, Karten zu schreiben und zu lesen.

Beim Abendbrot kommt Angelika auf mich zu und bedankt sich. Wir hatten am Nachmittag zu fünft eine Gesprächsrunde, bei der es vor allem um sie ging. Sie hatte viele Zweifel, was den Glauben betrifft. Alle anderen redeten wild auf sie ein und überhäuften sie mit guten Ratschlägen, was mir überhaupt nicht gefiel und, wie ich merkte, auch nichts brachte. Ich hatte es dann spontan auf dem Herzen, sie zu fragen, wie denn ihre Beziehung zum himmlischen Vater sei. „Die ist gut!", sagte sie mir mit treuem Augenaufschlag. „Das glaube ich jetzt nicht!", rutschte es mir heraus. Im weiteren Gespräch erklärte ich ihr, wie wichtig unsere Beziehung zu Jesus ist. Jetzt sitzt sie mir gegenüber und spricht mich an: „Weißt du, deine Frage heute Nachmittag hat mich richtig aufgerüttelt!" Ihre strahlenden Augen, die heute Nachmittag noch sehr betrübt waren, zeigen mir, dass sie zu einem guten Ergebnis gekommen ist.

Hilfe anbieten

Einen Tag später habe ich ein Gespräch mit Jürgen aus der Gebetsgruppe. Er fragt sich, ob er hier in der Klinik richtig ist, weil seine Depression immer noch da ist und einfach nicht besser geworden ist. Ich weiß, dass Jürgen ein tatkräftiger Mann in leitender Stellung ist oder war. Auch als Christ hat er viel bewegt. Während ich ihm zuhöre, muss ich an eine Begebenheit in der Bibel denken: Elia, der Prophet, stellte sich ganz alleine gegen Isebel, die Königin Israels, und 450 Baal-Priester. Gott schenkte ihm einen großartigen Sieg. Als die Königin ihm jedoch droht, sich zu rächen, fällt der Prophet in eine schwere Depression. Er wünscht sich sogar, aus dem Leben zu scheiden (1. Könige 18,19 - 19,15). Das erinnert mich an die Situation, in der Jürgen jetzt steckt.

Er erzählt mir, dass er immer sehr aktiv war und sich jetzt in der Ruhephase der Altersteilzeit befindet. „Ich freue mich schon auf das gemeinsame Gebet heute Abend!", fährt er fort. „Danke, dass du dich unserer kleinen Gruppe angeschlossen hast."

Vor dem Mittagessen treffe ich noch Simone. Sie gehört zu den Menschen, die scheinbar vor Selbstvertrauen nur so strotzen. Ich bin ihr deshalb bisher aus dem Weg gegangen. Ihre Art liegt mir nicht. Jetzt spricht sie mich an: „Ich würde gerne mit dir sprechen." Wir suchen uns einen ruhigen Platz. Fragend schaue ich sie an. In den nächsten zwei Stunden haben wir ein intensives Seelsorge-Gespräch, in dem sie ihr Herz ausschüttet. Jetzt lerne ich ihre andere Seite kennen. Wir beten zusammen und beschließen danach, dass wir einige gemeinsame Radtouren unternehmen werden.

Geliebt

Als ich auf meinem Zimmer bin und das Buch „Geliebt" lese, das ich mir inzwischen besorgt habe, fesseln mich schon die ersten Seiten des Buches. Während ich am Lesen bin, höre ich wieder die sanfte Stimme Jesu: „Ich möchte, dass du das Buch Thomas zum Lesen gibst!" Thomas ist Pastor einer sehr großen Gemeinde. Zögernd, weil ich das Buch lieber selbst weiterlesen würde, mache ich mich auf den Weg, um Thomas zu suchen. Auf der Liegewiese finde ich ihn: „Der Herr hat mir aufs Herz gelegt, dir dieses Buch zu geben!"

„Das ist wirklich lieb von dir", lächelt er mich an, „aber ich bin nun wirklich nicht der große Leser!" „Auftrag ist Auftrag!", erwidere ich lachend und drücke ihm das Buch in die Hand.

Beim Abendbrot drei Stunden später klopft mir jemand auf die Schulter: Es ist Thomas. „Mensch, Harald!", strahlt er mich an. „Das Buch ist wirklich genial, ich bin jetzt auf Seite 60!" „Das ist für jemanden, der keine Lust am Lesen hat, eine stramme Leistung!", schmunzle ich.

Am Abend treffen wir uns als Kleingruppe zum Gebet. Während wir beten, spüre ich eine starke Salbung für Jürgen. „Darf ich dir die Hände auflegen und für dich beten?", schaue ich ihn an. Gerne nimmt er das Angebot an. Anschließend setzen wir uns noch zusammen und sprechen über den Glauben. Dabei kann ich ihm eine etwas andere Sicht von der Liebe Gottes vermitteln, die nicht auf das gebaut ist, was wir für Gott tun. Er liebt uns, weil wir „Ja" zu ihm gesagt haben.

Den Kopf frei bekommen

In den nächsten Tagen nutze ich jede Gelegenheit zu Radtouren. Das hilft mir, den Kopf frei zu bekommen. Immer wieder schließen sich andere Patienten an. Wir haben viel Freude an diesen Touren, bei denen sich oft Seelsorge-Gespräche ergeben.

Wann immer ich Zeit habe, nutze ich sie zum Gebet. Etwa für Jürgen, der eines Nachmittags auf mich zukommt. Er legt mir eine lange Liste vor, was er Gott alles geben will. Als er sie vorliest, stehen mir die Haare zu Berge. „Du kannst Gott doch nicht bestechen!", entfährt es mir. „Komm, ich bete mit dir", biete ich ihm an. Beim Gebet spüre ich eine sehr starke Salbung. Diese Salbung hat etwas in ihm freigesetzt, merke ich. Das erste Mal, seit ich ihn kennengelernt habe, zeigt er Regung. Merklich erleichtert gehen wir zum Abendbrot.

An einem Morgen überlege ich nach dem Frühstück, was ich jetzt machen soll. Da höre ich wieder die Stimme Jesu: „Dreh dich bitte um!" Als ich mich umdrehe, sehe ich Jana, die am Lesen ist. „Setz dich zu ihr und sprich mit ihr!", fordert Jesus mich auf. Als Jana mir dann von ihrer Partnerschaft und den Problemen mit ihrem Mann erzählt, bin ich voller Mitgefühl. Einiges klang schon in der Gruppe durch, ich weiß also in etwa, worum es geht. Wir unterhalten uns ausgiebig, und ich kann ihr eine etwas andere Sichtweise über Partnerschaft vermitteln. Nach dem Gespräch darf ich mich an ihren glänzenden Augen freuen. „Jetzt verstehe ich einiges viel besser!", freut sie sich.

Um 17.00 Uhr habe ich mich mit Jürgen zum Gebet verabredet. Als wir anfangen, spüre ich, dass die Kraft Gottes da ist, zu heilen. Der Herr ist mächtig bei Jürgen am Wirken, und ich kann sehen, wie er Stück für Stück frei wird von der Depression. Gestern beim gemeinsamen Gebet habe ich ihn aufgefordert, dass er aufhören soll, ständig zu proklamieren. Er soll dem Vater im Himmel ehrlich begegnen, besonders mit seinen Schwächen. Der Vater will nicht, dass er immer den starken Mann herausstellt. Beim heutigen Gebet merke ich, dass er sich diese Worte zu Herzen genommen hat.

Referat über Gottes Gnade

In einer Andacht am nächsten Tag, spricht ein Referent über *1. Samuel 4*: Das Volk Israel hat sich von Gott abgewandt und hat keine Beziehung zu ihm. Als die Philister sich zum Kampf gegen Israel stellen und siegen, holen sie die Bundes-Lade zu sich und meinen, jetzt ist Gott ins Lager gekommen. Sie handeln nach dem Motto: Wenn wir die Bundes-Lade holen, wird Gott uns gnädig sein.

„So machen wir das auch oft mit Gott", führt der Referent weiter aus. „Wir versuchen, Gottes Gunst zu bekommen, indem wir ihm etwas bringen.
Ich bete viel, Gott muss doch...

Ich arbeite viel für Gott, also muss er doch...

Ich lese mehr in der Bibel, Gott muss doch...

Ich lebe rechtschaffen, Gott muss doch... usw.

Wenn wir so handeln, tun wir das nicht aus einer Beziehung zum Vater heraus und werden auch keinen Sieg haben. Das fördert nur den Frust und wird uns an seiner Güte uns gegenüber zweifeln lassen. Wir erleben Niederlagen wie Israel. Gott lässt sie zu, weil er möchte, dass wir verstehen, dass wir ohne ihn nichts tun können. Er lässt sich nur auf eine Beziehung im Vertrauen zu ihm ein, weil wir dann von uns und unseren Leistungen wegsehen auf den Geber, den liebenden Vater."

Gesetz und Gnade

17 Tage bin ich jetzt in der Klinik, da wage ich das erste Mal in diesem Jahr, Inliner zu fahren. Zu meiner Freude stelle ich fest, dass nach wenigen Minuten fast die alte Sicherheit wieder da.

Bei einem Vortrag an diesem Tag spricht der Referent über das Gesetz und die Gnade. Er führt aus, dass wir alle durch unsere Beziehung zu den Eltern geprägt sind. Wenn ich etwa als Kind nur Zuwendung bekam, wenn ich lieb war, dann hat sich meine Persönlichkeit dahin entwickelt, dass ich immer ein liebes Kind sein wollte, damit meine Eltern mich lieben. Mit dieser Einstellung werde ich erwachsen. Ich werde versuchen, die Menschen durch mein angepasstes Leben für mich einzunehmen: Ich will nicht anecken. Das kann dauerhaft nicht gutgehen und führt zum Frust. Denn die anderen lassen sich nicht darauf ein.

„Andere bekommen als Kinder nur Anerkennung, wenn sie Leistung bringen!", fährt der Referent fort. „Als Erwachsene wird auch diese Einstellung ihr Leben prägen. Sie suchen die Anerkennung anderer Menschen, indem sie viel leisten. Leider gehen sie dann mit Gott genauso um und versuchen, mit ihrer Leistung oder durch ein moralisch einwandfreies Leben seine Gunst zu bekommen. Weil er sich aber auf dieses Spiel nicht einlässt, stellt sich mit der Zeit Frust, Enttäuschung und Bitterkeit ein. Viele werfen dann das Handtuch und wollen mit dem Glauben und mit Gott nichts mehr zu tun haben. Es ist schwer, jemanden zufriedenstellen zu wollen, der die Werke gar nicht will, ja, nicht einmal beachtet! Diese Menschen verstehen nicht, dass es ihr Elternhaus war, das diese falsche Einstellung in ihnen hervorgebracht hat, und dass diese Einstellung ihr Lebensstil geworden ist.

Als fast alle den Raum verlassen haben, sitzt Ellen noch in der Reihe und unterhält sich mit Margret, oder vielmehr, Margret redet wild auf Ellen ein. Ich habe den Impuls, mich zu ihnen zu setzen. Höflich frage ich sie, ob das in Ordnung ist. Margret steht plötzlich auf und geht wortlos. Irritiert schaue ich ihr nach. Ellen ist dankbar, dass ich mich zu ihnen gesetzt habe. „Danke, dass du dich eingemischt hast. Margrets Ratschläge haben mir sehr zugesetzt!", lächelt sie scheu. „Sie hat wohl nicht wirklich verstanden, was mich bewegt, und nur ihre Sicht dargelegt. Aber sie durfte ja auch immer ein Mädchen sein und musste sich nicht verstellen. Diese Freude hatte ich nicht!" Sie erzählt: „Mein Vater war bekennender Christ und in der Gemeindeleitung tätig. Er hatte sich so sehr einen Sohn gewünscht, aber ich war nur ein Mädchen. Das ließ er mich mein Leben lang spüren. Deshalb versuchte ich, wie ein Junge zu werden, damit ich seine Anerkennung bekomme. Oft habe ich die Jungen noch weit übertroffen!", erzählt sie mit Tränen in den Augen. „Aber so sehr ich mich auch anstrengte, er ließ mich seine Abneigung spüren!" Voller Mitgefühl nehme ich sie in den Arm: „Das muss ja richtig schlimm für dich gewesen sein!" Einige Minuten sitzen wir so zusammen, und sie lässt ihren Tränen freien Lauf. Ich bete noch für sie und habe den Eindruck, dass ich stellvertretend für ihren Vater um Vergebung bitten soll. Dankbar sieht sie mich danach an.

Guter Rat

Als ich wieder einmal von einer Radtour zurückkomme, habe ich ein Gespräch mit Nadine. Sie erzählt, dass sie mit ihrem jüngsten Sohn telefoniert hat. Im Hintergrund hörte sie den Ehemann schimpfen: „Die hat dort bestimmt einen anderen!" „Weißt du", sagt sie mit Tränen in den Augen, „diese Ehe ist bereits wie der Tod!" Was kann ich ihr darauf antworten, überlege ich. Nichts würde ihr vermutlich helfen. Aus Gesprächen mit ihr weiß ich, dass sie ihre Ehe wirklich als Hölle empfindet. Sie fragt mich, wie sie mit einer toten Ehe umgehen kann, in der es nur noch Lieblosigkeit gibt. Nachdenklich frage ich sie, ob ihr Mann denn bereit ist, eine Therapie in Anspruch zu nehmen, was sie ganz klar verneint. „Weißt du", erwidere ich, „wenn der Partner gar nicht gewillt ist, an der Ehe zu arbeiten, hat man sicher das Recht, ihn vor die Wahl zu stellen. Sonst versteht der Partner nicht, dass von ihm eine Entscheidung verlangt wird." Darüber muss sie nachdenken. Dann strahlt sie: „Du hast mir sehr weitergeholfen!" Ich biete ihr an, weiterhin als Gesprächspartner zur Verfügung zu stehen.

Im Anschluss an dieses Gespräch habe ich mit Ute und Jürgen eine schöne Gebetszeit. Ich habe dabei ein Bild vor Augen: Ich sehe eine sehr, sehr schöne Gestalt, strahlend weiß, herrlich und majestätisch. Die Gestalt nimmt ganz liebevoll ein Entenküken in die Hände. Dann öffnet die Gestalt die Hände, und aus dem Küken ist eine Taube geworden, die davonfliegt.

Nach dem Abendbrot treffen wir uns zu einem Vortrag. Der Titel ist: „Selbstwert - woher nehmen?" Der Referent spricht von Johannes, dem Täufer: Johannes ist im Gefängnis. Seine Jünger besuchen ihn, und er spricht von seinem Zweifel. Sie sollen hingehen und Jesus fragen, ob er der Kommende ist. Das ist der gleiche Johannes, der von Jesus Zeugnis gegeben hat, der ihn getauft hat und der gesehen hat, wie der Geist Gottes auf ihn kam. Johannes hat in der Zeit seines Wirkens immer den starken Mann spielen müssen. Keiner aber hat seine Zweifel gesehen. Jetzt im Gefängnis ist er anderen gegenüber bereit, diese Zweifel zuzugeben.

Halbzeit

Am 21. Tag kommen Margit und Ulrike mich besuchen. Wir genießen die Gemeinschaft, gehen Essen, beten und setzen uns abends zu einem gemütlichen Glas Wein zusammen.

Ulrike trifft sich am nächsten Tag zum Gespräch mit dem leitenden Psychologen. Sie möchte gerne ein Praktikum in der Klinik absolvieren. Ich gehe nach dem gemeinsamen Frühstück mit Margit zu einem Vortrag, der mich sehr interessiert. Es geht um das Thema: „Schütte dein Herz aus!" „Sein Herz schüttet man nur gegenüber jemandem aus, mit dem man eine Vertrauensbeziehung hat", führt der Referent aus. „Viele von uns hatten in ihrem Leben nie diese Beziehung zu anderen Menschen, denen sie ihr Herz ausschütten konnten. Sie mussten mit ihrem Schmerz alleine klarkommen. Gerade Kinder sind schnell überfordert, wenn ihnen niemand hilft. Die Gefühle werden dann einfach in den Keller gesperrt." Er zeigt uns das anhand eines Eisbergs: „Wie bei einem Eisberg ist von unserer Persönlichkeit nur ein kleiner Teil über Wasser zu sehen. Das meiste ist und wirkt unter der Oberfläche. Als Kinder oder Jugendliche haben wir Dinge erlebt, die wir gar nicht oder nur schwer verarbeiten konnten. Diese sind wie bei dem Eisberg unter der Oberfläche. Man sieht sie nicht. Aber sie sind da unten am Arbeiten und veranlassen uns oft zu Handlungen, die wir nicht verstehen und einordnen können." Er führt weiter aus: „Um uns vor weiteren Verletzungen zu schützen, haben wir Mauern um unser Herz gebaut.

Diese Mauersteine sind etwa:

Flucht: Flucht in uns selbst. Wir weichen unangenehmen Dingen aus.

Stolz: Wir wollen in allen Dingen anderen überlegen sein.

Rebellion: Wir rebellieren gegen alles - Wir machen anderen Schuldgefühle - Wir stellen uns immer als das Opfer dar - Wir erpressen andere, bis dahin, dass wir mit unserem Suizid drohen."

Am nächsten Morgen stehe ich früh auf, um Margit und Ulrike, die heute nach Hause fahren, zu verabschieden. Wir nehmen uns die Zeit, gemeinsam in Ruhe einen Kaffee zu trinken und zu beten.

Beim Frühstück setze ich mich zu Martin an den Tisch. Wir haben ein interessantes Gespräch über den Glauben. Anschließend gebe ich ihm das Buch „Geliebt" in der Hoffnung, dass es ihm weiterhilft. Dann fahre ich mit Birgit, die sich an der Hand verletzt hat, ins Krankenhaus. Wir haben unterwegs ein tiefes Gespräch, das sich in der Klinik fortsetzt. Es geht um das falsche Bild, das wir von Gott als unserem Vater haben.

Am Abend unterhalte ich mich mit Marion, die vor drei Tagen angekommen ist. Marion hat mit dem Glauben nicht viel im Sinn, wie sie sagt. Es stört sie gewaltig, dass sie von anderen Patienten in der Klinik immer wieder gefragt wird, welcher Gemeinde oder Glaubensrichtung sie angehört. „Ich fühle mich unter so vielen Christen total fehl am Platz!", stöhnt sie. „Ich glaube, ich bin hier in der Klinik total verkehrt!" Ich spreche ihr Mut zu.

Nach dem Mittagessen habe ich ein Gespräch mit Sonja, die gestern als Gast angekommen ist. Ich gebe ihr anschließend das Buch „Geliebt", von dem ich mir einige besorgt habe.

Abends spricht Sonja mich an. Sie hat aufgrund des Buches ein Bild gemalt. Ich staune: Dass sie eine bemerkenswerte Frau ist, wurde mir ja schon im Gespräch mit ihr deutlich. Aber in so wenigen Stunden ein Buch lesen und gleich danach ein Bild malen, das haut mich schon um.

Die Gruppensitzung

In der Gruppensitzung am nächsten Morgen wird die Frage gestellt, wie ich Gottes Führung zu jeder Zeit erkennen kann. Eine Frage, die viele von uns beschäftigt, wie die anschließende Diskussion zeigt. Abschließend beantworten können wir die Frage aber nicht.

Ich bin mit dem Mittagessen fertig und will auf mein Zimmer gehen. Aber einem Impuls folgend gehe ich in den oberen Speisesaal. Da sitzt Birgit ganz alleine und ist in sich gekehrt. Wir kommen ins Gespräch, und sie sagt mir, dass sie sich Sorgen um ihre Schwester macht. Diese ist dabei, sich kaputt zu arbeiten. Wir beten gemeinsam und bitten Jesus um seinen Beistand.

Wieder auf meinem Zimmer schaue ich aus dem Fenster. Da sehe ich Marion draußen sitzen und eine Zigarette rauchen. Ich will mich gerade einem Buch zuwenden, habe aber spontan den Gedanken, Marion eine liebevolle Karte zu schreiben. Als ich ihr die Karte gebe, freut sie sich sehr.

Die Therapeutin, die heute die Andacht hält, macht gerade den Segelschein und hat daraus einige Gedanken mitgenommen: „Ich muss immer die Segel in den Wind stellen!", führt sie aus. „Das heißt, ich muss immer den Blick nach oben gerichtet halten, selbst, wenn ich Profi bin. Ich denke aber oft, das schaffe ich auch so. Ohne den Blick nach oben auf Gott gerichtet zu halten, werden mich die Wellen hin- und hertreiben wie ein Boot. Gerade bei hohen Wellen muss ich die Segel voll in den Wind stellen!", fährt sie fort. „Dann gleite ich über die Wellen hinweg. Segeln ist zudem ein Team-Sport, und man ist aufeinander angewiesen."

In der anschließenden Gruppensitzung erzählt Marion: Sie fühle sich unter so vielen Christen nicht wohl und habe heute Morgen beschlossen, abzureisen. Da habe ihr jemand eine schöne Karte in die Hand gedrückt und sie willkommen geheißen. Daraufhin habe sie ihren Plan fallen lassen. Ich freue mich für sie.

Den Nachmittag haben wir frei. Ich mache mit Anke eine Radtour.

Abends gibt Sonja ein Konzert. Sie singt eine Reihe selbst komponierter Lieder. Wir sind alle begeistert, was der Applaus bestätigt.

Charakterbildung

Zwei Tage später treffe ich mich nach dem Abendbrot mit Elke und Günter zum Gebet. Ich bleibe aber nicht so lange, weil ich zum heutigen Vortrag möchte, der mich vom Titel her sehr anspricht.

Der Vortrag steht unter dem Titel Charakterbildung. Der Referent schlägt seine Bibel auf und liest im ersten Buch *Mose, Kapitel 17*, die Geschichte von Joseph.

Er legt diese Geschichte so aus: „Häufig leben wir eine von Gott gegebene Begabung mit falschen Motivationen. Joseph ist dafür ein Beispiel. Joseph hat aussagekräftige Träume, die beinhalten, dass seine Brüder sich eines Tages vor ihm beugen werden. Statt aber den Mund zu halten, erzählt er ihnen diese

Träume. Das kann nicht gutgehen und muss den Neid der Brüder hervorrufen, besonders deswegen, weil Joseph als dem Liebling des Vaters sowieso schon der Neid der Brüder sicher war. Er hatte die Begabung, konnte damit aber noch nicht richtig umgehen.

Innerhalb der Familie Jakobs waren die Kinder nur Mittel zum Zweck. Da wurde unter den Frauen bestochen, um zum richtigen Zeitpunkt mit Jakob schlafen zu können. Die Kinder wurden nicht geliebt, sondern waren eher Status-Symbole.

Rahel war die Lieblingsfrau Jakobs. Das ließ er die anderen Frauen auch spüren. Da wundert es nicht, dass diese neidisch waren und diese Haltung an ihre Söhne weitergegeben haben.

Ein Mensch mit einem gesunden Selbstwertgefühl hat kein Problem damit, wenn jemand anderes bevorzugt wird oder mehr Anerkennung bekommt", führt der Referent weiter aus. „In der Familie Jakobs war das anders. Den Brüdern ging es nur darum, das Problem (Joseph) aus der Welt zu schaffen. Sie wurden es aber dennoch nicht los. Ihr Gewissen ließ ihnen keine Ruhe, und sie mussten Tag für Tag in das schmerzverzerrte Gesicht des Vaters sehen, nachdem sie ihm berichteten, dass Joseph tot ist. Tatsächlich haben sie das schöne Gewand Josephs in Tierblut getaucht, um den Vater zu täuschen. Joseph hatten sie an eine Karawane verkauft.

Wir zahlen oft einen hohen Preis, um nicht mit unserer Minderwertigkeit konfrontiert zu werden.

Joseph hat dort im Land Ägypten mit einer ganz anderen Kultur eine neue Sicht bekommen. Der Abstand von unserer jetzigen Situation kann manchmal sehr befreiend sein. Hier, in diesem fremden Land, wurde Josef befähigt, seine Berufung zu leben. Sein Charakter wurde so geformt, dass er später sogar seinen Brüdern vergeben konnte, dass sie ihn umbringen wollten."

Am Nachmittag habe ich ein interessantes Gespräch mit meiner Therapeutin. Sie gibt mir wieder wertvolle Tipps, über die ich ganz sicher noch weiter nachdenken werde. Besonders freut mich ihre Aussage, dass sie mich vermissen wird. Wir haben uns gegenseitig einiges gegeben und voneinander gelernt. „Du bist ein Patient, von dem ich Rückmeldungen bekommen habe", lächelt sie. „Durch deine Fragen bin ich oft herausgefordert worden." Wir drücken uns ganz herzlich, und ich mache mich auf den Weg zum Abendessen.

Gleich nach dem Frühstück am nächsten Morgen mache ich mit Martina eine Radtour zur nahen Talsperre. Sie schüttet mir dabei ihr Herz aus. Das ist das erste Mal, dass sie sich hier in der Klinik jemandem anvertraut und ihr Herz ausschüttet. Ich bete mit ihr, dass Jesus ihr hilft, den Vater in seiner Liebe zu erkennen.

Den Rest des Tages lasse ich es ruhig angehen, lese etwas und mache einen Mittagsschlaf. Um 17.00 Uhr habe ich mich mit Birgit zum Gebet verabredet. Wir gehen anschließend gemeinsam zum Abendbrot.

Am nächsten Morgen fahre ich mit Birgit und Anne zum Gottesdienst. Das ist der letzte Tag, an dem ich mit Susanne und Matthias Gemeinschaft haben kann. Die Predigt hält ein Bibelschüler, der hier in der Gemeinde sein Praktikum macht. Als ich Matthias und Susanne nach dem Gottesdienst suche, kann ich sie nirgends finden. Auf mein Nachfragen erfahre ich, dass der Vater von Susanne gestorben ist und sie darum nicht hier sind. Schade, jetzt kann ich mich nicht einmal von ihnen verabschieden!

Nachmittags schreibe ich viel. Während ich gedankenverloren über meinem Block hocke, kommt Susanne auf mich zu. „Hast du etwas Zeit für mich?", fragt sie. Ich sehe ihr an, dass es wirklich nötig ist, und lege den Block beiseite. Sie hat sehr viel auf dem Herzen, merke ich dann im Gespräch. Ganze drei Stunden unterhalten wir uns und beten gemeinsam.

Bilanz ziehen

Wir treffen uns als Gruppe zur Wochenbilanz. Heute bin ich das letzte Mal hier in der Gruppe. Auf die Frage, was mir der Aufenthalt hier in der Klinik gebracht hat, kann ich von Herzen sagen: „Sehr viel!"

Im anschließenden Gespräch mit meiner Therapeutin beten wir gemeinsam und spüren die Gegenwart des himmlischen Vaters. Sie hat mir in diesen Wochen auf sehr feinfühlige Art viele wertvolle Tipps und Anregungen gegeben. „Ich werde dich echt vermissen!", entfährt es mir spontan.

Im Laufe des Tages organisiere ich den Abschiedsabend. Gabi ist so lieb und spielt Gitarre zum Lobpreis. Heidrun erklärt sich bereit, die Moderation zu übernehmen. Ich lege auf jeden Platz die Spruchkarten, die ich vor einigen Tagen angefertigt habe.

Der Abend ist dann wirklich schön und wird sicher für viele in guter Erinnerung bleiben. Besonders freue ich mich, dass Marion, die immer bekundet hat, mit dem Glauben nichts im Sinn zu haben, bereit war, für mich zu beten.

Als wir anschließend im Speisesaal gemütlich zusammen sitzen, kommen einige auf mich zu und bedanken sich für die Spruchkarte auf ihrem Platz. Bei ihnen sprechen die Sprüche direkt in ihre jetzige Situation und ihr Leben hinein.

Wieder zurück auf meinem Zimmer finde ich viele liebe Grußkarten unter der Tür. Der Abschied rückt immer näher, merke ich. Mich befällt eine gewisse Wehmut.

Der letzte Tag

Ich werde wieder sehr früh wach. Auch jetzt kann ich nicht wieder einschlafen, also lese ich ein wenig.

Am Frühstückstisch wird es sehr eng, weil irgendwie alle bei mir am Tisch sitzen möchten, um mich zu verabschieden. Wir setzen kurzerhand die Tische zusammen. Aber dann muss ich mich doch verabschieden. Es kullern viele Tränen, auch meine! Ich reiße mich dann los, winke noch mal und fahre los. Am liebsten würde ich ja wieder zurückfahren und weiter hierbleiben. Es waren wirklich schöne und gesegnete Tage hier!

Wenn ich allerdings gewusst hätte, was ich in den nächsten Monaten erleben werde, hätte ich vermutlich nicht gezögert, umzukehren.

Kapitel 22

Ein falsches Gottesbild

Immer noch etwas wehmütig komme ich wieder zu Hause an. Margit überfällt mich: Sie hat so viel auf dem Herzen, das sie mir unbedingt erzählen muss. Das dauert den halben Nachmittag. Geduldig höre ich ihr zu. Aber dann kommt ihre Lieblingssendung im Fernsehen. Ich kann endlich entspannen und bin sogar bereit, mit ihr die Sendung anzusehen.

Im Film sagt jemand spaßeshalber zu einer jungen Frau: „Lass dir doch von Gott ein Küsschen geben!" Die Antwort der jungen Frau geht mir unter die Haut: „Von dem, der so eifersüchtig, rachsüchtig und lieblos ist, werde ich mich sicher nicht küssen lassen!" Was ist das doch für ein falsches Bild von Gott, schüttele ich betrübt den Kopf. Verstehen kann ich sie: Auch ich habe früher so von Gott gedacht. Wie gerne würde ich der jungen Frau sagen, dass Gott ganz anders ist und dass wir Menschen nur ein falsches Bild von ihm haben.

Leider ist das falsche Bild auch bei manchen Christen, die es eigentlich besser wissen sollten, in den Köpfen, wenn sie an Gott denken. Weil sie ihn nicht als liebenden Gott und Vater sehen, gehen sie auch mit anderen Menschen lieblos um. Das sollten Margit und ich in den nächsten Wochen leidvoll erfahren.

Unangenehme Veränderungen

Ich bin jetzt einige Tage aus der Reha zurück, da erfahre ich, dass unser Hauskreis, den der neue Pastor übernommen hatte, aufgelöst worden ist. Ich hatte einige Male an diesem Hauskreis teilgenommen. Vielleicht war ich zu voreingenommen, aber mir gefiel der Ablauf nicht, weil es offensichtlich um gute Lehre und nicht um die Bedürfnisse der Menschen ging. Deswegen hatte ich mich schon kurze Zeit später zurückgezogen. Jetzt hieß es sogar noch, dass ich Schuld am Scheitern des Kreises sei.

Verärgert darüber, und weil ich einige herzlose Entscheidungen nicht verstehen kann, suche ich das Gespräch mit der Leiterschaft. Das bringt mich aber auch nicht weiter. Sie sind mit der Härte, die seit einigen Monaten in der Gemeinde Einzug gehalten hat, einverstanden. Auch sie selbst treffen inzwischen Entscheidungen, die ich nicht nachvollziehen kann, besonders solche, die Menschen in große Not bringen.

Aber selbst mein Hinweis, dass Gott zu diesem Verhalten sicher nicht seine Zustimmung gibt, bringt sie nicht zum Umdenken, ganz im Gegenteil: Sie beschimpfen uns noch als Sektierer, als wir Freunde besuchen, die sich, unzufrieden mit der Entwicklung in der Gemeinde, einer anderen christlichen Gruppe angeschlossen haben. Im Gebet darüber zeigt Jesus mir, dass ich nicht schweigen, sondern die Leiter warnen soll. Aber das nehmen sie sich nicht zu Herzen, sondern verbreiten das Gerücht auch in anderen Gemeinden der Stadt. Menschen, mit denen wir viele Jahre regen Kontakt hatten, denen wir in ihrer Not zur Seite gestanden und ihnen seelsorglich gedient haben, greifen uns auf einmal richtig heftig an. Das macht uns sehr betroffen.

Ein Pastor, den wir schon viele Jahren kennen, spricht uns darauf an, dass die Gemeindeleitung unserer früheren Gemeinde sich bei ihm gemeldet hat. Weil er uns kennt, glaubt er unseren Beteuerungen, dass an dem Gerücht nichts dran ist. Uns ist aber klar, dass wir in dieser Stadt nicht bleiben werden. Früher oder später werden uns die Gerüchte einholen.

Disput mit Jesus

Ich bin über das Verhalten dieser Menschen ziemlich erbost und überlege sogar, sie anzuzeigen. Aber da spricht Jesus wieder zu mir: „Ich will nicht, dass du das machst!" Ich bin mit mir am Kämpfen. Ärgerlich entgegne ich: „Diese Leute gehen hin und wollen unseren guten Ruf zerstören, das geht mir gewaltig gegen den Strich!" „Ich weiß, wie du dich gerade fühlst!", bekomme ich zur Antwort. „Ich habe das Gleiche wie du auch erlebt. Waren es nicht Menschen, die vorgaben, den Vater zu kennen, die mich verurteilt haben? Haben sie nicht meine Wunder gesehen und mich dennoch gehasst? Haben sie nicht aus Neid, weil viele Menschen meiner Botschaft glaubten und mir nachfolgten, gehandelt, als sie mich steinigen wollten? Haben sie nicht die Liebe mit Füßen getreten, als sie mich gekreuzigt haben, ohne einen Grund dafür zu haben? Ich habe ihnen nie einen Anlass gegeben, sondern nur der Wahrheit Zeugnis gegeben. Diese wollten sie aber nicht hören. Ihre Herzen waren hart geworden. Sie kannten das Wort Gottes auswendig. Aber mich, den der Vater gesandt hatte, verwarfen sie. Glaubst du jetzt, dass ich weiß, wie du dich gerade fühlst?"

Eine tiefgreifende Entscheidung

Bevor ich zur Reha gefahren bin, habe ich die Tätigkeit als Betriebsrat aufgegeben. Wieder zurück stelle ich zu meinem Entsetzen fest, dass die Arbeitsbedingungen in der Firma noch schwieriger geworden sind. Die Geschäftsleitung hat in meiner Abwesenheit so ziemlich alles durchgesetzt, wogegen ich mich gewehrt hatte. Auch die Dienstpläne, die ich zum Wohl der Kollegen umgeschrieben hatte, sind geändert worden.

Im Herzen nehme ich mir vor, das alles nicht so eng zu sehen und mich mit der Situation zu arrangieren. Aber das gelingt mir nicht wirklich: Ich bin innerlich am Kochen. Wieder werde ich mit einem körperlichen Zusammenbruch ins Krankenhaus gebracht. Während ich im Krankenbett liege und Zeit zum Nachdenken habe, treffe ich die Entscheidung, den Job als Busfahrer ganz aufzugeben. Ich will mein Leben wieder herunterfahren. Alles in mir schreit nach Ruhe. Mein Neurologe schüttelt den Kopf, als ich ihm einige Tage später meine Entscheidung mitteile. Er ist nicht davon überzeugt, dass es die richtige Entscheidung ist: „Sie sind dazu noch zu jung!", schaut er mich nachdenklich an, als ich wieder einmal bei ihm bin. Er verschreibt mir andere Medikamente, die mir helfen sollen. Als Folge dieser Medikamente bekomme ich einen Tinnitus.

Wenige Wochen später kommt es erneut zum Zusammenbruch. Als ich dem Neurologen wieder gegenüber sitze, murmelt er: „Sie hatten recht! Die Arbeitsbedingungen in Ihrer Firma scheinen wirklich sehr schlimm zu sein! Jetzt stimme ich Ihnen zu, dass es besser ist, wenn Sie zur Ruhe kommen, damit Sie sich wieder sammeln können. Ich werde Sie längere Zeit krankschreiben. Das kann ich jetzt vertreten!"

Berufsunfähig

Mehrmals muss ich zum Medizinischen Dienst wegen der langen Krankenzeit. Der mich untersuchende Arzt schaut meistens kurz in die Unterlagen und entlässt mich wieder. Nach nunmehr 14 Monaten Krankenzeit gibt er mir den Rat, die Berufsunfähigkeitsrente zu beantragen. Das mache ich auch.

Schon wenige Wochen später bekomme ich Bescheid, dass dem Antrag entsprochen und mir die Rente bewilligt wird. Erleichtert nehme ich das für mich auf. Die Firma kündigt mir daraufhin den Arbeitsvertrag, weil sie mir keine andere Tätigkeit geben kann.

Margit und ich kündigen die Firmenwohnung und ziehen in unsere eigene Wohnung, die frei geworden ist, ein. Ich stelle mich bei der Arbeitsagentur vor. Die Sachbearbeiterin macht mir nicht viel Hoffnung, dass ich mit 61 Jahren noch einmal in eine Tätigkeit gebracht werden kann. Aber das war mir schon vorher klar, und ich hatte es in meine Überlegungen mit einbezogen. Ich brauche viel Zeit, um das alles zu verarbeiten und mich neu zu sortieren.

Du sollst nicht hadern

Ich bin mir sicher, dass Jesus selbst dafür gesorgt hat, dass ich die Ausbildung zum Berufskraftfahrer machen konnte. Ich bin auch sicher, dass er meine Frau und mich in die Gemeinde geführt hat, die unseren guten Ruf zerstören will. In der Reha habe ich vielen lieben Menschen von der Liebe Gottes erzählt, und ihnen geholfen, Gott mit anderen Augen zu sehen. Jetzt bin ich mir nicht mehr sicher. Ich habe den Menschen in der Gemeinde vertraut, war überzeugt davon, dass das mit der Liebe, die immer wieder gepredigt wird, echt ist. Jetzt bin ich zutiefst enttäuscht und mit mir am Kämpfen. Alte Wunden sind wieder aufgebrochen, und ich bin kurz davor, frustriert das Handtuch werfen.

Wieder einmal bin ich an dem Punkt, mit Gott zu hadern. Mein Glaubensmut hat einen gewaltigen Riss bekommen!

Und wieder spricht Jesus im Gebet zu mir: „Glaubst du denn, du hast eine Versicherung gegen Leid abgeschlossen? So nach dem Motto: Du bist jetzt Christ, und deswegen wirst du nur noch gute Zeiten erleben? Ich habe versprochen, dass denen, die an mich glauben, alle Dinge zum Besten dienen werden. Das wird auch bei dir so sein! Ich stehe zu meiner Zusage. Wenn du aber anfängst zu hadern, statt mir zu vertrauen, wirst du keine Veränderung erleben, sondern auf der Stelle treten!"

Vergeben

Als ich wieder einmal mit unserer Hündin zu einem Gebetsspaziergang unterwegs bin, spricht Jesus zu mir: „Harald, du hast Groll in deinem Herzen gegen die, die dir so übel mitgespielt haben!" Erschrocken bleibe ich stehen. Sofort muss ich ehrlich bekennen, dass Jesus recht hat. Obwohl ich mir im Herzen vorgenommen hatte, keinen Groll zuzulassen, hat er sich doch eingeschlichen. Ohne einen Moment zu zögern, gebe ich meine Schuld zu und entlasse alle Beteiligten bewusst aus ihrer Schuld mir gegenüber. Im gleichen Moment stellt sich ein tiefer Friede ein, der bis heute anhält. Aber nicht nur das: Die Schwierigkeiten haben meine Beziehung zu Gott inniger werden lassen. Habe ich früher vieles nur mit dem Verstand erfassen können, scheint es jetzt ins Herz gerutscht zu sein. Gott hat den Verrat der Menschen gebraucht, um mich näher an sich zu ziehen. Ich soll nicht auf Menschen vertrauen, sondern alleine ihm. Das ist die Lektion, die ich lernen sollte und wohl auch musste.

Das Opfer

Mehrmals höre ich das Wort Busfahrer, als ich in den Stadtpark komme. Als Busfahrer macht mich das neugierig, und ich sehe nach, wer denn da spricht. Eine junge Frau predigt: „Ein Busfahrer ist auf einer abschüssigen Straße unterwegs. Er ist gerade dabei, in seinen Heimatort einzufahren, da bemerkt er, dass die Bremsen nicht mehr funktionieren. Ungebremst fährt der Bus weiter und kommt an eine Straßengabelung. Er kann nur geradeaus fahren oder nach rechts abbiegen. Zu seinem Schrecken sieht er, dass auf der Straße geradeaus ein großes Fest mit vielen hundert Menschen gefeiert wird. Wenn er dort lang fährt, wird er sicher viele Menschen töten und verletzen. Dann muss ich die andere Straße nehmen, denkt er bei sich. Er schaut, ob er diese Strecke gefahrlos nehmen kann. Da fährt ihm ein noch größerer Schrecken in die Knochen: Auf dieser Straße spielt ein Kind. Es ist sein eigener Sohn!

Er muss sich ganz schnell entscheiden, was er jetzt macht: In die Menge fahren und vielleicht viele Menschen töten, oder nach rechts abbiegen, wo sein Sohn ganz sicher sein Leben lassen wird. Er entscheidet sich, nach rechts zu fahren. So handelt Gott mit uns!", fährt sie mit der Predigt fort. „Wir sind alle Sünder und hätten es verdient, dass wir bestraft werden. Aber Gott hat sich entschieden, seinen Sohn Jesus zu opfern, damit wir Vergebung unserer Sünden haben."

Als Busfahrer und Vater frage ich mich: Wie hätte ich reagiert? Ohne zu zögern bin ich sicher, dass ich den Bus so gefahren hätte, dass er vorher umgestürzt wäre. Das hätte mich vielleicht das Leben gekostet, aber das wäre mir als die beste Lösung erschienen.

Ich kann verstehen, was die Predigerin den Zuhörern deutlich machen möchte: Alle Menschen sind in Sünde gefallen (haben sich von Gott entfernt) und haben Gottes Gericht verdient. Damit Gott uns Menschen nicht bestrafen muss, wie er das mit der Sintflut ja schon einmal getan hat, hat er einen anderen Weg gewählt und seinen Sohn geopfert, damit wir Vergebung unserer Sünden haben.

Was aber sagt das über Gott aus? Von einem liebenden Vater, wie Jesus ihn beschreibt, würde ich erwarten, dass er selbst eingreift. Aber nicht, dass er seinen Sohn opfert und im schlimmsten Moment seines Todeskampfes auch noch alleine lässt, wie das bei der Kreuzigung scheinbar passiert ist. Einen Gott, der so handelt, könnte ich nicht lieben, wie er sich das ja wünscht. Daran ändert auch die Aussicht auf die Ewigkeit nicht viel. Ich brauche einen Gott und Vater, von dem ich weiß und spüre, dass er mich liebt!

Vater, warum hast du mich verlassen?

„Vater, warum hast du mich verlassen?" (Matthäus 27, 46), rief Jesus aus, als er am Kreuz hing und die letzten Atemzüge tat. Diese Aussage Jesu wird in der Regel so gedeutet, dass Jesus die Sünden der Menschheit getragen hat, und Gott, der Vater, ihn darum verlassen hat. Gott kann Sünde nicht anschauen, argumentierten die Prediger, wenn ich nachfragte. Oder, wir sollen wissen, wie schwer die Sünde in den Augen Gottes wiegt. Gott hat Jesus in der schwersten Stunde seines Lebens verlassen: Mich schüttelt es bei diesem Gedanken! Was ist das für ein Vater, der seinen Sohn im schwersten Moment seines Lebens im

Stich lässt? Ich hätte Probleme, diesen Gott zu lieben! Ich würde vielleicht gehorsam sein, weil ich ihn fürchte. Aber lieben…? Nachdenklich gehe ich nach Hause. Mit dem Thema werde ich mich noch näher beschäftigen, nehme ich mir vor.

Gott ist Liebe

Einige Wochen später beschließen meine Frau und ich, unseren ersten Hauskreis wieder zu besuchen. Die Leiterin ist nach so vielen Jahren noch die, bei der ich die Hauskreisarbeit gelernt habe. Nach einigen Wochen bittet sie mich, die Bibelarbeit für den nächsten Hauskreis vorzubereiten.

Das Thema wird die Liebe Gottes sein, nehme ich mir vor. Mein besonderer Schwerpunkt wird dabei auf das Kreuz gerichtet sein. Hat Gott Jesus wirklich verlassen, als er dort am Kreuz hing? Oder haben wir eine falsche Sicht darüber? Was sagt die Bibel dazu? Beim Nachschlagen in der Bibel werde ich auf drei Bibelstellen aufmerksam:

„Darum liebt mich der Vater, weil ich mein Leben lasse, um es wieder zu nehmen. Niemand nimmt es von mir, sondern ich lasse es von mir selbst. Ich habe Vollmacht, es zu lassen, und habe Vollmacht, es wieder zu nehmen. Dieses Gebot habe ich von meinem Vater empfangen" (Johannes 10, 17 - 18). Jesus bringt hier deutlich zum Ausdruck, dass er nicht vom Vater geopfert wurde, um unsere Sünden zu tragen. Nein, er hat sich selbst geopfert, weil er uns Menschen liebt. Er wollte nicht, dass wir weiter Knechte der Sünde sind. Wenn er uns so sehr liebt, dann liebt uns der Vater mit der gleichen Liebe, denn: „Der Vater und ich sind eins", betonte Jesus immer wieder, um uns zu zeigen, wie Gott wirklich ist. Er ist nicht wie die hartherzigen Götter, die wir Menschen uns in unseren Köpfen gebildet und mit den Händen hergestellt haben. Er ist kein Gott, der Opfer fordert.

Die zweite Bibelstelle: Jesus sprach: *„Wenn ihr den Sohn des Menschen erhöht haben werdet, dann werdet ihr erkennen, dass ich es bin und dass ich nichts aus mir selbst heraus tue, sondern wie der Vater mich gelehrt hat, das rede ich. Und der Vater, der mich gesandt hat, ist in mir. Er hat mich nicht allein gelassen, weil ich allezeit das vor ihm Wohlgefällige tue"* (Johannes 8, 28 - 29).

Eine weitere Stelle ist Johannes 14, 9 - 10: Jesus spricht zu ihm: *„So lange bin ich bei euch, und du hast mich nicht erkannt, Philippus? Wer mich gesehen hat, der hat den Vater gesehen. Wie sagst du dann: ‚Zeige mir den Vater'? Glaubst du nicht, dass ich in dem Vater bin und der Vater in mir ist? Die Worte, die ich zu euch rede, rede ich nicht aus mir selbst heraus. Der Vater aber, der in mir bleibt, tut seine Werke!"*

Jesus spricht klar aus, dass der Vater in ihm ist und auch bleibt. Ich habe fast den Eindruck, dass er wusste, dass sein späterer Ausruf am Kreuz „Vater, warum hast du mich verlassen?" zu anderer Denkweise führen würde.

Warum aber dieser Ausruf? Beim Nachdenken darüber musste ich an mein eigenes Verhalten denken: Wenn ich gesündigt habe, ziehe ich mich zurück. Dann will ich Gott nicht gegenübertreten, weil das Gewissen schlägt. Wie Adam und Eva schäme ich mich in diesem Moment. Nicht Gott hat sich versteckt oder sich den beiden nicht gezeigt, als sie in Sünde gefallen waren. Sie waren es, die sich vor ihm verstecken wollten. Jesus hat am Kreuz all unsere Sünden auf sich genommen. Ich kann mir gut vorstellen, dass es ihm in diesem Moment so erging wie mir, wenn ich sündige: Ich verliere Gott erst einmal aus den Augen. Es dauert in der Regel nicht lange, bis ich mich wieder vor ihn stelle und um Vergebung bitte. Für Jesus war es das erste Mal in seinem Jahrtausende währenden Leben, dass er den Vater nicht sehen konnte. Die Sünde hat tatsächlich eine Trennung bewirkt. Es musste für ihn so aussehen, dass sich Gott zurückgezogen hat. Besonders in den fürchterlichen Schmerzen, die er dort am Kreuz hängend verspürte, war keine Kraft mehr in ihm, sich dagegen aufzulehnen. Er sehnte vermutlich den Tod herbei, der ihn von den Schmerzen befreien würde. Und der Vater hat es die ganze Zeit miterlebt, weil er nach wie vor in Jesus war.

Ich bin überzeugt davon, dass der himmlische Vater genau das getan hat, was auch ich als Busfahrer und Vater getan hätte: Er hat sich selbst geopfert und den ganzen Schmerz miterlebt. „Der Vater und ich sind eins", betonte Jesus immer wieder. Diese Beziehung wurde in diesem einen kleinen Moment unterbrochen. Das muss für Jesus noch schlimmer gewesen sein als die Kreuzigung selbst.

Anfang der Schöpfung

Dazu einige Mut machende Verse aus den Sprüchen, die zeigen, welch eine tiefe Beziehung Jesus zum Vater hat. Genau diese Beziehung wünscht er sich auch zu uns.

Sprüche 8, 22 - 31: „Der Herr hat mich geschaffen als Anfang seines Weges, als Erstes seiner Werke von jeher. Von Ewigkeit her war ich eingesetzt, von Anfang an, vor den Uranfängen der Erde. Als es noch keine Fluten gab, war ich geboren, als noch keine Quellen waren reich an Wasser. Ehe die Berge eingesenkt wurden, war ich geboren. Als er die Erde noch nicht gemacht hatte, war ich geboren. Als er die Himmel feststellte, war ich dabei.

Als er den Kreis abmaß über der Fläche der Tiefe, als er die Wolken droben befestigte, als er stark machte die Quellen der Tiefe, als er dem Meer seine Schranken setzte, damit das Wasser seinen Befehl nicht übertrat, als er die Grundfesten der Erde abmaß, da war ich Schoßkind bei ihm und war seine Wonne. Tag für Tag spielte ich vor ihm auf seiner Erde und hatte meine Wonne an den Menschenkindern."

Ich habe die Verse etwas verkürzt, aber deutlich wird, dass hier einer spricht, der älter als die Erde ist. Er ist der Erste der Schöpfung. Er nennt Gott Vater und spielte vor ihm. Was für ein schönes Bild einer durch und durch liebevollen Beziehung zu Gott, aber auch zu uns Menschen! Und dieser Vater soll seinen Sohn im schlimmsten Moment alleine gelassen haben? Das kann ich mir beim besten Willen nicht vorstellen! Dennoch zeigt es auf, wie schwer die Sünde ist, und dass die, die Gott dennoch den Rücken zudrehen und von ihm nichts wissen wollen, die Folgen ihrer Sünde zu tragen haben. Sein liebevolles Angebot ist aber: Kehrt euch zu mir, bekennt eure Sünden und tut Buße! Nehmt Jesus, meinen Sohn, dem ich alle Macht im Himmel und auf Erden gegeben habe, an, dann werde ich euch in meiner Liebe auch annehmen!

So liebevoll die Verse oben auch sind, spricht Jesus auch eine deutliche Warnung aus: „Wer mich aber verfehlt, zerstört sein Leben: Alle, die mich hassen, lieben den Tod" (Sprüche 8, 36).

Nachwort

Mein Leben war bestimmt durch die Traumata, die ich in jungen Jahren erfahren habe. Irgendwie musste das Leben, von dem ich überhaupt keine Ahnung hatte, auf das mich auch niemand vorbereitet hatte, weiter gehen. Das ist dauerhafte geistige und körperliche Höchstleistung. Ich denke, dass man das in diesem Buch gut nachvollziehen kann.

Wie aber auch zu sehen ist, bin ich immer wieder, obwohl ich mir doch viel Mühe gegeben habe, gescheitert. Das ist auf Dauer echt frustrierend und nimmt einem etwas den Lebensmut, gerade, wenn man immer wieder neu anfangen muss.

Im Herbst 1989, inzwischen 38 Jahre alt, lernte ich Gott/Jesus kennen, wie ich in diesem Buch beschrieben habe. Das hat mein Leben positiv auf den Kopf gestellt, aber auch die lange ersehnte Heilung gebracht. Ich werde immer mehr zu dem Menschen, den Gott von Anfang an gesehen hat.

Vielen Menschen fällt es schwer, zu glauben, dass das wirklich alles real ist, was ich geschrieben habe. Ich kann ihre Bedenken verstehen, hatte ich doch früher auch reichlich Bedenken bezüglich des Glaubens und Gott. Ich kann an dieser Stelle nur ermutigen, es auszuprobieren: Gott ist wirklich nicht fern! Aber sich aufmachen, den Kontakt zu ihm suchen, muss jeder Mensch selber. Ich habe in den vielen Jahren, die ich jetzt gläubiger Christ bin, noch niemanden getroffen, der es bedauert hätte.

Die Bibel spricht davon, dass wir an der Schöpfung den Schöpfer erkennen können, und das ist auch so. Selbst viele Wissenschaftler staunen über die Ordnung, die im Universum herrscht. Allein die Art und Weise, wie ein Mensch oder ein Tier geschaffen ist, ist für mich persönlich ein Wunder. Wie die Zeugung passiert, oder wie alle Organe aufeinander abgestimmt sind, zeigt mir eine ordnende Hand. Das hat mich schon immer, gerade, weil uns beigebracht wird, dass alles in Millionen von Jahren von selber entstanden sein soll, nachdenklich gemacht: Kann das wirklich sein?

Harald Miesem